北神慎司・林 創 編
Shinji Kitagami & Hajimu Hayashi

心のしくみを考える
●認知心理学研究の深化と広がり

ナカニシヤ出版

まえがき

　認知心理学は，心の中の知的なはたらきを明らかにしてくれる，とても面白く，そして役に立つ学問です。しかし，認知心理学の本当の面白さと有益さは，それが日常場面と結びついたときに明らかになるのではないでしょうか。

　例えば，私たちはしばしば「記憶違い」をしてしまいますが，どのようなときに，あるいはどのような条件がそろうと記憶違いが起こるのかという「心のしくみ」を認知心理学は解き明かします。しかしそれだけではありません。そのような心のしくみを知り，日常場面に当てはめて「考える」ことで，記憶違いを（ある程度）防げるようになります。また，事件や事故の場面では，間違った証言がどのようなときに起こりやすいかを知り，裁判などの場面で生かすことで冤罪を防げるようにもなるでしょう。このように，認知心理学の視点から「心のしくみを考える」ことで，私たちはよりよく生きていくことができるのです。

　そこで本書では，日常場面や教育への応用を重視し，「認知心理学研究の深化と広がり」がわかるテキストになることを目指すことにしました。そして，編者と同世代で，こうした視点から最先端の研究や教育を行なっている優れた研究者の方々に執筆をお願いし，編集を進めました。具体的には，記憶，思考，感情，メタ認知，言語，発達，社会，文化，進化，臨床など，執筆者各自の専門に引き寄せて，「目撃証言」「批判的思考」「メタ認知」「心の理論」といった重要かつ面白いテーマに焦点を絞り込み，最新の研究成果を基礎事項と交えながら解説していただきました。さらに，類書にはない本書の特色として，各章に次の2つの要素が含まれていることが挙げられます。第1に，研究から分かってきたことで，学校や社会での実践，実生活への応用など，広い意味で「教育」や「日常」，あるいは，「応用」に関する示唆について書かれてあります。第2に，各章で3つの実証的研究が独立した形で紹介してあります。これは認知心理学の面白さは，優れた実験や調査などの研究により明らかになるものだからです。

　本書は，12のテーマに分かれていますので，大学での半期の授業（講義・演習・ゼミ）でも使っていただきやすい構成となっています。また，各章はそれぞれ独立しているように見えますが，その内容は相互に関連性がとても深いことから，他の章とのつながりも明示するようにしました。したがって，興味のある章から読んでいただくこともできますし，もちろん，第1章から順に読んでいっていただいてもよいかと思います。

　本書は，心理学あるいは認知心理学を専門とする学生の方だけではなく，はじめて心理学に触れる方，心理学をもう一度勉強してみたい方など，あらゆる読者の方を対象にしています。具体的には，心理学を専門としている学部生や大学院生のみなさんには，卒業論文や修士論文のテーマのヒントを見つけていただけることでしょう。また，重要語句は太字にして英語も併記していますので，心理学の基本用語や最新の用語を身につけることができることでしょう。さらには，前述のように，日常生活に直結しますので，研究者や学生の方々だけでなく，心のしくみを考えることに関心を持つすべての方にお読みいただければ，うれしく存じます。

　最後になりましたが，ナカニシヤ出版編集部の宍倉由高さんと山本あかねさんは，本書の企画から出版までいつも温かく励ましてくださりご支援くださいました。心より感謝申し上げます。そして，本書の趣旨をご理解いただき，玉稿をお寄せくださった各章の執筆者の方々に厚く御礼申しあげます。

2015年2月　北神慎司・林　創

目　次

まえがき　*i*

■1　記憶（基礎編）─ソースモニタリング　1
  1. ある出来事の周辺情報についての研究　1
  2. 記憶の質から情報源（ソース）を判断する方法　2
  3. 推測からソースを判断する方法　6
  4. ソースモニタリングの個人差　9
  5. まとめと今後の展望　13

■2　記憶（応用編）─目撃証言　17
  1. 記憶の応用研究としての目撃証言の研究　17
  2. 目撃証言研究の概観　19
  3. 顔の識別の研究　23
  4. まとめと今後の展望　26

■3　感情─感情が記憶に与える影響　31
  1. 感情の2次元モデル　31
  2. 感情的な出来事の記憶は促進される　33
  3. 感情は周辺情報の記憶を抑制する　36
  4. 感情と注意の相互作用　39
  5. まとめと今後の展望　41

■4　メタ記憶・メタ認知─あなたは自分をどれだけ知っている？　45
  1. メタ記憶・メタ認知とは　45
  2. 学習判断（Judgment of Learning）　45
  3. 学習スケジュールに関するメタ記憶　48
  4. 不正確なメタ認知が及ぼす影響　51
  5. まとめと今後の展望　54

■5　問題解決─協同が問題解決に及ぼす影響　57
  1. はじめに　57
  2. 協同によって生じる妨害効果　58
  3. 協同によって生じる促進効果　61
  4. まとめと今後の展望　66

■6　思考─思い込みによる思考のバイアスと批判的思考　69
  1. 批判的思考（critical thinking）とは　69
  2. 様々な思考のクセ（思考のバイアス）　73
  3. 批判的思考研究が行なわれる文脈　76
  4. まとめと今後の展望　79

■ 7　発達──他者の心の理解の発達 ・・・・・・・・・・・・・・・・・・・・ 83
　1. 他者の心の理解　83
　2. 実行機能と心の理論　87
　3. 日常的行動との関連　89
　4. まとめと今後の展望　91

■ 8　発達障害──自閉症児者の高次認知機能 ・・・・・・・・・・・・・・・ 95
　1. 発達障害の概要　95
　2. 自閉症者の言語理解　96
　3. 自閉症者の記憶　98
　4. 自閉症児者のための支援　100
　5. まとめと今後の展望　102

■ 9　社会──対人認知と言語コミュニケーション ・・・・・・・・・・・・ 107
　1. 行動から特性を推論する過程　107
　2. 言語表現に現れる対人認知　109
　3. 言語表現から分かること　114
　4. まとめと今後の展望　115

■ 10　進化──思考の偏りは適応的か？ ・・・・・・・・・・・・・・・・・ 119
　1. 思考におけるバイアスと主題内容効果　119
　2. 進化心理学と4枚カード問題研究　121
　3. 進化心理学的説明への批判とそれへの回答　125
　4. まとめと今後の展望　128

■ 11　文化──ものの見方の文化差 ・・・・・・・・・・・・・・・・・・・ 133
　1. はじめに：文化心理学とは　133
　2. 理論的枠組み　135
　3. 実証研究の紹介　138
　4. まとめと今後の展望　141

■ 12　言語──心理学と脳科学をつなぐ計算機アプローチ ・・・・・・・・ 147
　1. 認知神経科学という大きな枠組み　147
　2. 神経科学研究から提唱されるメカニズムと計算機モデルによる反証　151
　3. まとめと今後の展望　155

索　引　161

1 記憶（基礎編）
ソースモニタリング

あなたは見たり聞いたり体験したことをどのくらい正確に記憶していますか？ こういったエピソードに関する記憶は，写真や映像のように正確ではありません。人は，あらゆる出来事を，無意識に取捨選択したり自分なりに解釈したりした上で，記憶します。そのために，家族や友達と「言った，言わない」で喧嘩になり，注意散漫な状態で行なったことについては「やったか否か」が分からなくなるのです。この章ではこういった記憶のメカニズムについて説明します。

1. ある出来事の周辺情報についての研究

(1) 日常生活で行っているソースモニタリング

あなたが信じている健康に関する豆知識について，それがどこから手に入れた情報だったかを覚えていますか？ 友達から聞いたのか，TVで見たのか，もしくは専門書を読んだのか。あるいは，どこかから入手した情報だと思い込んでいるけれど，実際は自分の頭の中で作り出したものなのかもしれません。自分が信じている情報がどれぐらい正しいのか，その信憑性について考えるとき，どのように得られた情報なのか，その**情報源（ソース source）**について正確に思い出せる必要があります。また，家族・友達・恋人と，あることがらについて言ったか言わないかで喧嘩した経験は誰しもあるでしょう。この場合，本当は言ったにもかかわらず，「自分は思っただけで実際には言っていない」と判断している場合もありますし，本当は思っただけにもかかわらず，「いや，あのとき自分は確かに言った」と思い込んでいる場合もあります。逆に，聞いたにもかかわらず，「聞いていない」と判断する場合や，聞いていないにもかかわらず「聞いた」と判断している場合もあるでしょう。つまり，あることがらの内容を覚えているだけでなく，それを実際に言ったか言っていないか，聞いたか聞いていないかを正確に判断することが重要です。これらの例から，情報や出来事の内容そのものと同時に，どこからどのようにして得たものなのかということについてもきちんと判断できる必要があることがお分かりでしょう。

ある情報について，内容そのものではなく，「いつ」「どこで」「誰から」「誰に」「現実か想像か」といった「情報源（source）」を判断するプロセスのことを**ソースモニタリング（source monitoring）**[1]といいます（Johnson et al., 1993）。図1-1に示したタルビング（Tulving, 1972）が行なった記憶の分類によると，個人的体験や出来事についての記憶のことを**エピソード記憶（episodic memory）**といい，あ

---

[1] 自己の認知活動を制御する機能のことをモニタリングといいますが，ここでは「自己の記憶の中にある情報を評価すること」と考えてください。

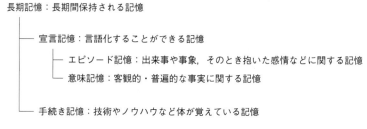

図 1-1　タルビングによる長期記憶の分類

情報の情報源に関わる記憶，**ソース記憶**（source memory）はこのエピソード記憶に含まれると考えることができます。

(2) ソースモニタリングのおおまかな理論

　まず，人の基本的な記憶システムについて説明しましょう。図 1-2 に示す通り，ある情報を記憶する際，**記銘（符号化：encoding），保持（貯蔵：storage），想起（検索：retrieval）** という流れをとるといわれています。

　記銘（符号化）とは，最初に情報に触れたときに覚えることをいいます。保持（貯蔵）とは，その情報を保存しておくことをいい，保存した情報を思い出すことを想起（検索）といいます。ジョンソンら（Johnson et al., 1993; Johnson, 1997）が提唱した，ソースモニタリング理論に関するおおまかな枠組みによると，ソース記憶については，「テレビ（で見た）」「○○さん（から聞いた）」「何日（に知った）」といったように，直接タグやラベルの形で記銘され，それが保持されているわけではないようです。そのかわりに，以下 2 つの方法がとられていると考えられています。まず 1 つ目は，エピソード記憶の内容を想起する際に，保持されている記憶の質を評価することで情報源を特定するという方法です。2 つ目は，「A さんなら言いそうだ」とか，「B さんがこんなことを言うわけがない」といった推測からソースを特定する方法です。これら 2 つの方法について，もう少し詳しい説明をしましょう。

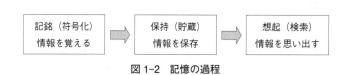

図 1-2　記憶の過程

2. 記憶の質から情報源（ソース）を判断する方法

(1) どのように記憶の質を評価するの？

　例えば，TV の情報番組で，ある女性司会者が「毎日ヨーグルトを食べると風邪の予防につながる」という言葉を発したとします。それを見ていたあなたには，「毎日ヨーグルトを食べると風邪の予防につながる」という情報だけでなく，その情報を発した女性司会者の声や顔の表情，それを見ていたときのあなた自身の感情や感想，といった様々な周辺情報が一緒に記銘されます。つまり，記憶の質は情報とともに記銘される周辺情報に左右されることになります。そして，「毎日ヨーグルトを食べると風邪の予防につながる」という情報を想起するとき，情報そのものとともに，付随する様々な周辺情報も想起

されることになり、その記憶の質を評価することで情報源が特定されるのです。例えば、ある情報について、見たことか自分で考えたことなのかを判断する際、記憶の質の中に視覚情報が多く含まれていたら「自分で考えたことではなく見たことだ」と判断することになるでしょう。見たことか聞いたことかを判断する際、視覚情報は含まれておらず、聴覚情報が含まれている場合は「見てはいないけれど、聞いたのだ」と判断するはずです。

一方、現実に見たり聞いたりしたことかそれとも自分で考え出したことかを判断する際、視覚情報や聴覚情報は想起されず、その情報を考えた過程や努力といった認知操作情報が想起された場合は「自分で考えたことだ」と判断することになります。さらに、その情報を言っていたのは誰だったかという、より具体的なソースについて判断する際、視覚情報の中でも長い髪の毛や大きな目といった情報や、聴覚情報の中でも高い声や発音の仕方といった情報からそのソースを特定できるわけです。こういった、記憶の質からソースモニタリングを行なっているという仮説の妥当性を裏付ける研究を以下に紹介します。

(2) 似ている場合はソースを混同しやすい

想起時、記憶痕跡の中にある記憶の質からソースモニタリングを行なっていると仮定すると、ソースモニタリングをする際、特徴や性質が類似した人同士は混同されやすい可能性が考えられます。ジョンソンら (Johnson et al., 1996) が、2人の人間が単語を1つ1つ交互に読み上げている様子を実験参加者に聞かせ、その後、各単語について、どちらの声で聞いたかというソースモニタリングを行なった結果、2人の人間が同じ性別の場合は、異なる性別の場合よりもソースモニタリングが難しくなるという結果になりました。さらに、Aさん・Bさん・Cくん・Dくんといった、男女2人ずつ合計4人が順に単語を読み上げ、その後、各単語について誰の声で聞いたかというソースモニタリングを行なった場合

図 1-3　似た人同士のソースモニタリングが難しい

も，同性間でのソース混同は異性間でのソース混同よりも多く見られました（Dodson et al., 1998）。つまり，Aさんが言ったことかBさんが言ったことかという同性間でのソースモニタリングは，Aさんが言ったことかCくんが言ったことかという異性間でのソースモニタリングよりも難しいということになります。そしてこの理由として，同性間の方が異性間よりも声の質が似ていることが考えられます（図1-3）。

また，杉森と丹野（Sugimori & Tanno, 2010a）の実験では，自分が言ったことか他者が言ったことかをソースモニタリングするときに，自分と性別が同じ他者の場合は，自分と異なる性別の他者よりも，ソースモニタリングが困難なことを明らかにしました（**研究①参照**）。つまり，女性がソースモニタリングを行なう場合，自分が言ったことか同性のAさんが言ったことかの区別は，自分が言ったことか異性のCくんが言ったことかの区別よりも難しいのです。では，ソースモニタリングが困難な場合，「自分

心理学研究の紹介①

杉森と丹野（Sugimori & Tanno, 2010a）は，自分と，自分に似た声を持つ他者間でのソースモニタリングが困難な場合，「自分」だと判断するのか「他者」だと判断するのかについて検討しました。実験は学習とテストの二段階からなりました。学習時は，「あさがお」「にんじん」といったように提示されている単語をそのまま声に出して読むだけ，もしくは他者の声で聞くだけの条件（そのまま条件）と，「お<u>さ</u>が<u>あ</u>」「に<u>じ</u>んん」のように文字が入れ替わって提示されており，それを頭の中で正確な単語に直して[注]から声に出して読むか，他者の声を聞くかする条件（アナグラム条件）を設置しました。その後，テスト時において「どの条件で学習したか」ではなく「声に出して読んだか他者の声で聞いたか」のソースモニタリングを行ないました。その結果，図1-7に示す通り，そのまま条件の場合は，自分と，自分と似た声をもつ他者の間でのソースモニタリングが困難になった場合，「他者が言った」と判断しやすいことが明らかになりました（女性の場合：自分が言ったことだとしても「Aさんが言ったことだ」と判断する傾向，男性の場合：自分が言ったことだとしても「Cくんが言ったことだ」と判断する傾向）。一方で，アナグラム条件だと，自分と，自分と似た声をもつ他者の間でのソースモニタリングが困難になった場合，「自分が言った」と判断しやすいことが明らかになりました（女性の場合：Aさんが言ったことだとしても「自分が言ったことだ」と判断する傾向，男性の場合：Cくんが言ったことだとしても「自分が言ったことだ」と判断する傾向）。

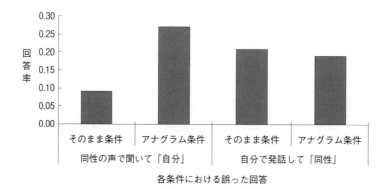

図1-4　同性の声と自分の声を混同した際の回答傾向（Sugimori & Tanno, 2010a）

注）このように，単語または文の中の文字をいくつか入れ替えることによって，意味のある単語や文を完成させる課題のことを「アナグラム課題（anagram task）」と呼びます。

が言ったことだ」と判断するのでしょうか？　それとも「他者が言ったことだ」と判断するのでしょうか？　このことを検討した結果，発話したり聞いたりする内容によって判断傾向は異なることが明らかになりました。一生懸命考えたことを自分ではなく他者が言った場合は，実際には自分は聞いただけなのにもかかわらず「自分が言った」と判断する傾向が高くなり，逆に，あまり深く考えずに発言した場合は，本当は自分が言ったことであるにもかかわらず「他者が言った」と判断する傾向が高くなるようです。この理由として考えられるのが，記銘時における，考えた過程や努力といった認知操作情報[2]の存在です。一生懸命何かを考えるとき，その思考過程や努力といった認知操作情報も同時に記銘されます。その結果，自分の発言だと判断するのでしょう。一方で，何も考えずに発言する場合は，認知操作情報は記銘されていません。その結果，想起時に他者だと判断するのでしょう。日常生活において，自分が何気なく発した言葉が他者を深く傷つけ，その人にとっては忘れることができないほど辛い出来事になったとしても，発した本人は全く覚えていないという場合がありますが，発言時における認知操作情報の多さ（もしくは少なさ）がこのことと深く関わっていることが分かりますね。この研究結果から，「自分は言っていない」と主張するよりも，相手を傷つける発言をしたにもかかわらず，自分は後に思い出せないぐらい少ない認知操作でその人を傷つけたという事実に目を向けるべきだということがお分かりになると思います。

(3) 現実と空想の混同[3]

　ある出来事について，現実に起こったことか，自分の頭の中で想像しただけのことかを判断する際にも，保持されている記憶の質を評価していると考えられます。例えば，「幼少期にデパートで迷子になり，泣いていたところ，知らないおばさんが声をかけてくれた」という出来事について，記憶痕跡の中に，泣いたときの頬に伝わった涙の感覚といった知覚情報や，声をかけてくれたおばさんの声や顔の表情といった聴覚情報や視覚情報が鮮明に残っている場合は，現実の出来事だったと判断するでしょう。一方，そういった知覚・聴覚・視覚情報は曖昧でぼんやりとしている反面，「デパートで迷子になったとしたら……」と懸命に想像したときの努力といった認知操作情報が鮮明に含まれている場合は空想したことだと判断すると考えられます。

　ドブソンとマーカム（Dobson & Markham, 1993）やジョンソンら（Johnson et al., 1979）の研究では，イメージ能力が高い人は低い人と比較して，空想したことを「現実のことだ」と判断しやすい傾向にあることが明らかになりました。空想をする際，イメージ能力が高い人は低い人と比較して，あまり努力を必要とせずに鮮明にイメージすることができると考えられます。記憶痕跡には認知操作情報が少なく，かつ，知覚・聴覚・視覚情報が多い状態となり，その結果「考えたことではなく実際に体験したことだ」と判断するのでしょう。ギャリーら（Garry et al., 1996）は，ある出来事を何度も何度も想像することによって，実際は過去に体験したことがないにもかかわらず，「体験したことがある」と判断する傾向があることを明らかにしました。この現象は**イメージ膨張**（imagination inflation）と呼ばれています。イメージ膨張の根底にあるメカニズムは以下のように考えることができます。まず，ある出来事に関する想像を繰り返すことにより，その出来事に対する想像が，容易にかつ鮮明にできるようになります。そのため，その出来事を想像する際に記憶痕跡に残る認知操作情報は少なくなり，かつ，想像することによって得られる（想像上の）知覚・聴覚・視覚情報は鮮明になるでしょう。そしてその結果，

---

[2]「頭の中で遂行されたことに関する情報」というふうに捉えてください。
[3] ソースモニタリングの中でも，現実と空想を区別するメカニズムのことを**リアリティモニタリング**（reality monitoring）と呼びます。

図 1-5 想像したことを「現実だ」と判断する

「現実に体験したことだ」と判断する傾向が見られることになるのです。

ヘンケルら（Henkel et al., 2000）は，実験参加者に様々な音を伴う出来事の場面について（例えば，バスケットボールでドリブルをしている場面，トイレの水を流す場面，ハサミで紙を切る場面など）を想像させたり実際に見せたりしました（図1-5）。そしてその後に，各出来事について「見たか想像したか」というソースモニタリングをさせました。その結果，目をつぶって想像させただけの場合よりも，目をつぶって想像させながら同時にそれらの出来事に伴う音を聞かせた場合（例えば，バスケットボールでドリブルしている場面を想像させながら，同時にドリブルの音を聞かせる）のほうが，後に「実際に見た」と誤って判断する傾向が高くなることが明らかになりました。実際に音を聞かせることにより，その場面の想像が容易になると同時に，鮮明な聴覚情報が記憶痕跡に残ったのでしょう。記憶痕跡に残っている認知操作情報が少なく，かつ聴覚情報が鮮明であることから，「実際に見た場面だ」と判断するに至ったと考えることができます。例えば，目撃証言（第2章参照）で「実際に見たかどうか」の判断を求めるとき，思い出す手がかりとなる目的でその場面の映像を見せたり音を聞かせたりすることがあるかもしれませんが，それがとても危険なことであるということが，以上の研究例からお分かりいただけると思います。

これまでの研究例では，イメージ膨張のネガティブな面に焦点を当ててきましたが，イメージ膨張をポジティブに利用できる場合もあります。それが，主にスポーツ場面で用いられているメンタルシミュレーションです。ランダウら（Landau et al., 2002）は，実験参加者が持つことのできるおもりの重さを最初に量り，その後，実験参加者の一部には自身が持つことのできるおもりよりも少しだけ重いおもりを持つところを何度も想像させました。その結果，何も想像しなかった実験参加者と比較して，重いおもりを持つところを想像した実験参加者は，最初に持つことのできたおもりの重さよりも少し重いおもりを持つことができるようになりました。何度も重いおもりを持つところを想像することにより，それを現実のことと捉えるようになり，その結果，現実場面に影響を与えたのだと考えられます。メンタルシミュレーションは，漠然と「やればできる！」と心の中で唱えるのではなく，より具体的に自分が行なっている様子を何度も想像し，その結果，想像上のことなのか現実のことなのかが分からなくなったときに初めて効果が見られるということができます。

3. 推測からソースを判断する方法

(1)「自分 vs. 他者」，もしくは「自分がやった vs. やっていない」を推測で判断するとき

記憶痕跡にある情報の質を判断しようにも，うまく検索できず，何も思い出せない場合があります。こういった場合は，推測でソースモニタリングを行なっているようです。推測で行なうソースモニタリングの一例として挙げられるのが，自分がやったことか他者がやったことかを判断する際に見られるあ

なたに違いない効果（it had to be you effect）と呼ばれる現象です（Johnson et al., 1981）。これは，自分がやったことか他者がやったことかを全く思い出せない場合に，「他者がやったことに違いない」と推測し判断する傾向のことです。この推測の背景には，「自分がやったことなら鮮明に覚えているはずだ」という思い込みが存在します。こういった思い込みは，様々な経験を通して自然に身についた知識であり，こういった，推測のもととなる知識のことを**スキーマ**（schema）と呼びます。

　自分がやったか他者がやったかという判断のみでなく，自分が実際にやったかやっていないかという判断にも，この「自分がやったことなら鮮明に覚えているはずだ」というスキーマは使われているようです。外出時，ドアに鍵をかけたかどうかが不安になった場合，あなたは一度確認しに家に戻るのではありませんか？　もしくは，家に戻らないとしても，「鍵をかけ忘れたのではないか」と一日中気になってしまうかもしれません。ドアに鍵をかけたかどうかが不安になった結果，「いや，自分は実際に鍵をかけたはずだ」と強い確信を持って判断し，安心することは滅多にないでしょう。「自分がやったことなら鮮明に覚えているはずだ」というスキーマ[4]がベースになり，「鍵をかけたことを鮮明に覚えていないということはかけ忘れたのだろう」と判断していると考えられます。

　やったかやっていないかが分からなくなった場合に「自分はやっていない」と判断する傾向があるということを念頭に入れると，逆に「自分がやった」と判断する場合は，たとえそれが間違った判断だとしても，自信を持って下した判断だと考えることができます。杉森と楠見（Sugimori & Kusumi, 2008）の研究では，実験参加者に「やったか否か」のソースモニタリングをさせる際，「やったか否かが分からないときは，無理に判断しようとするのではなく『分からない』と答えてください」と教示しました。その結果，「分からない」という選択肢が存在しない場合と比較して，「分からない」という選択肢が存在する場合は，「他者がやった」と誤って答える比率が減るものの，「自分がやった」と誤って答える比率が減ることはありませんでした。この結果は，やったか否かが「分からない」から「他者がやった」のだろうと誤って判断する場合がある一方で，「自分がやった」と判断する場合は，たとえ誤っていても自信を持って判断していることの裏付けになります。

(2)「自分だ」と推測で判断するとき：「いかにも自分が考えそうだ」で推測

　ではどのような状況で，自信を持って「そのソースは自分だ」と誤判断するのでしょう？　自分が考えたアイディアか他者が考えたアイディアかを判断するソースモニタリングについて考えてみましょう。あるアイディアについて，そのソースに自信が持てないとき，「あなたに違いない効果」が見られるのはうなずける話です。「自分が考えたアイディアならよく覚えているはずだ」というスキーマがその背後にあることも納得できるはずです。そのことを踏まえると，逆に「いかにも自分が考えそうだ」というスキーマが働くアイディアの場合に，「自分だ」と判断すると予測できます。杉森と北神（Sugimori & Kitagami, 2013）の研究では，複数の日用品のいつもと異なる使用法（例えば，歯ブラシに対して「掃除道具」など）について，そのアイディアを実験参加者に考えて書かせると同時に，他者から出されたアイディアを見せました。その後，各アイディアについて，自分のアイディアだったか他者のアイディアだったかというソースモニタリングを行なうよう求めました。その結果，他者のアイディアがありふれた典型的なものだった場合は，珍しい非典型的なものだった場合と比較して，「自分のアイディアだ」と誤判断する傾向が高いことが明らかになりました。「自分は典型的なアイディアを考えつきやすい人

---

[4] 例えば「自分は書いて覚えるよりも発話して覚えるほうが得意」といったり，「自分は男性と話すより女性と話すほうがうまく話せる」といった，自分の認知に対するスキーマのことは特別に**メタ認知**（metacognition）（第4章参照）と呼びますが，ここでは混乱を避けるため，「スキーマ」で統一します。

図 1-6　典型的なアイディアは「自分が考えた」と判断する

間だ」というスキーマから，典型的なアイディアに対して，「いかにも自分が考えそうだから，自分が考えて書いたに違いない」という推測が働いた結果だと捉えることができます。

　他者のアイディアを自分のアイディアとして発表することを剽窃といいます。著作権法に抵触するおそれがあるため，剽窃をふせぐべきなのは誰もが知っている事実ですが，それでも剽窃の問題はあとを絶ちません。その理由の1つとして，無意識に剽窃が行なわれている場合があることが挙げられます。例えば，あるアイディアを思いついたとします。そのアイディアは，実は以前どこかで見たり聞いたりしたものなのかもしれません。しかし，どのようにして得た情報なのかというソースを忘れた場合，「このアイディアはいかにも自分が考えそうだ」という理由で「自分が考えたアイディアだ」と判断し，発表してしまう場合もあるのではないでしょうか。アイディアを発表する立場にいる人は，こういった無意識の剽窃の危険性について知っておく必要があるでしょう。

(3)「他者 vs. 他者」を推測で判断するとき

　判断すべき情報や出来事のソースに自分が関係せず，他者 vs. 他者でソースモニタリングを行なう場合にも，推測が働くことがあります。ベイヤンら（Bayen et al., 2000）は，話し手の肩書きとソースモニタリングの傾向について検討しました。2人のうち1人は「弁護士」，もう1人は「医者」という肩書きを持った人の写真とそのセリフを，まるでその人が喋っているかのような形でパソコンのモニタに次々と映し出し，その後，それぞれのセリフについて，2人のうちのどちらの人のセリフだったかというソースモニタリングを行なうよう求めました。その結果，弁護士が言いそうなセリフ（明日9時に法廷に向かわなければいけない）は，たとえ医者だと紹介された人が言ったセリフだとしても，「弁護士が言ったセリフだ」と判断し，医者が言いそうなセリフ（毎日飲んでいる薬はありますか？）は，たとえ弁護士だと紹介された人が言ったセリフだとしても「医者が言ったセリフだ」と判断する傾向が見られました。さらに面白いことに，最初の段階で「弁護士」や「医者」といった肩書きの代わり「ベン」や「アレックス」といった名前だけが告げられ，ソースモニタリングの際に「実は，ベンは弁護士で，アレックスは医者です」とそれぞれの肩書きが告げられた場合にも，同様の判断傾向が見られました。この結果は，ソースモニタリング時に「弁護士ならこういうことを言いそうだ」「医者ならこういうことを言い

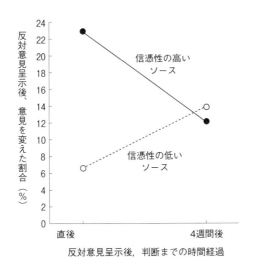

図1-7 反対意見のソースとその後の意見変容率(Hovland & Weiss, 1951)
自己の意見とは反対の意見を，信憑性の高いソースと低いソースから聞き，その後，自己の意見を変えた割合について検討した実験。

そうだ」という職業スキーマが使われていることの裏付けとなっています。

　医者が挙げた健康法と，弁護士が挙げた健康法だと，本来ならば医者が挙げた健康法のほうが信憑性は高いはずです。なぜなら医者はその道のプロですから。しかし，時間が経つにつれ，医者が挙げた健康法と弁護士が挙げた健康法の信憑性に違いが見られなくなるという現象が確認されています。その理由として，誰から聞いた健康法なのかというソースが分からなくなることが挙げられ，ソースが眠ってしまうという意味で**スリーパー効果（sleeper effect）**と呼ばれています（Hovland & Weiss, 1951）。このスリーパー効果の背景にも，推測からのソースモニタリングが関わっていると考えられます。つまり，ある健康法についてどこから得た情報だったかが分からなくなったとき，その健康法がいかにも医者が言いそうだと判断したものについては，実際のソースにかかわらず「その道のプロから得たものに違いない」と推測し，信憑性も高まるのではないでしょうか。逆に，実際は医者が挙げた健康法であっても，あまり専門の人が言いそうではないと判断したものについては，「これは素人の意見に違いない」と判断し，信憑性も低くなるのでしょう。

4. ソースモニタリングの個人差

(1) 個人差研究の意義

　以上のように，人はソースモニタリングをする際，①記憶痕跡の中に残っている情報の質から判断する場合と，②自身の持つスキーマ（知識）から推測する場合があることが現在のところ明らかになっていることです。こういった一般的なソースモニタリングについて理解した上で，ソースモニタリングの個人差について検討する必要があります。というのも，冒頭で述べたように，人は自分におとずれる出来事を，無意識に取捨選択したり解釈したりした上で記憶しています。そして，どのように取捨選択したり解釈するのかということについては個人差があるからです。

　あなたの周りに，作り話をまるで本当にあった出来事のように話す人はいませんか？「あの人はなぜあんなに嘘ばかりつくのだろう」と腹を立てる前に，イメージ能力が高い人は低い人と比較して，空

想したことを「現実のことだ」と判断しやすい傾向がある研究について思い出すといいでしょう。つまり，その人は故意に嘘をついているのではなく，空想と現実を混同しやすい結果，空想を現実のこととして話している可能性があります。そして，優れた芸術や便利な道具の数々は，こういった空想と現実の区別が曖昧な人の空想の上に成り立つ創造物であることに間違いはありません。このように，ソースモニタリングにおける個人差の傾向を知ることで，自己とは異なる他者を理解することの助けになり，他者に対して腹を立てたりイライラしたりすることを減らすことができるのではないでしょうか。また，自己がソースモニタリングをする際にどういった傾向を示すのかということを知ることで，自己に合ったソースモニタリングエラーを防ぐ訓練法を見出すことができるかもしれませんし，自己に対する理解をより深めることにつながるかもしれません。

　以上から，記憶メカニズムの個人差を検討する意義は以下2つのようにまとめることができます。1つ目は，平均から何らかの形で逸脱する自己や他者のことを相互に理解しようと努める社会の実現に，科学的な理論を提供する立場から貢献できる可能性があるということです。2つ目は，「空想と現実」を区別する必要がある原子力・航空・海運・建築・医療・司法などの様々な現実場面でのヒューマンエラーを防ぐために，各個人に合った形での訓練法を提供できる可能性があるということです。

(2) 妄想傾向を持つ人のソースモニタリング傾向

　少しおせっかいが過ぎる人に対して困っているとしましょう。相手に対して，勇気を出して「あなたは少しおせっかいです」と言ったにもかかわらず，後に，「君は以前僕に『面倒見がいいですね』と言ってくれたね」と言われたら，自分の真意が相手に伝わっていないばかりか，正反対に捉えられ記憶されているということで大変驚くことと思います。同様に「とても慎重ですね」と褒めたつもりの相手に，後に，「あなたに以前『臆病すぎる』と言われて傷ついた」と言われたら，なぜネガティブに捉えられ記憶されているのか分からず，とてもショックを受けることと思います。また，自分自身も，「あの人に以前褒められた」とポジティブに記憶して喜んでいたり，「あの人に以前傷つけられた」とネガティブに記憶して落ち込んでいたりすることがあるかもしれないですが，事実はそうではなかった可能性もあるでしょう。外的現実を誤って解釈する思い込みのことを**妄想**（delusion）といい，**統合失調症**（schizophrenia）と呼ばれる精神疾患の症状の1つであると言われています。また，統合失調症患者ほどの深刻さはなくとも，健常者でも，事実を少し歪めて解釈する妄想傾向があることが指摘されています（Peters et al., 1999）。杉森と丹野（Sugimori & Tanno, 2010b）は，健常者の中には事実を少しポジティブに歪める傾向がある人や少しネガティブに歪める傾向がある人がいて，その傾向によって，ソースモニタリング時の判断が異なることを実験で示しました。つまり，日頃から「みんなが私をうらやましいと思っている」と感じているポジティブ妄想傾向の高い人は，自分に向けて発せられた「おせっかいですね」という言葉を，「面倒見がいいですね」と記憶していることが明らかになり，一方，日頃から「私は他の人からノケモノにされているのではないか」と感じているネガティブ妄想傾向の高い人は，自分に向けて発せられた「慎重ですね」という言葉を，「臆病ですね」と記憶していることが明らかになりました。つまり，例えばポジティブ妄想傾向の高い人にとって，「面倒見がいいですね」という言葉は「おせっかいですね」という言葉を見たときに自分の頭の中で作り上げた想像にすぎないのですが，現実か想像かというソースモニタリングができなくなっているのです（**研究②**参照）。

　興味深いことに，その言葉が発せられた直後のテスト時に「何という言葉が発せられたか？」とたずねる形式ではなく，「『面倒見がいい』か『おせっかい』か，どちらの言葉が発せられたか？」とたずねるという2択形式を行なったところ，異なる実験結果が得られました。具体的には，「何という言葉が発

心理学研究の紹介②

アナログ研究では，質問紙を用いることで，実験参加者それぞれの個人差の程度を測ります。参加者がどの程度ポジティブ，もしくはネガティブな妄想傾向を持っているのかを測定するために，杉森と丹野（Sugimori & Tanno, 2010b）は，丹野ら（2000）が作成した妄想観念チェックリスト[注]を使用しました。記憶実験で使用したのはポジティブな表現とネガティブな表現を持つ性格特性形容詞対でした。例えば，「慎重な－臆病な」という性格特性形容詞対の場合，「慎重な」という性格特性形容詞と「臆病な」という性格特性形容詞は，意味は共通するものの，前者はポジティブな表現であり，後者はネガティブな表現です。

実験の手続きは図1-8に示すとおりです。実験は，学習とテストの二段階からなりました。学習時には，各性格特性形容詞対のうち，ポジティブな表現を提示する条件，ネガティブな表現を提示する条件，学習時には提示しない条件の3つに分かれました。「あなたは○○○ですね」の○○○にそれぞれの性格特性形容詞が提示される状態で学習し，すぐにテストに移りました。テスト時には，学習時に提示されたポジティブな表現のうち，半分はそのままのポジティブな表現で使用し，残りの半分は同じ意味を持つネガティブな表現に置き換えました。学習時に提示されたネガティブな表現も，同様に半分はそのままのネガティブな表現で使用し，残りの半分は同じ意味を持つポジティブな表現に置き換えました。学習していない単語について，「学習した」と答える比率のことを，**フォールスアラーム（False Alarm: FA）率**といいます。実験の結果ポジティブな妄想傾向が高ければ高いほどポジティブ表現のFA率が高くなり，ネガティブな妄想傾向が高ければ高いほど，ネガティブ表現のFA率が高い結果となりました。つまり，ポジティブな妄想傾向を持つ人は，学習時にネガティブな表現で提示されたものに対して，ポジティブな表現で提示されたと答える傾向が高く，一方，ネガティブな妄想傾向を持つ人は，学習時にポジティブな表現で提示されたものに対して，ネガティブな表現で提示されたと答える傾向が高くなりました。

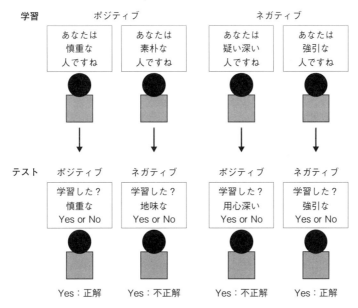

図1-8　Sugimori & Tanno（2010b）の実験手続き（杉森, 2012）

注）妄想観念チェックリストは，「私は誰からも好かれる性格だという考え」「私には何でも自信がある，という考え」「みんなが私をうらやましいと思っている，と感じられる体験」といった，ポジティブ妄想観念を測るための21項目と，「私は他の人からノケモノにされているのではないかという考え」「他の人の話し声が，私の悪口を言っているように聞こえた体験」「周りの人は誰も信用できない，という疑い」といったネガティブ妄想観念を測るための30項目の質問項目に分かれ，それぞれの質問項目に対して「日頃，どの程度頭に浮かぶ考えか」について1（まったく感じない）から5（頻繁に感じる）の5件法で回答する形になっています。

せられたか？」とたずねる形式ではポジティブな妄想傾向が高い人は，低い人と比較して，「面倒見がいい」と答えるのに対し，「『面倒見がいい』か『おせっかい』か，どちらの言葉が発せられたか？」とたずねる形式では，ポジティブな妄想傾向の高い人と低い人の間で，こういった違いが見られず，ポジティブな妄想傾向の高い人も正確に「おせっかい」という言葉を選択していました。このように質問の形式によって，正確に判断できる場合があるということは，日常生活にも活用できそうですね。例えば，「自分はさっき臆病だと言われた」と落ち込む前に「慎重な人と言われたのだろうか，それとも本当は臆病な人だと言われたのではないだろうか？」と自問してみるといいでしょう。

(3) 強迫性傾向を持つ人のソースモニタリング傾向

外出先で戸締りをしたかどうかが気になったり，エアコンをつけっぱなしなのではないかと不安になったりした記憶はありませんか？　本人の意思と無関係に不安が生じ，それを振り払うために何度も同じことを繰り返す精神疾患を**強迫性障害**（obsessive compulsive disorder）といい，その中でも，外出時に戸締りをしたかどうか，ガスの元栓を消したかどうかといった不安がよぎり，何度も戻っては執拗に確認する症状のことを**確認強迫**（endless rechecking）といいます。ホッグソンとラッチマン（Hodgson & Rachman, 1977）やフロストとショウ（Frost & Shows, 1993）の報告によると，強迫性障害の患者と比較して辛さは激減するものの，健常者の前述したような不安は強迫性障害の確認強迫と共通していることが明らかになっています。

マクナリーとコールベック（McNally & Kohlbeck, 1993）の研究によると，強迫性障害の患者と健常者の間で記憶成績そのものの違いは見られなかった一方で，強迫性障害の患者のほうが健常者よりも，自分の記憶判断に自信を持っていないことが明らかになっています。記憶の成績そのものよりも，自分の記憶に自信が持てないということが，健常者で確認強迫傾向が高い人にも当てはまるのではないでしょうか。つまり，確認強迫傾向が高い人は低い人と比較して，自分がやったことを「やった」と判断することに自信が持てない可能性が考えられます。そこで，杉森と丹野（Sugimori & Tanno, 2007）は，まず，確認強迫傾向を測定する質問紙[5]を用いて実験参加者を確認強迫傾向が高い群と低い群に分類しました。両方のグループに，複数の行為からなる一連の行為を記憶させ（学習段階），それから，集中しづらい環境下において，その一連の行為を行なわせました（実行段階）。その後，各行為について「実行段階において，やったか，やっていないか，分からないか」と3択で判断させました。その結果，確認強迫傾向の高い群と低い群どちらとも，実行段階で思い出せた行為の数に違いは見られませんでした。しかし，予測どおり，「分からない」と回答した比率が，確認強迫傾向が高い群は低い群よりも高い結果となりました。確認強迫傾向が高い人は「自分はやり忘れが多い」というスキーマを持っているのかもしれません。実際に，やり忘れをした回数が，確認強迫傾向が高い人と低い人で異なるのかもしれませんし，回数は同じでも，やり忘れがスキーマに与える影響が異なるのかもしれません。どのようにこういったスキーマが構築されているのか，今後その個人差について検討する必要があるでしょう。

---

[5] サナビオ（Sanavio, 1988）が作成した，健常者における強迫傾向の程度を測定するパドゥア尺度（Padua Inventory）のうち，確認強迫傾向を測定する11項目を用いました。「ガスや水道の栓をきちんと閉めていても何回も確認してしまう」，「ドアや窓，引き出しなどがきちんと閉まっているか，確かめに戻ることがよくある」といった項目について，本人が日常生活においてどの程度頻繁に煩わされるのかについて5件法（1：全くない，2：ほとんどない，3：いくらかある，4：かなりある，5：非常にある）で回答するというものです。

5. まとめと今後の展望

(1) 日常生活におけるソースモニタリング

　日常生活の様々な場面において，人はどのようなソースモニタリング傾向を持つのかということを知っておくことは大切です。例えば，信憑性があると思い込んでいる健康法について，「専門家が言った」と判断してしまう傾向があることを知っていると，「情報源（ソース）は明らかではないかもしれない」と疑う余地が出てくると同時に，その健康法についてもう一度見直すきっかけとなるでしょう。

　杉森・楠見（2005）は，2日連続で複数の絵を見せ，それぞれの絵について「1日目と2日目のうちいつ見たか？」とたずねるという，日にちに関するソースモニタリングを行ないました。その結果，この日にちに関するソースモニタリングは非常に難しく，時が経つにつれ（この実験では7日後），その正答率は**チャンスレベル（chance level）**[6]であることが明らかになりました。この結果を知っておくと，「いつ」と言うことに対して答えなくてはいけない目撃証言がいかにあてにならないかということがご理解いただけるでしょう。

　また，自分が認知操作情報を必要としない状況，つまりあまり考えずに発した言葉は，後に「自分は言っていない」と判断する傾向があることを知っていると，「言った・言わない」の喧嘩を避けることもできますし，自分が知らない間に相手を傷つけている可能性を念頭に置いておくこともできます。その反対に，自分がいかにも言いそうなことに対して「自分が言ったことだ」と主張する前に，他者が言ったことである可能性を知っておくことで，無意識の剽窃をふせぐことができるでしょう。

(2) 精神病理とソースモニタリング

　本章では，精神疾患の症状と似た症状が健常者にも体験されるところに着目した個人差研究について紹介しました。精神疾患の症状と似た症状を個人差というレベルで検討する研究のことを**アナログ研究（analogue research）**と呼びます。精神疾患を持つ患者と健常者の間には，ある程度の連続性が認められており[7]，クラリッジ（Claridge, G.）は，健常者に見られるこのような体験をパーソナリティとして考えています。アナログ研究を行なうことにより，健常者を通して精神疾患のメカニズムを検討できるというメリットがあると同時に，健常者といっても，その性格や認知スタイルは様々であることをお互いに理解しあえる世の中を作ることができるというメリットがあるでしょう。

(3) 今後の展望

　現在，脳科学の手法を用いてソースモニタリングのメカニズムを明らかにしようという動きがあり，ミッシェルとジョンソン（Mitchell & Johnson, 2009）が，主に**機能磁気共鳴画像法（functional Magnetic Resonance Imaging: fMRI）**を用いて行なったソースモニタリング研究についてレビューしています。そこでは例えば，概して想起時に，ソースモニタリングが正答している場合は**海馬（hippocampus）**が活性化し，不正答の場合は**嗅周皮質（perirhinal cortex）**が活性化することが多くの研究で明らかになっているとの見解があります。こういった研究は，ソースモニタリング時に脳を調べることで，その答えが正答か不正答かを明らかにできる可能性を示唆しています。

　さらにゴンザルベスら（Gonsalves et al., 2004）は，頭の中で絵を想像している際，視覚と関わる脳部

---

[6] ある出来事が偶然起こる確率のことを言います。
[7] 統合失調症と健常者の連続性については浅井ら（2009）の論文に詳しく述べられています。

位である楔前部（precuneus）や紡錘状回（fusiform gyrus）が活性化しているときは，後に「見た」と誤って回答することを明らかにしました。同様に，杉森ら（Sugimori et al., in press）は，実験参加者に声を想像させる課題を行なうことで，想像させているときの脳の活性化が，後に「現実だったか想像だったか」といったソースモニタリングを行なう際の，正答・不正答を予測できる可能性を示唆しました（**研究③**参照）。

　ソースモニタリングの理論は，提唱した本人であるジョンソン（Johnson, M. K.）が**理論的枠組み**（theoretical framework）[8]と述べている通り，まだ完全には明らかにされていません。脳科学の手法を用いることにより，今後より精緻化された理論を構築することができるでしょう。

心理学研究の紹介③

　杉森ら（Sugimori et al., 2012）では，声を聞いたり想像したりしているときの脳活動が，その後における「他者の声を聞いたか，聞いているところを想像したか」をたずねるソースモニタリングの回答をどの程度予測することができるのかということについて検討しました。実験は学習時とテスト時の二段階からなりました。学習時は，実験参加者にfMRIスキャナーの中に入ってもらい，複数の単語を他者の声で聞かせるか（聞く条件），聞いているところを想像させるかで学習させました（想像条件）。その直後のテスト時では，それぞれの単語について「聞いた」か「想像した」か「新しい（学習時に存在していない）」かについて答えさせました。その結果，発話の生成と関わるといわれている**左下前頭回**（left Inferior Frontal Gyrus: left IFG）において，学習時にこの脳部位がより活性化した場合は学習時に聞いたか想像したかにかかわらず「聞いた」と判断することが明らかになりました。さらに，認知操作と関わるといわれている**左中前頭回**（left Middle Frontal Gyrus: left MFG）において，聞く条件ではその後のソースモニタリングの回答によって活動に差が見られませんでしたが，想像条件では「想像した」と正答できた場合は，「聞いた」もしくは「新しい」と答えて不正答だった場合より活性化しました。この2つの部位の活性化の様子から，あまり頭の中で考えず，発話の生成ができた場合に，「この発話は自分で考えたものではなく他者の声で聞いたものだ」と判断していると考えられます。

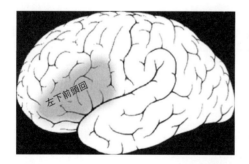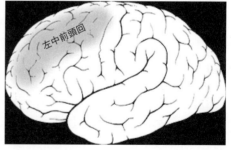

図1-9　左下前頭回（左）と左中前頭回（右）

---

[8] 理論をベースにしたおおまかな立場というふうに捉えてください。

読書ガイド

杉森絵里子（2012）．「記憶違い」と心のメカニズム　京都大学学術出版会
ソースモニタリングに焦点を当てた書籍は現在のところこの1冊です。目撃証言や自伝的記憶といった分野とソースモニタリングの関係について述べていたり，精神疾患を個人差という視点から捉えてソースモニタリングとの関係について述べていたりするため，日常記憶や精神病理学などの応用心理学に興味がある方が楽しめる本です。また，筆者が行なった複数の実験について，詳しい手法が述べられているため，これから実験を行なう予定がある方にとって参考になることでしょう。

ギャロ，D. A.（著）　向居　暁（訳）（2010）．虚記憶　北大路書房
「虚記憶」を「決して体験していないことをあたかも実際に体験したかのように記憶している現象」と定義し，実験室における虚記憶研究の歴史，理論，集団差や個人差，発達や加齢に伴う変化，脳損傷や薬物の影響，神経画像法を用いた研究などについて包括的にレビューした内容となっています。かなり専門的で細かいことが書かれているので，虚記憶の研究を深めたい方におすすめの本です。

クランシー，S. A.（著）　林　雅代（訳）（2006）．なぜ人はエイリアンに誘拐されたと思うのか　早川書房
全米には「エイリアンに誘拐されたという記憶を持つ人」がかなり多くいるそうです。著者は，エイリアンに誘拐されたことがある人を募る新聞広告を出し，集まった人たちについて調査し，認知心理学の観点から考察しました。心理学の専門的知識を持たない方にも面白く読める本です。

引用文献

浅井智久・山内貴史・杉森絵里子・坂東奈緒子・丹野義彦（2010）．統合失調型パーソナリティと統合失調症の連続性　心理学評論，**53**，240-261.

Bayen, U. J., Nakamura, G. V., Dupuis, S. E., & Yang, C. L. (2000). The use of schematic knowledge about sources in source monitoring. *Memory & Cognition*, **28**, 480-500.

Dobson, M., & Markham, R. (1993). Imagery ability and source monitoring: Implications for eyewitness memory. *British Journal of Psychology*, **84**, 111-118.

Dodson, C. S., Holland, P. W., & Shimamura, A. P. (1998). On the recollection of specific and partial source information. *Journal of Experimental Psychology: Learning, Memory, and Cognition*, **24**, 1121-1136.

Frost, R. O., & Shows, D. L. (1993). The nature and measurement of compulsive indecisiveness. *Behaviour Research and Therapy*, **31**, 683-692.

Garry, M., Manning, C. G., Loftus, E. F., & Sherman, J. (1996). Imagination inflation: Imagining a childhood event inflates confidence that it occurred. *Psychonomic Bulletin & Review*, **3**, 208-214.

Gonsalves, B., Reber, P. J., Gitelman, D. R., Parrish, T. B., Mesulam, M.-M., & Paller, K. A. (2004). Neural evidence that vivid imagining can lead to false remembering. *Psychological Science*, **15**, 655-660.

Henkel, L. A., Franklin, N., & Johnson, M. K. (2000). Cross-modal source monitoring confusions between perceived and imagined events. *Journal of Experimental Psychology: Learning, Memory, and Cognition*, **26**, 321-335.

Hodgson, R. J., & Rachman, S. J. (1977). Obsessional-compulsive complaints. *Behaviour Research and Therapy*, **15**, 389-395.

Hovland, C. I., & Weiss, W. (1951). The influence of source credibility on communication effectiveness. *Public Opinion Quarterly*, **15**, 635-650.

Johnson, M. K. (1997). Identifying the origin of mental experience. In M. S. Myslobodsky (Ed.), *The mythomanias: The nature of deception and self deception* (pp. 133-180). Mahwah, NJ: Erlbaum.

Johnson, M. K., Hashtroudi, S., & Lindsay, D. S. (1993). Source Monitoring. *Psychological Bulletin*, **114**, 3-28.

Johnson, M. K., Nolde, S. F., & De Leonardis, D. M. (1996). Emotional focus and source monitoring. *Journal of Memory and Language*, **35**, 135-156.

Johnson, M. K., Raye, C. L., Foley, H. J., & Foley, M. A. (1981). Cognitive operations and decision bias in reality monitoring. *American Journal of Psychology*, **94**, 37-64.

Johnson, M. K., Raye, C. L., Wang, A. Y., & Taylor, T. H. (1979). Fact and fantasy: The roles of accuracy and variability in confusing imaginations with perceptual experiences. *Journal of Experimental Psychology: Human learning and memory*, **5**, 229-240.

Landau, J. D., Libkuman, T. M., & Wildman, Jr., J. C. (2002). Mental simulation inflates performance estimates. *Memory & Cognition*, **30**, 372-379.

McNally, R. J., & Kohlbeck, P. A. (1993). Reality monitoring in obsessive-compulsive disorder. *Behavior Reseach and Therapy*, **31**, 249-253.

Mitchell, K. J., & Johnson, M. K. (2009). Source monitoring 15 years later: What have we learned from fMRI about the neural mechanisms of source memory? *Psychological Bulletin*, **135**, 638-677.

Peters, E. R., Joseph, S. A., & Garety, P. A. (1999). Measurement of delusional ideation in the normal population: Introducing the PDI (Peters et al. Delusions Inventory). *Schizophrenia Bulletin*, **25**, 553-576.

Sanavio, E. (1988). Obsessions and compulsions: The Padua Inventory. *Behaviour Research and Therapy*, **26**, 169-177.

Sugimori, E., & Kitagami, S. (2013). Plagiarism as an illusional sense of authorship: The effect of predictability on source attribution of thought. *Acta Psychologia*, **143**, 35-39.

杉森絵里子・楠見　孝（2005）．ソースモニタリングエラーにおける質判断と時間判断の検討：時間経過が反応バイアスに及ぼす影響　認知心理学研究, **2**, 35-44.

Sugimori, E., & Kusumi, T. (2008). Output monitoring error: Effects of previously encoded action phrases. *Psychologia*, **51**,76-88.

Sugimori, E., Mitchell, K. J., Raye, C. L., Greene, E. J., & Johnson, M. K. (in press). Brain mechanisms underlying reality monitoring for heard and imagined words. *Psychological Science*.

Sugimori, E., & Tanno, Y. (2007). The relationship between output monitoring and obsessive disorder. Poster session presented at the 71th Annual Conference of the Japanese Psychological Association, Tokyo, Japan.

Sugimori, E., & Tanno, Y. (2010a). The effects of cognitive activity and perceptual details on speech source monitoring. *British Journal of Psychology*, **101**, 777-790.

Sugimori, E., & Tanno, Y. (2010b). Effects of positive and negative delusional ideation on memory. *International Journal of Psychology*, **45**, 90-101.

丹野義彦・石垣琢麿・杉浦義典（2000）．妄想的観念の主題を測定する尺度の作成　心理学研究, **71**, 379-386.

Tulving, E. (1972). Episodic and semantic memory. In E. Tulving & W. Donaldson (Eds.), *Organization of memory* (pp. 381-403). New York: Academic Press.

2 記憶（応用編）
目撃証言

第1章では，ソースモニタリングの研究を通じて，人間の記憶の基礎的な性質やしくみが明らかになっていることがお分かりいただけたと思います。しかし，記憶の性質やしくみを明らかにするだけが研究ではありません。第1章でも，統合失調症や強迫性障害など臨床的な話題が含まれていたように，研究によって明らかとなったことを活かして，現実の場面へ応用するというタイプの研究もあります。そこで，本章では，記憶の応用研究の1つである目撃証言の研究について紹介します。

1. 記憶の応用研究としての目撃証言の研究

(1) 基礎研究と応用研究

一口に，「記憶」といっても，それが意味するところのものは，「思い出」であったり，「テスト」であったり様々だと思います。これと同じように，「記憶の研究」といっても，いろいろなタイプのものがあります。そこで，研究のタイプを分ける1つの考え方として，「基礎研究」と「応用研究」という分け方があります。この「基礎」と「応用」という分け方は，記憶の研究や認知心理学の研究だけに限らず，どんな学問においても共通に適用できるものですが，それでは，基礎研究とは一体何でしょうか？ また，どのような研究であれば，それが応用研究であるといえるのでしょうか？

まず，基礎研究というのは，少し難しい言葉でいえば，理論を構築したり，メカニズムを解明したりすることを目的とします。理論という言葉は「法則（ルール）」，メカニズムという言葉は「しくみ」と置き換えたほうが分かりやすいかもしれません。例えば，図2-1を見てください。これは，**多重貯蔵モデル**（multi storage model）[1]と言って，記憶は，覚えていられる時間の長さによって，**感覚記憶**（sensory memory），**短期記憶**（short-term memory），**長期記憶**（long-term memory）に分かれるという理論です。

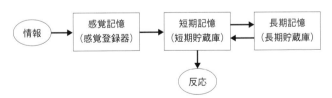

図2-1　**多重貯蔵モデル**（Atkinson & Shiffrin, 1968を改変）

---

[1] モデルとは，ここでは理論という言葉と同じ意味として用いていますが，視覚的に分かりやすく図式化したものであると考えてください。

すなわち，たくさんの基礎研究の知見が積み上げられることによって，この理論が作り上げられたのです。

一方，応用研究というのは，現実的な問題の解決を目的とするものです。記憶が関わる現実的な問題として，「英単語を覚えるにはどのように勉強すればよいか？」「嫌な思い出を忘れるにはどうすればよいか？」など，様々な例が考えられると思います。つまり，このように，何か具体的に解決したい問題や課題があった場合に，どのようにすればそれを解決することができるか，その答えを見つけることを目的とするのが応用研究です。基礎研究と応用研究は，車の両輪のような関係だと考えられます。例えば，基礎研究で明らかとなった知見や理論を活かしながら応用研究を行なったり，また，応用研究を通して，新たに検討すべき課題が見つかり，それを基礎研究として検討する，といったように，両者は切っても切れない関係であり，一方が進めば，他方も進む関係にあるといえます。

(2) 応用研究としての目撃証言の研究

みなさんは，事件や事故に遭遇して，その後，警察から当時の状況を聞かれたというような経験をお持ちでしょうか？　そのような経験がなかったとしても，例えば，交差点に，「目撃者を捜しています！」という立て看板を見かけたり，あるいは，テレビドラマで，事件に出くわした人物が，警察に当時の状況をたずねられたりする場面を見たことがあるかもしれません。このように，何らかの事件や事故に遭遇して，その後，警察や検察に（あるいは裁判所で），当時の出来事や人物について報告したり，事件や事故に関わる人物を識別したりすることを**目撃証言**（eyewitness testimony）といいます。

いうまでもなく，目撃者が問われているのは，目撃者自身の「記憶」であり，実は，認知心理学における記憶の応用研究として最も成功した分野の1つが，この目撃証言研究だといわれています。このことを端的に表す例として，2007年に出版された，これまでの目的証言研究の集大成ともいえる"*The Handbook of Eyewitness Psychology*"（「目撃者の心理学」ハンドブック）というタイトルの本は，2巻合わせて，総ページ数で1,300ページ以上にのぼります。

また，先ほど，応用研究とは，現実的な問題解決を目指すものだと説明しました。目撃証言の研究は，応用研究として，「いかに正しい目撃証言を得られるか」という明確な目的があります。さらに，その研究の意義は，「目撃者が間違って証言をしてしまったら一体何が起きるか」を考えると，より明確になります。例えば，ある殺人事件に遭遇した目撃者Aさんが，本当は犯人ではない容疑者Bさんを犯人であると間違って証言し，これが証拠となって，Bさんは裁判で有罪となり，刑務所に収監されてしまいます。すると，無罪の人が有罪になってしまう，いわゆる「冤罪」という悲劇が生まれるだけでなく，一般市民の視点に立てば，真犯人が捕まっていないことで犯罪者が世に放たれていることから社会生活上の不安が生じるという別の悲劇も生まれてしまいます。さらに，犯罪の被害者の立場に立っても，罪に問われるべき人が罪に問われていないわけですから，こういった意味でも悲劇といえるでしょう。つまり，誤った目撃証言によって，幾重にも重なる悲劇が生まれてしまうことになるのです

実際に，このような冤罪を生み出す原因として，目撃証言が関わる場合が非常に多いことが，たくさんの研究によって明らかとなっています。例えば，グロスとシェイファー（Gross & Shaffer, 2012）は，DNA鑑定などによって無実が明らかとなった873ケースの冤罪（誤判）の原因を調べたところ，76％のケースで，目撃者による誤った犯人の識別が関わっていることを明らかにしています。しかも，強姦，児童性的虐待，強盗事件に限っていえば，それぞれ，96％，95％，94％という非常に高い比率でした。このような研究を通しても，目撃証言の研究がとても重要であることが分かると思います。次節では，これまで具体的にどのような目撃証言の研究が行なわれてきたか，見ていきましょう。

2. 目撃証言研究の概観

(1) これまでの研究で扱われてきた要因

　目撃証言の研究は，これまで膨大な数が存在し，その中で検討されてきた要因は，それこそ無数にあります。したがって，それらをすべて把握しようとするのは非常に大変なことなのですが，比較的容易に，これまでの目撃証言研究を概観できる手段の1つとして，カシンら（Kassin et al., 2001）の調査研究が参考になります。この研究は，1989年の研究（Kassin et al., 1989）をベースに，再調査を行なったもので，アメリカ，イギリス，カナダ，ドイツ，オーストラリア，オランダ，フランスの目撃証言の研究者197名を対象としてアンケート調査を行っています（有効回答数64）。表2-1は，その結果の一部で，これまでの目撃証言研究で取り上げられた30の要因（トピック）とその具体的内容が示されています。もちろん，これ以外にも，たくさんの要因が検討されていますが，目撃証言の研究を知る上での第一歩としては，十分に網羅されているといえるでしょう。

　表2-1の右側には，「信頼性」と「常識」という2つの項目があります。まず，信頼性というのは，各トピックの意味するところの内容が，「専門家として法廷で証言できる程度に十分信頼できるか」という質問に対して「はい」と答えた人数のパーセントです。次に，「常識」とは，「各トピックの内容を一般の人が常識として捉えているかどうか」という質問に対して専門家が「はい」と答えた人数のパーセントです[2]。

　表2-1に示されている結果から，いくつか興味深いことが明らかとなっています。それは，信頼性と常識の数値の大小が，必ずしも，一致しているわけではないという点です。つまり，信頼性は高いのに常識は低かったり，その逆に信頼性は低いのに常識は高かったりと，専門家（＝信頼性）と一般の人（＝常識）の考えに大きな隔たりが見られるものがいくつもあるということです。例えば，「確信度の影響されやすさ」は，「目撃者の確信度は，識別の正確さとは関係のない要因に影響を受けてしまう」という内容であり，信頼性の数値は95％と非常に高いのに対して，常識の数値はわずか10％と非常に低くなっています。すなわち，目撃証言の研究者は，「目撃者の確信度が非常に影響されやすい」ということを，法廷で証言できるくらい信頼性の高い現象であると捉えているのに対して，（専門家の考える）一般の人は，おそらく，そのような常識は持ち合わせていないであろうと評価されています。また，このパタンとは逆で，「長期の抑圧」については，信頼性22％に対して，常識79％となっています。つまり，この結果は，一般の人が「トラウマ経験は何年にもわたる抑圧から回復することがある」ということを常識として持ち合わせているのに対して，専門家の意見は非常に懐疑的であるということです。

(2) システム変数と推定変数

　以上のように，これまで，目撃証言の研究では，たくさんの要因が扱われてきました。それと同時に，これらの要因を系統的に分類する方法もいくつか提唱されています（cf. 厳島, 2000）。その分類法の中でも，特に，目撃証言という研究の性格上，非常に重要であると考えられるのが，ウェルズ（Wells, 1978）によって提案された**システム変数**（system variables）[3]と**推定変数**（estimator variables）とい

---

[2] あくまで目撃証言の研究者が，一般の陪審員（日本では裁判員）をイメージして答えたものであるため，直接一般の人に聞いた結果と一致するとは限らない間接的なデータです。しかしながら，これらの専門家は，実際の法廷などで，陪審員と接する機会も多いため，十分に参考になる数値であるといえます。

[3] 変数（variable）という言葉は，これまで出てきた要因（factor）と同じような意味として本章では用いています。

うものです。

まず、システム変数とは、司法（裁判所）や捜査機関（警察や検察）が、正確な目撃証言を得るために、事前に介入する余地のある要因であると説明されます。具体的には、表2-1の中にも含まれているライ

表2-1 目撃証言の研究で検討されてきた要因 (Kassin et al., 2001を改変)

	トピック	意味	信頼性	常識
1	ラインナップの教示	警察の教示は、目撃者の識別の意志に影響する	98%	39%
2	質問の語法	目撃証言は、質問のされ方に影響を受ける	98%	25%
3	確信度の影響されやすさ	目撃者の確信度は、識別の正確さとは関係のない要因に影響を受ける	95%	10%
4	マグショットによるバイアス	容疑者のマグショットを見ると、後でラインナップからその容疑者を選ぶ可能性が高まる	95%	13%
5	事後情報	目撃証言は、実際に見たものだけでなく、後で得られた情報を反映する	94%	17%
6	子どもの被暗示性	大人に比べて、幼い子どもは、面接者の暗示、仲間からの圧力、社会的な影響を受けやすい	94%	73%
7	態度と期待	目撃者の知覚や記憶は、その人の持つ態度や期待に影響を受ける	92%	31%
8	催眠による被暗示性	催眠によって、誘導質問や誤導質問を受けやすくなる	91%	19%
9	異人種バイアス	目撃者は他人種よりも自人種のほうが識別が容易である	90%	65%
10	アルコール摂取	アルコールの摂取は、後で人物や出来事を思い出す能力を損ねる	90%	95%
11	凶器への注目	凶器の存在は目撃者が正しく犯人の顔を識別する能力を損ねる	87%	34%
12	正確さと確信度の関連	目撃者の確信度は、識別の正確さとは関連がない	87%	5%
13	忘却曲線	忘却は出来事の直後で最大となり、その後、緩やかに進む	83%	29%
14	知覚時間	目撃者が出来事を観察する時間が短いほど、出来事を思い出せなくなる	81%	97%
15	無意識的転移	目撃者が別の場所で見た人を犯人と識別してしまうことがある	81%	19%
16	提示形式	目撃者は、同時的ラインナップの際、相対判断により、誤って識別しやすくなってしまう	81%	0%
17	ショーアップ	ショーアップ（単独面通し）はラインナップに比べて誤識別のリスクを高める	74%	30%
18	言語	記述に合ったラインナップ目撃者による犯人の描写がラインナップの構成員に似ていればいるほど、容疑者の識別は正確である	71%	30%
19	ラインナップの公正さ	ラインナップのメンバーが容疑者に似ていれば似ているほど、容疑者を正しく識別できる可能性は高まる	70%	48%
20	子どもの目撃者の正確さ	大人に比べて、幼い子どもは識別が正確ではない	70%	78%
21	子どもの虚記憶	子どもの頃の記憶が回復しても、それは誤っていたり、歪んでいたりすることが多い	68%	25%
22	色の知覚	単色光のもとでの色の判断は信用できない	63%	41%
23	ストレス	高水準のストレスは目撃証言の正確さを損ねる	60%	37%
24	高齢の目撃者	高齢者は若年社に比べて識別が正確ではない	50%	66%
25	催眠による正確さ	催眠によって、目撃者の記憶は正確になる	45%	55%
26	識別速度	ラインナップを見て識別の速度が速いほど、その判断は正確である	40%	61%
27	訓練された観察者	警察官や他の訓練された観察者は、平均的な人に比べて、識別が正確である	39%	73%
28	出来事の凶暴性	目撃者は、暴力的な出来事のほうが思い出すのが難しい	37%	14%
29	弁別性	本当の記憶と偽りの記憶はきちんと区別できる	32%	52%
30	長期の抑圧	トラウマ経験は何年にもわたる抑圧から回復することがある	22%	79%

ラインナップ（line-up）とは、容疑者が特定されている場合に、実際の複数人物をもとに、目撃者に犯人と思われる人物の識別を求める手続き（＝面通し）で、ショーアップ（show-up）とは、単独の人物だけで行なわれるラインナップの一種（＝単独面通し）で、マグショット（mug shot）とは、特に、あらかじめ容疑者が想定されていない場合において、複数の写真の中から、目撃者が見た人物と一致する人物を選び出す手続きです。

ンナップやショーアップに関わる要因などの人物識別手続きや，目撃者への証言の聴取方法などが含まれます。一方，推定変数とは，司法や捜査機関が正しい証言を得るために介入することが難しく，その要因が証言の正確さにどの程度関与するかを事後的に推定するしかない要因です。例えば，表2-1の中で，目撃者や容疑者に関わる要因や，犯罪の状況や特徴に関わる要因など，事件が起きてから事後的にしかその要因が関与していたどうかを推定することしかできません。

　厳島（2000）によれば，システム変数は，その研究成果が還元されれば，目撃証言が信用できるかどうかを正確に判断するための知識や方法を直接的に提供できることになりますが，推定変数については，証言が信用できるかどうかに関する知識を豊かにしてくれる一方で，個別の事件について直接的な示唆が得られるわけではないことが指摘できます。しかしながら，推定変数を検討した研究は，全く意味がないかといえば，決してそうではなく，推定変数が影響していたかどうか，事後的に，その可能性を探ることは，間接的にはなってしまいますが，ある程度，有用であると考えられます。

(3) 目撃証言の研究方法

　これまで見てきたように，扱われている要因が非常にたくさんある中で，研究方法についても，その種類がいくつかに分かれます。図2-2にその分類を示したとおりで，大きく分けて，実験的研究と非実験的研究があり，実験的研究については，実験室実験とフィールド実験，非実験的研究については，調査研究，アーカイブ研究，供述分析とがあります。

　まず，実験的研究とは，事前に実験計画を立て，それをもとに実験を行ってデータを収集し，そのデータを分析することで，要因の影響を検討する研究です。その中でも，実験室実験は，実験室の中で，より厳密な統制が行なわれた実験を行なうもので，これまで行なわれてきた目撃証言の研究では，この方法が最も多く用いられています（**研究①参照**）。実験室実験では，検討したい要因以外は厳密に統制されるため，比較的，純粋な形でその要因の影響が検討できるとされています。しかしながら，目撃証言の研究において，実験室実験という方法を用いることに対して，「実際の事件や事故という現実の場面（文脈）が反映されていない」という批判がよくあります。そこで，実験室実験の長所を残しつつ，事件や事故と全く同じ（あるいは類似した）場所や状況で実験を行なうことをフィールド実験と呼びます。実験室実験は，他の章でも頻繁に出てくるように，心理学や認知心理学の研究の中でも非常によく用いられるのに対して，このフィールド実験という手法は，目撃証言の研究に特有のものであるといえるでしょう（**研究②参照**）。

　次に，非実験的研究について，調査研究は，質問紙（アンケート）を作成し，それに答えてもらうことで，調査対象者の意識や態度，あるいは知識などを評価するものです。すでに紹介した通り，目撃証言

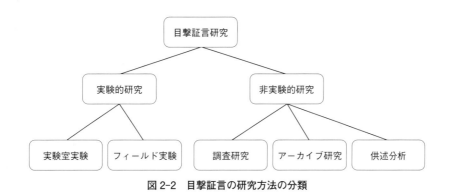

図 2-2　目撃証言の研究方法の分類

心理学研究の紹介①

　ロフタスとパーマー（Loftus & Palmer, 1974）は，表 2-1 の中にも挙げられている「質問の語法」が，目撃証言にどのような影響を及ぼすかに関する実験を行なっています。実験 1 では，実験参加者は，5 秒から 30 秒程度の短い事故の映像を見せられた後で，いろいろな質問をされます。その質問の中には，"About how fast were the cars going when they hit each other?"（車同士，どのくらいのスピードで当たったと思いますか？）という質問があるのですが，実は，参加者ごとに，下線部の動詞が異なっていました。具体的には，衝突の度合いが異なる表現の単語で，程度の軽いものから，"contacted"（接触した），"hit"（当たった），"bumped"（ぶつかった），"collided"（衝突した），"smashed"（激突した），の 5 種類が使われていました。その結果は，図 2-3 に示したとおりで，たった一語の動詞が違うだけで，なんと，車のスピードの見積が変化したのです。

　さらに，驚くべきことに，実験 2 では，実験 1 と同じ映像を見せ，その 1 週間後に，「（実際には割れていないが）映像の中でフロントガラスが割れたのを見ましたか？」と質問をしたところ，1 週間前に "hit"（当たった）という動詞で質問された参加者の約 16％が「はい」と答えたのに対して，"smashed"（激突した）という動詞で質問された参加者は，その約 3 倍の約 47％の人が「はい」と答えています。つまり，質問の語法によって，スピードの見積が変わるだけでなく，割れていないガラスが割れていたというようにその記憶まで変わってしまうことが，この実験で示されました。

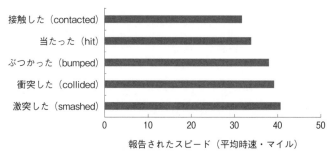

注）1 マイルは，約 1.6km

図 2-3　Loftus & Palmer（1974）の実験 1 の結果

の研究者に対して質問紙調査を行なったカシンら（Kassin et al., 2001）の研究は，調査研究に分類することができます。また，アーカイブ研究というのは，フィールド実験と同様，他の心理学の研究ではほとんど用いられない目撃証言の研究に特有の研究方法です。アーカイブとは，一般的には書庫あるいは記録などを意味しますが，目撃証言の研究におけるアーカイブとは，警察や検察で作られる供述調書[4]や捜査記録，裁判の記録である公判調書を意味します。つまり，アーカイブ研究とは，実際に起きた事件や事故の資料を集め，そのデータを系統的に分析することによって，目撃証言に関わる要因を明らかにするという研究方法です。例えば，バーマンとデイビー（Behrman & Davey, 2001）は，カリフォルニア北部にあるサクラメントという都市で 1987 年から 1988 年に起きた 271 の事件を対象に，犯人の顔の識

---

[4] 警察で作られる供述調書は，正式には，**司法警察員面前調書（員面）**，検察で作られる供述調書は**検察官面前調書（検面）**と呼ばれ，記載されるのは，取り調べの中で明らかとなったとされる事項を，取調官が要約したもの（独白体）です。また，**公判調書**とは，審理・裁判に関する重要事項を記載した調書で，供述調書とは異なり，多くの場合，尋問者と証言者の発言が逐語的に記載されています。

心理学研究の紹介②

　ライトら（Wright et al., 2001）は，フィールド実験という研究方法を用いて，現実に近い場面で，自人種バイアスが起こるかどうかを検討しています。実験は，南アフリカのケープタウンとイギリスのブリストルという街にそれぞれにあるショッピングセンターで行なわれました。いずれにおいても，ショッピングセンターのお客さんである黒人または白人の実験参加者に，後で思い出すべき対象（ターゲット）となる黒人または白人の実験協力者（サクラ）が近づいていき，簡単な質問をしたりして，15～30秒ほど接触します。その約3分後に，実験者が実験参加者に近づいてき，実験者の素性や実験の目的などに関する説明を行なった上で，複数の写真の中から先ほど見た人物（ターゲット）を識別するように求めました。その結果，図2-4に示されているように，南アフリカ，イギリスのどちらにおいても，自分と同じ人種の顔のほうが記憶に優れるという結果が得られています。このように，自人種バイアスという現象は，実験室実験だけでなく，フィールド実験においても確認されたことから，その頑健性が示されたといえます。

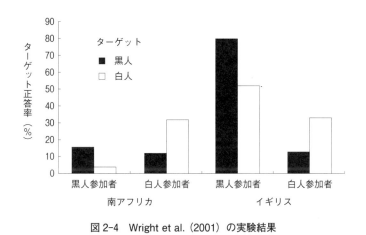

図 2-4　Wright et al.（2001）の実験結果

別にどのような要因が影響していたかを調べています。その結果，目撃者と犯人の人種の異同や識別の方法など，いくつかの要因で影響が見られることを示しています。最後に，**供述分析**とは，供述調書や公判調書を中心として，被告人や目撃者の自白や証言といった供述が信頼できるものかどうかを分析するものです。日本では，自白研究の第一人者である浜田寿美男氏の「供述分析アプローチ」（浜田, 1992 など），東京供述心理学研究会による「スキーマ・アプローチ」（大橋・森・高木・松島, 2002 など）があります[5]。

3. 顔の識別の研究

（1）目撃証言における顔の識別の重要性

　目撃証言の中でも，特に重要なのが，犯人の顔の識別であるといえます。それは，目撃者が正しく犯人を識別できていれば，犯人が捕まっていない場合に，犯人逮捕に向けての重要な手がかりとなり，犯

---

[5] 海外では，例えば，CBCA（criteria-based content analysis）などの手法（Steller & Koehnken, 1989）があります。

人が捕まっている場合は、裁判において重要な証拠となるからです。このことは、第1節で既に紹介したように、冤罪と判明した76％ものケースで、目撃者による誤った犯人の顔の識別が関わっていたという事実（Gross & Shaffer, 2012）からもいえることでしょう。

また、表2-1を見て分かるように、代表的な要因として挙げられているものの中には、顔の識別に関係する要因が多く（例えば、直接的には、ラインナップやショーアップという言葉が入っているもの）、実際に、これまでの目撃証言の研究において、顔の識別に関する研究は、非常にたくさん行なわれてきました。そこで、以下では、ウェルズ（Wells, 1978）の分類に従えば推定変数とされる、凶器注目効果、自人種バイアス、言語陰蔽効果という3つの研究を取り上げたいと思います。

(2) 凶器注目効果

あなたが、銀行に行って、ソファーで順番を待っているところへ、いきなり、図2-5のように、片手に拳銃を持った強盗が入ってきた場合を想像してみてください。このような状況で、あなたは、犯人の顔を覚えていることができるでしょうか。この場合、目撃者の視覚的な注意が凶器に向かってしまうことで、犯人の顔に関する記憶が悪くなってしまう場合があり、こういった現象は、**凶器注目効果**（weapon focus effect）と呼ばれています。再び、表2-1を見ていただいてお分かりのように、カシンら（Kassin et al., 2001）の調査研究でも「11. 凶器の存在」として、取り上げられています。

凶器注目効果に関する初期の研究として、ロフタスら（Loftus et al., 1987）は、ファーストフード店で起こった事件のスライドを用いて、凶器注目効果が起こるかどうかを検討した結果、注視点が凶器に対して長く留まること、凶器を持っていると犯人の顔の識別成績が下がることが示されました。さらに、このような顔の識別に対する凶器の存在という要因は、スティブレー（Steblay, 1992）の**メタ分析**（meta-analysis）[6]においても一定の影響力[7]を持つことが認められています。また、凶器注目効果がどのようなメカニズムで起こるのかという理論的説明についても検討が行なわれており、その中でも有力であるとされる理論は、凶器があることで目撃者の情動的な覚醒が高まり、視覚的な注意の範囲が狭まってしまうためであるとする**情動的覚醒説**（emotional valence hypothesis; Kramer et al., 1990）

図2-5　凶器注目効果のイメージ

---

[6] メタ分析とは、ある要因を扱った過去の研究結果を系統的に収集し、それらの質的評価ならびに数量的合成や評価を行なう手法です。

[7] 「一定の影響力」という表現をあえて用いたのは、実は、凶器の存在は、顔の識別においては、効果量が.13とそれほど大きくはなく、むしろ、犯人の特徴の記述における効果量のほうが.55と大きいためです。

や，凶器はほとんどの文脈において**不適合性**（unusualness）[8]が高いので，目撃者はありえない状況で凶器を目にすることでそこに注意が引きつけられてしまうためであるとする**不適合性説**（unusualness hypothesis; Pickel, 1998）などがあります。

(3) 自人種バイアス

　外国映画やドラマを見ていて，最初は，どの人がどの人であるか認識できず，ストーリーが進むにつれて，ようやく，人物の顔と名前が一致した，という経験はないでしょうか。このように，自分と同じ人種に属する顔（自人種顔）のほうが，異なる人種に属する顔（異人種顔）に比べて，その認識や記憶が優れることは，**自人種バイアス**（own-race bias）あるいは**他人種効果**（other-race effect）と呼ばれます。マイスナーとブリガム（Meissner & Brigham, 2001）のメタ分析からも分かるように，自人種バイアスは，非常に頑健な現象として知られており，目撃証言という文脈に限らず，顔の記憶に関する研究として捉えても，これまで，非常に多くの研究が行われてきています（**研究②参照**）。応用的には，アメリカなどの異なる人種が多数存在する国において目撃証言の信頼性の検討という意義を有すると考えられます。

　自人種バイアスの生起メカニズムについては，例えば，サングリゴリら（Sangrigoli et al., 2005）が，幼い頃（3〜9歳）に，ヨーロッパの白人家庭の養子になった成人の韓国人（黄色人種）が，白人顔の記憶において自人種バイアスを示したことからも分かるように，**接触仮説**（contact hypothesis; Chiroro & Valentine, 1995）が有力な説明の1つであると考えられます。つまり，自人種の顔は，幼い頃からの接触経験が非常に多いため，顔の認識や記憶では，自人種に有利なシステムとなっているというわけです。しかしながら，最近では，接触仮説のように，単なる認知的な要因とは異なり，**内集団・外集団**（in-group/out-group）[9]といった社会認知的な要因（社会的カテゴリー化）が自人種バイアスを生じさせていると考える理論（Bernstein et al., 2007）も出てきています。

　また，自人種バイアスと同じような現象として，**年齢バイアス**（own-age bias）や**性別バイアス**（own-gender bias）といった研究も行なわれています。まず，年齢バイアスは，様々な年齢層（子ども，若者，高齢者）において，自分と同じ年齢層の顔のほうが，異なる年齢層の顔よりも記憶成績が良いことが多くの研究で示されています（レビューとして，Rhodes & Anastasi, 2012）。次に，ジェンダーバイアスについては，研究数はあまり多くないものの，自分と同じ性別の顔のほうが，異なる性別の顔よりも記憶成績が良いことが複数の研究で示されています（cf. Wright & Sladden, 2003）。

(4) 言語陰蔽効果

　あなたが，何らかの事件に遭遇し，たまたま犯人の顔を目撃したため，警察に犯人の顔についてあれこれたずねられたとします。さらに，それだけに終わらず，その後，写真をいくつか見せられて，どれが犯人かをたずねられる，あるいは，取調室のマジックミラー越しに立っている人物が犯人かどうかをたずねられる，という場面を想像してみてください。この一連の出来事を集約すると，「犯人の顔を目撃する（覚える）」→「犯人の顔の特徴を言語化する」→「犯人の顔の識別テストを受ける」という3つの段階があり，実際の警察の捜査においても，目撃者に対して，犯人の顔の識別を求める前に，あれこれ

---

[8] 文脈の「不適合性」が高いとは，その場所に普通はありそうにないものがある，ということです。
[9] 社会心理学でよく出てくる用語で，内集団は自分の属する集団，外集団は自分が属しない集団を意味します。つまり，自人種であれば内集団，他人種であれば外集団と分類できます。

犯人の特徴を目撃者に対して尋ねるということはよく行なわれます。それでは、このように、顔をいったん覚えた後で、思い出しながら言語描写することが、記憶にどのような影響を及ぼすでしょうか。

スクーラーとイングストラー・スクーラー (Schooler & Engstler-Schooler, 1990) は、このような顔の記憶に及ぼす言語化の影響を調べ、顔の識別を行なう前に言語描写を行なうと、記憶成績が低下することを示し、**言語陰蔽効果（verbal overshadowing effect）** と名付けました（研究③参照）。この研究を皮切りとして、現在に至るまで、言語陰蔽効果に関する知見は、数多く蓄積されてきています。また、このような現象が生じる理由についても、いくつかの理論的説明が打ち出されていて (cf. 北神, 2000)、その中でも、最も有力なのは、スクーラー (Schooler, 2002) の提唱した **TIPS（Transfer Inappropriate Processing Shift：転移不適切処理シフト）**説です。この説明では、顔を覚える際の処理のタイプ（全体処理＝顔の全体的な形や、特徴間の空間布置的な関係に注意を向ける処理）が、言語化によって、異なるタイプの処理（特徴処理＝鼻や目などの個々の特徴に注意を向ける処理）にシフトしてしまい、その結果、顔を覚える際と、識別する際の処理のタイプが一致しないことが原因となって、顔の記憶に対して、言語化が妨害的に働いてしまうとされています。

言語陰蔽効果は、上述の通り、狭義には、顔の記憶に対して、識別前の言語化が顔の記憶に妨害的に働く現象であり、目撃証言に関する研究として位置づけられています。しかし、この現象は、実は、顔の記憶だけにとどまらず、様々な刺激の記憶や認知において、広範に見られる現象であることが知られています (cf. 北神, 2001)。具体的には、五感別に挙げると、視覚では地図やマッシュルームの記憶、聴覚では、音楽や人の声の記憶、味覚（嗅覚）ではワインの記憶、触覚ではサンドペーパーの記憶などの研究があります。その他にも、視覚イメージ課題、洞察問題解決、人工文法課題などでも、言語化による悪影響が示されています。目撃証言の話とは少しずれてしまいますが、これらの研究は、古くから議論されている言語と思考（あるいは、言語と認知）の問題（例えば、**言語相対性仮説（Theory of linguistic relativity）**[10] など）を考える上で重要であると位置づけることができます。

4. まとめと今後の展望

(1) ガイドラインの策定

これまで、目撃証言に関する研究を、その研究方法も合わせて紹介してきました。あえて大雑把ないい方をすれば、これまで行なわれてきた膨大な数の目撃証言研究から明らかとなったことは、「目撃証言はあてにならない」ということに尽きます。つまり、私たちが直感的に思っている以上に、目撃証言の信頼性は低いということなのです。それでは、「いかに正しい目撃証言を得られるか」という応用研究上の目的は、どのようにしてかなえられるものでしょうか。その1つが、目撃証言研究で明らかとなった知見を集約して、目撃証言聴取のガイドラインを作成することです。

まず、海外における動向として、原 (2003) によれば、イギリスでは、1984年に**警察および刑事証拠法（The Police and Criminal Evidence Act: PACE）**[11] と呼ばれる法律が策定され、これとともに、**実務規範（Code of Practice）** も規定され、警察の捜査におけるガイドラインを提供しています。PACEの策定には、法律学者だけでなく、心理学者も深く関わっており、これまでの目撃証言研究の知見が活

---

10) 言語が思考に影響を与える（制約する）と考える説。
11) PACEの実務規範は、現在に至るまで改訂が続けられており、最新のものは、<http://www.homeoffice.gov.uk/police/powers/pace-codes/> で閲覧することができます。

心理学研究の紹介③

図 2-6　不公平なラインナップの例 (Loftus & Loftus, 1976 を参考に作成)

　図 2-6 に示されているラインナップの例からも分かるように，容疑者以外の人物は，その諸特徴が類似していなければ，不公平なものとなってしまいます。北神ら（Kitagami et al., 2002）は，コンピュータによる顔のモーフィング技術を用いて，顔の類似度を物理的に操作することによって，顔の識別テストの構成が，言語陰蔽効果にどのような影響を及ぼすかを検討しています。図 2-7 [注1] には，この研究のテストで用いられた顔刺激の例が示されており，①はターゲットであるため，全く同じ顔なのですが，それ以外の7枚（ディストラクター）についてよく見ると，左のほうが，右に比べて，相互によく似ていると思われるでしょう。それは，顔に含まれる共通の成分の割合を，左のほうで，より高めた設定にしてあるからです [注2]。そして，実験の結果，顔写真同士の類似度が高い場合だけ，言語陰蔽効果が生じることが示されました。つまり，この結果から，ラインナップの公正さを高めるために，諸特徴をある程度類似したものにしたラインナップを構成することを前提とすると，顔の特徴を言葉で様々に表現することは，犯人の顔の識別に悪い影響を及ぼす可能性が考えられます。

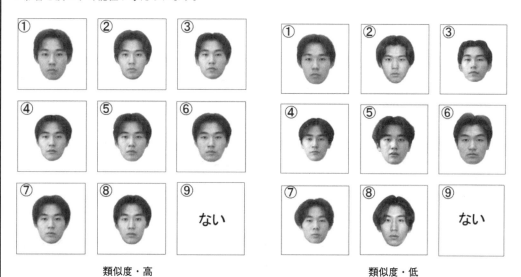

類似度・高　　　　　　　　　　　類似度・低

図 2-7　Kitagami et al.（2002）で用いられた刺激

注1) 9番目の選択肢の「ない」は，8つの選択肢の中には先ほど見た顔はない，という選択肢です。
注2)「個人の顔」と「8名の平均顔」との合成比率を操作しています。具体的には，左の刺激は，平均顔の比率が80％なのに対して，右の刺激は，平均顔の比率が40％となっています。

かされています。また、アメリカでは、1999 年に、司法省が「目撃証言：警察のためのガイド」[12]を制定しており、イギリスと同様、このガイドラインにも、目撃証言研究で得られた数々の知見が活かされています。

一方、日本国内の動向としては、法と心理学会という学会組織が中心となって、2005 年に「目撃供述・識別手続に関するガイドライン」（法と心理学会・目撃ガイドライン作成委員会, 2005）が策定されています。イギリスやアメリカとは異なり、日本では、残念ながら、国の機関が関与したガイドラインあるいは法律は存在しないため、このようなガイドラインを礎として、今後、法制化されたり、あるいは、国が認めるガイドラインとして、警察など捜査機関の現場に普及していくことが望ましいといえるでしょう。

(2) 目撃証言の鑑定や専門家証言

以上のように、ガイドラインを策定し、それを普及させていくことも、研究の成果を社会に還元する 1 つの方法ですが、それ以外にも、目撃証言の信頼性に関わる鑑定を行なったり、あるいは、実際の裁判で専門家として証言をしたりといったように、個別の裁判に、目撃証言の研究者が関わっていくという方法があります。

例えば、厳島・北神（2009, 2010）は、渋谷暴動事件における目撃者の証言の信頼性に関する鑑定を行なっています。渋谷暴動事件とは、1971 年 11 月 14 日に渋谷で起こった暴動事件であり、当時 21 歳であった N 巡査が殉職している事件で、その主犯格とされる H 氏は逮捕・起訴後、1987 年 7 月 13 日に無期懲役が確定し、現在も、刑務所に収容されています。これらの鑑定書は、H 氏による第二次再審請求[13]の際に作成されたものであり、3 人の目撃証言の信頼性について、目撃証言研究のレビュー、事件と類似した場面を構成した心理学実験、供述調書の分析などを根拠として鑑定した結果、その信頼性は低いという結論を導いています。

また、この鑑定書を作成した厳島行雄氏は、日本における目撃証言研究の第一人者であり、この他にも、帝銀事件（1948 年）[14]、名張毒ぶどう酒事件（1961 年）、狭山事件（1963 年）、布川事件（1967 年）、三崎事件（1971 年）、晴山事件（1972 年）、自民党本部放火事件（1984 年）、皇居迫撃砲事件（1986 年）、飯塚事件（1992 年）、東電 OL 殺人事件（1997 年）など、数多くの目撃証言の鑑定を行っています。

こういった鑑定に関わる心理学者の数が非常に少ないだけでなく、実際に関わったケースも全体から見ればごく一部に過ぎないことから、世間一般の認知度は当然のことですが、司法関係者における認知度も、まだまだ低い状況にあるといえます。しかしながら、数年前から日本では裁判員制度もスタートし、一般の人も裁判に関わるようになってきたため、公正な裁判が行なわれるための一助として目撃証言の研究者の役割、および、目撃証言の研究の意義は、ますます大きくなると考えられます。

---

12) <http://www.ncjrs.gov/pdffiles1/nij/178240.pdf>
13) 再審請求とは、確定した判決について、刑事訴訟法第 435 条および民事訴訟法第 338 条に規定されているような理由がある場合に、再び審理をやり直すように求める手続きです。
14) 年号は、すべて事件が起こった年を表します。

📖 読書ガイド

一瀬敬一郎・仲真紀子・厳島行雄・浜田寿美男（編著）(2000). 目撃証言の研究―法と心理学の架け橋をもとめて 北大路書房

心理学からのアプローチだけでなく，法律学からのアプローチもあり，日本語で読める目撃証言研究の本の中では，最も内容が充実しているので，卒論や修論で目撃証言の研究を考えている方は必読の本です。

ロフタス, E. F.・ケッチャム, K.（著）厳島行雄（訳）(2000). 目撃証言 岩波書店

目撃証言研究の第一人者であるエリザベス・ロフタス氏の著作で，彼女が，実際に関わった事件を中心として，目撃証言の危うさが描かれ，ノンフィクション作品としても読むことができます。

仲真紀子 (2011). 法と倫理の心理学―心理学の知識を裁判に活かす 目撃証言，記憶の回復，子どもの証言 培風館

著者の仲真紀子氏は，実際の裁判に専門家として関わっており，日本での現実の事例がいくつも出てくるため，目撃証言だけでなく，法と心理学の関わりが現状でどのようになっているかがとても参考になります。

引用文献

Atkinson, R. C., & Shiffrin, R. M. (1968). Human memory: A proposed system and its control processes. In K. W. Spence & J. T. Spence (Eds.), *The psychology of learning and motivation*. Vol.2 (pp.89-195). New York: Academic Press.

Behrman, B., & Davey, S. (2001). Eyewitness identification in actual criminal cases: An archival analysis. *Law and Human Behavior*, **25**(5), 475-491.

Bernstein, M. J., Young, S. G., & Hugenberg, K. (2007). The cross-category effect: Mere social categorization is sufficient to elicit an own-group bias in face recognition. *Psychological Science*, **18**(8), 706-712.

Chiroro, P., & Valentine, T. (1995). An investigation of the contact hypothesis of the own-race bias in face recognition. *The Quarterly Journal of Experimental Psychology Section A*, **48**(4), 879-894.

Gross, S. R., & Shaffer, M. (2012). Exonerations in the United States, 1989-2012. *U of Michigan Public Law Working Paper*. Retrieved from http://dx.doi.org/10.2139/ssrn.2092195

浜田寿美男 (1992). 自白の研究 三一書房

原 聰 (2003). 諸外国における目撃証言 厳島行雄・仲真紀子・原 聰（編）目撃証言の心理学 北大路書房 pp.133-143.

法と心理学会・目撃ガイドライン作成委員会（編）(2005). 目撃供述・識別手続に関するガイドライン 現代人文社

厳島行雄 (2000). 目撃証言 太田信夫・多鹿秀継（編）記憶研究の最前線 北大路書房 pp.171-194.

厳島行雄・北神慎司 (2009). 星野文昭氏に関する3人の供述人の供述の正確さに関する心理学的鑑定（その1）東京高等裁判所第11刑事部

厳島行雄・北神慎司 (2010). 星野文昭氏に関する3人の供述人の供述の正確さに関する心理学的鑑定（その2）東京高等裁判所第11刑事部

Kassin, S. M., Ellsworth, P. C., & Smith, V. L. (1989). The "general acceptance" of psychological research on eyewitness testimony: A survey of the experts. *American Psychologist*, **44**(8), 1089-1098.

Kassin, S. M., Tubb, V. A., Hosch, H. M., & Memon, A. (2001). On the "general acceptance" of eyewitness testimony research: A new survey of the experts. *American Psychologist*, **56**(5), 405-416.

北神慎司 (2000). 言語陰蔽効果研究に関する展望 京都大学大学院教育学研究科紀要, **46**, 209-221.

北神慎司 (2001). 非言語情報の記憶・認知における言語的符号化の妨害効果―広義における言語陰蔽効果研究の展望 京都大学大学院教育学研究科紀要, **47**, 403-413.

Kitagami, S., Sato, W., & Yoshikawa, S. (2002). The influence of test-set similarity in verbal overshadowing. *Applied Cognitive Psychology*, **16**(8), 963-972.

Kramer, T., Buckhout, R., & Eugenio, P. (1990). Weapon focus, arousal, and eyewitness memory. *Law and Human Behavior*, **14**(2), 167-184.

Loftus, E. F., & Ketcham, K. (1991). *Witness for the defense: The accused, the eyewitness, and the expert who puts memory on trial*. New York, St Martin's Press.(厳島行雄(訳)(2000). 目撃証言　岩波書店)

Loftus, E. F., & Loftus, G. R. (1976). *Human memory: The processing of information*. Hillsdale, New York: Erlbaum Press.

Loftus, E. F., Loftus, G. R., & Messo, J. (1987). Some facts about "weapon focus". *Law and Human Behavior*, **11**(1), 55-62.

Loftus, E. F., & Palmer, J. C. (1974). Reconstruction of automobile destruction: An example of the interaction between language and memory. *Journal of Verbal Learning and Verbal Behavior*, **13**(5), 585-589.

Meissner, C. A., & Brigham, J. C. (2001). Thirty years of investigating the own-race bias in memory for faces: A meta-analytic review. *Psychology, Public Policy, and Law*, **7**(1), 3-35.

大橋靖史・森　直久・高木光太郎・松島恵介(2002). 心理学者，裁判と出会う：供述心理学のフィールド　北大路書房

Pickel, K. L. (1998). Unusualness and threat as possible causes of "Weapon Focus". *Memory*, **6**(3), 277-295.

Rhodes, M. G., & Anastasi, J. S. (2012). The own-age bias in face recognition: A meta-analytic and theoretical review. *Psychological Bulletin*, **138**(1), 146-174.

Sangrigoli, S., Pallier, C., Argenti, A.-M., Ventureyra, V. A. G., & de Schonen, S. (2005). Reversibility of the other-race effect in face recognition during childhood. *Psychological Science*, **16**(6), 440-444.

Schooler, J. W. (2002). Verbalization produces a transfer inappropriate processing shift. *Applied Cognitive Psychology*, **16**(8), 989-997.

Schooler, J. W., & Engstler-Schooler, T. Y. (1990). Verbal overshadowing of visual memories: Some things are better left unsaid. *Cognitive Psychology*, **22**(1), 36-71.

Steblay, N. M. (1992). A meta-analytic review of the weapon focus effect. *Law and Human Behavior*, **16**(4), 413-424.

Steller, M., & Koehnken, G. (1989). Criteria-based statement analysis. In D. C. Raskin (Ed.), *Psychological methods in criminal investigation and evidence* (pp.217-245). New York: Springer.

Wells, G. L. (1978). Applied eyewitness-testimony research: System variables and estimator variables. *Journal of Personality and Social Psychology*, **36**(12), 1546-1557.

Wright, D. B., Boyd, C. E., & Tredoux, C. G. (2001). A field study of own-race bias in South Africa and England. *Psychology, Public Policy, and Law*, **7**(1), 119-133.

Wright, D. B., & Sladden, B. (2003). An own gender bias and the importance of hair in face recognition. *Acta Psychologica*, **114**(1), 101-114.

3 感情
感情が記憶に与える影響

　認知心理学では，人の心のしくみをコンピュータにたとえて考えることがあります。こうしたコンピュータのアナロジーに基づくと，記憶は「データやファイルをハードディスクに保存すること」になぞらえることができます。実際，人間の記憶とコンピュータのハードディスクには，いくつかの共通点があります。例えば，コンピュータのハードディスクの容量には限りがあり，保存できるデータの量には限界があります。同じように，人間の記憶も無限に覚えられる訳ではありません。こうした限りある記憶システムを最大限に生かすためには，些細な知識やありふれた出来事の記憶を覚えておくよりも，生存や社会生活に重要な意味を持つ事象や知識を覚えておくほうが，適応的といえるのではないでしょうか。感情が記憶に与える影響は，こうした記憶の適応的機能を支えるものと考えることができます。本章では，感情が記憶にどのような影響を与えているのかを見ていきましょう。

1. 感情の2次元モデル

　一口に感情といっても，様々な状態があります。私たちが毎日の生活で，感情を表すために使う単語を考えてみましょう。「楽しい」「怖い」「歓喜」「怒り」「退屈」「ワクワクする」「悲しい」「イライラする」「安心」「憂鬱」など，様々な単語が思い浮かぶと思います。こうした様々な感情状態を統一的に理解するため，心理学では，しばしば，感情を2つの次元で捉えています（図3-1; Russell & Carroll, 1999）。

　第一の次元は，**感情価（valence）** という次元です。感情価とは，その状態がポジティブ（快）な意味を持つか，ネガティブ（不快）な意味を持つか，ニュートラル（中性）な意味を持つかを表す次元です。この次元に基づくと，上述した様々な単語は，大きくポジティブ感情（例：歓喜・安心）とネガティブ感情（例．憂鬱・怒り）」に分けることができます。

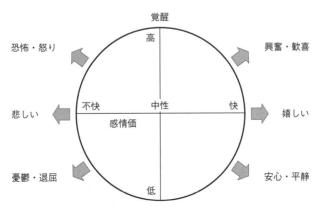

図3-1　感情の2次元モデル（Russell & Carroll, 1999 を改変）

心理学研究の紹介①

　感情に伴う覚醒は，記憶の固定を促進することが知られています。例えば，ローゼンダールらは，ラットを対象に，感情が記憶の固定に与える影響を調べました（Roozendaal et al., 2008）。まず，ラットに透明な電球か白い電球のいずれかを提示し，自由に探索させました（学習セッション）。その後，扁桃体にプロプラノロールか，生理食塩水のいずれかを投与しました。本章第3節（p.38）で述べているように，プロプラノロールは，扁桃体の機能を阻害し，感情に伴う覚醒を抑えることが知られています。生理食塩水は，感情や扁桃体の機能に何の影響も与えないので，統制条件です。

　記憶の固定への影響を調べるため，学習セッションの直後ではなく，24時間後に記憶テストを実施しました。記憶テストでは，学習セッションで提示した電球と，学習セッションで提示しなかった電球を提示し，どちらの電球をより探索するかを調べました。通常，ラットは新しい物を好む傾向があります。つまり，ラットが電球に関する記憶を保持していれば，学習セッションで出てこなかった電球を優先的に探索すると考えられます。

　その結果，学習後に生理食塩水を投与されたラットは，記憶テストの際に，新規な電球を好んで探索していました（図3-2）。つまり，学習セッションで提示された電球を覚えていたことを意味します。一方，プロプラノロールを投与されたラットでは，プロプラノロールの投与量が増えるにつれて，新規な電球への選好が消えてしまいました。このことから，扁桃体の活動は，事前に記銘した記憶の固定を促進しているといえます。

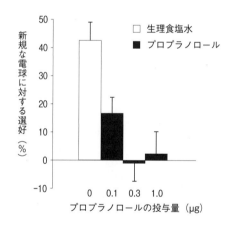

図 3-2　扁桃体の活動が記憶の固定に与える影響（Roozendaal et al., 2008 を改変）

　2つ目の次元は，**覚醒（arousal）**という次元です。例えば，強い恐怖や怒りを感じたり，緊張したりしているときには，心臓がドキドキしたり，手に汗を握ったりするのではないでしょうか。このように，感情は，心拍数の上昇や発汗といった身体反応を伴うことがあります。覚醒とは，感情に伴う身体的反応の強度を表す次元です。

　そして，これら2つの次元は直交すると考えられています。すなわち，ネガティブ感情とポジティブ感情のいずれにおいても，強い覚醒を伴う場合（例：怒り，歓喜）と，覚醒を伴わない場合（例：退屈，安心）の両方が存在すると考えられます。

　本章では，こうした2次元モデルに基づいて，感情が記憶にどのような影響を与えているのかを考えたいと思います。なお，人間の記憶には，**記銘（encoding;** 外的・内的情報を覚えること），**固定（consolidation;** 新たに獲得された不安定な記憶が脳の中で時間をかけて安定した表象に変化する過程），

心理学研究の紹介②

感情刺激の中で特に強度の強いものとして，ストレス（stress）があります。感情に関する研究では，ポジティブあるいはネガティブな写真や単語を使うことが多いのに対して，ストレスに関する研究では，より強い操作を用います。代表的な例として，実験参加者にビデオカメラの前でスピーチをさせたり，氷水に3分間手をつけてもらったりする方法が挙げられます。ここでは，ストレスホルモンを投与することで，ストレスが記憶の想起に与える影響を検討した研究を紹介します（de Quervain et al., 2000）。

実験は2日に分けて行なわれました。まず1日目に，実験参加者全員に，60個の単語を覚えてもらいました。そして翌日，「1日目に覚えた単語をできるだけたくさん思い出す」という記憶テストを実施しました。なお，記憶テストの1時間前に，半数の参加者には，ストレスホルモンを投与しました。薬を与えること自体の影響を考慮するため，残り半数の参加者には何の効果もない偽薬（プラシーボ）を与えました。

その結果，ストレスホルモンを与えられた群では，プラシーボに比べて，単語の再生数が減ってしまいました（図3-3）。それに対して，単語の学習の1時間前や単語を学習した直後にストレスホルモンを与えても，再生数には影響が認められませんでした。このことから，ストレスホルモンは特に想起を阻害すると考えることができます。

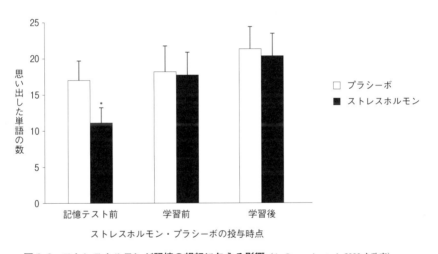

図3-3　ストレスホルモンが記憶の想起に与える影響（de Quervain et al., 2000を改変）
＊はプラシーボとストレスホルモン条件の間に有意な差があることを示す。

検索（retrieval; 記憶を思い出すこと）という3つのプロセスが関わっており，感情はこれらのすべてのプロセスに影響を与えることが知られています。その中で，本章では，主に感情が記銘に与える影響に関して述べます。固定や想起における感情の影響に関しては，**研究①・②**を参照してください。

2. 感情的な出来事の記憶は促進される

(1) 感情に伴う覚醒の影響

鍵を置いた場所が分からなくなったり，勉強した内容を試験当日忘れてしまったりといった経験をしたことはありませんか？　こうした物忘れのエピソードからも分かるように，人間は経験した出来事のすべてをきちんと覚えているとは限りません。その一方で，2001年9月11日のアメリカの同時多発テ

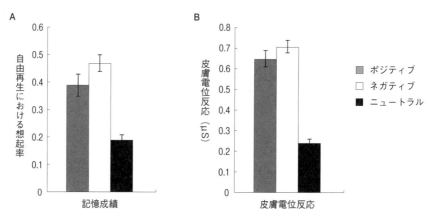

図 3-4 写真の感情的特性が記憶（A）と皮膚電位反応（B）に与える影響（Hamann et al., 1999 を改変）

ロ事件や 2011 年 3 月 11 日の東日本大震災のように，多くの人にとって忘れられない出来事もあります。また，「入試に合格した」「失恋した」といった個人的なエピソードも，なかなか忘れられないものだと思います。こうした忘れられない出来事の特徴の 1 つとして，強い感情を伴っていることが挙げられます。このことから，感情を伴う出来事の記憶は，促進されることがうかがわれます。

　実際，多くの研究で，感情による記憶の促進効果が確認されてきました。例えば，ハマンら（Hamann et al., 1999）は，実験参加者にポジティブ，ネガティブ，ニュートラルの 3 種類の写真を見てもらいました。ポジティブ写真の例としては，かわいい動物やおいしそうな食べ物の写真，ネガティブ写真の例としては，怖い動物（例：ヘビ）や暴力の写真，そしてニュートラル写真の例としては，家事や会社など日常の様子を写した写真が挙げられます。すべての写真を見てもらった後，「提示した写真をできるだけたくさん思い出す」という自由再生課題を行ないました。その結果，ニュートラル写真に比べて，ポジティブ写真やネガティブ写真のほうが，数多く想起されることが分かりました（図 3-4A）。

　それでは，こうした促進効果は，感情価と覚醒のどちらで説明できるのでしょうか。先に述べたように，この研究では，ポジティブ写真，ネガティブ写真のいずれも，同じように記憶の促進効果が認められました。このことから，感情的事象に関する記憶の促進効果は，感情価よりも，覚醒で説明できると考えることができます。実際，ハマンらが実験参加者にそれぞれの写真の主観的覚醒度を 5 件法（1：全く感じなかった -5：非常に強い覚醒を感じた）で評価させたところ，ニュートラル写真に比べて，ポジティブ写真も，ネガティブ写真も，同じくらい強い覚醒状態を生起させることがことが分かりました（平均値：ニュートラル写真 = 1.3; ポジティブ写真 =4.2; ネガティブ写真 =4.9）。

　さらに，生理指標においても，覚醒の重要性が示唆されています。感情的刺激を見て，発汗が促進されると，皮膚の電気抵抗が変化します。こうした変動を**皮膚電位反応（skin conductance）**といい，感情に伴う覚醒レベルの指標とされています。ハマンらは，参加者がそれぞれの写真を見ている際の皮膚電位反応を測定しました。その結果，ニュートラル写真に比べて，ポジティブ写真やネガティブ写真を見ている際に，強い皮膚電位反応が生じていました（図 3-4B）。このことからも，強い覚醒を伴う刺激ほど，その記憶が促進されることがうかがわれます。

(2) 感情的事象の記憶が促進されるメカニズム

　それでは，なぜ強い覚醒を伴う出来事は，よく覚えられるのでしょうか？　近年の神経科学研究では，**扁桃体（amygdala）**という領域が重要な役割を果たしていることが指摘されています（LaBar &

Cabeza, 2006)。扁桃体とは，側頭葉の内側にあるアーモンドの形をした比較的小さな領域です（図3-5）。記憶には，海馬（hippocampus）が重要な役割を果たしているといわれていますが，扁桃体は海馬のすぐ近くに位置していて，海馬と相互作用することで，記憶を促進すると考えられています。

扁桃体の重要性を最も分かりやすく示す研究として，扁桃体が損傷した患者を対象としたものがあります。例えば，アドルフスら（Adolphs et al., 2005）は，扁桃体損傷患者と健常の実験参加者に，ネガティブあるいはニュートラルな写真を見せ，その後の写真の中心的事象に関する記憶成績を検討しました。なお，脳に損傷を受けたこと自体の影響を考慮するため，扁桃体以外の領域が損傷した患者も集め，その記憶成績を調べました。この条件を脳損傷統制群と呼びます。

その結果，健常参加者においても（図3-6A），脳損傷統制群においても（図3-6B），ニュートラル写

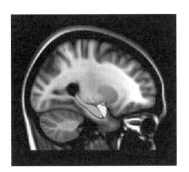

図3-5　ヒトの扁桃体と海馬
注）点の部分が扁桃体・線の部分が海馬。

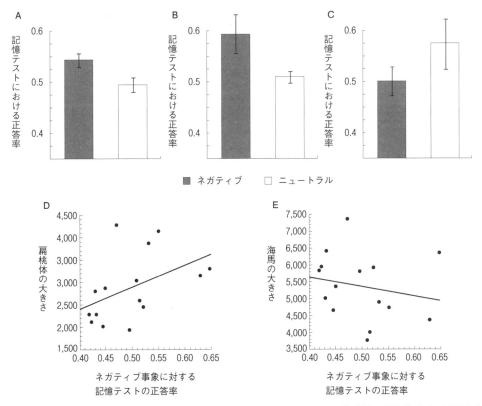

図3-6　健常参加者（A），脳損傷統制群（B），扁桃体損傷患者（C）における記憶成績，扁桃体（D）や海馬（E）の大きさとネガティブ写真の記憶成績の関連（Adolphs et al., 2005を改変）

真に比べて，ネガティブ写真の記憶が促進されていました。それに対して，扁桃体損傷患者においては，ネガティブ写真に対する記憶の促進効果が消失してしまいました（図3-6C）。

ただし，一口に扁桃体損傷患者と言っても，扁桃体の損傷の程度には，個人差があります。また，扁桃体と海馬は近接しています（図3-5）。したがって，扁桃体損傷患者の中には，扁桃体だけでなく，海馬損傷も含んでいる可能性があります。そこで，この研究では，各患者の扁桃体と海馬の大きさを測定し，海馬や扁桃体の大きさとネガティブ写真の記憶成績の関係を調べました。その結果，扁桃体が大きい人（すなわち扁桃体の損傷が少ない人）ほど，ネガティブ写真の記憶成績も高いことが分かりました（図3-6D）。それに対して，海馬の大きさは，ネガティブ写真の記憶成績には関係がありませんでした（図3-6E）。

以上の結果から，扁桃体が，感情的事象に対する記憶の鍵を担っていると考えることができます。すなわち，感情的な事象に直面すると，扁桃体が活動し，その結果，その事象の記憶が促進されると考えられます。

3. 感情は周辺情報の記憶を抑制する

前節では，感情的な出来事を経験すると，扁桃体のはたらきによって，その出来事の記憶が促進されると述べました。ただし，感情的出来事に関して，あらゆる記憶が促進されるとは限りません。それどころか，感情に伴って，記憶が抑制されてしまうこともあります。

(1) 空間的周辺情報の記憶

第2章で紹介した凶器注目効果（weapon focus effect）を思い出してください。凶器注目効果とは，銃やナイフのような凶器を見ると，その他の周辺情報（例：犯人の顔，犯行に使われた車の色）の記憶が

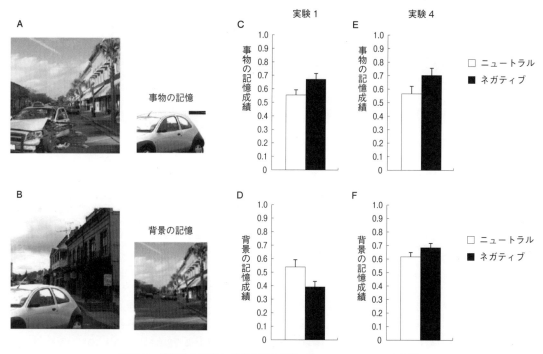

図3-7 感情的な事物とその背景の記憶（Kensinger et al., 2007を改変）

不正確になってしまうという現象を表します。凶器を見ると，しばしば恐怖感情が生起すると考えられます。このことから，凶器注目効果は，感情と関係があることが推察されます。

実際，凶器以外の感情刺激によっても，類似した現象が生じることが報告されています。例えば，ケンジンジャら（Kensinger et al., 2007）は，ニュートラルな背景の上に，ネガティブ（例：事故車；図3-7 A）もしくはニュートラルな事物（例：普通の車；図3-7 B）を配置した画像を作り，実験参加者にそれらの画像を見てもらいました。

すべての画像を見終わった後で，事物のみの記憶テストを行なったところ，参加者はネガティブな事物を，ニュートラルな事物より，よく覚えていました（図3-7C）。この結果は，「感情的事象の記憶が促進される」という前節までの議論と合致するものです。それに対して，背景の記憶テストでは，全く逆の結果が得られました。すなわち，ネガティブな事物が埋め込まれると，ニュートラルな事物のときに比べて，背景の記憶が低下してしまいました（図3-7D）。こうした結果は，感情による記憶のトレードオフ（事物の記憶が高まる代わりに周辺情報の記憶が抑制される）と呼ばれています。

(2) 直前に起きた事象に関する記憶

同じような抑制効果は，感情的事象の直前に起きた出来事に関しても認められています（Hurlemann et al., 2005; Strange et al., 2010）。例として，ストレンジら（Strange et al., 2003）のオッドボール課題を使った研究を紹介しましょう。

オッドボールとは「変わり者」という意味で，他の刺激とは異なる性質を持つ刺激を表します。この研究では，いくつもの名詞からなる単語リストを作り，単語を1つずつ順に実験参加者に提示しました（図3-8A）。その際，各リストの中に，1つだけオッドボールが含まれるように配慮しました。具体的には，ネガティブ条件では，ニュートラル単語のリストの中に，1語だけネガティブな単語が混じっています。このネガティブ語がオッドボールです。一方，ニュートラル条件では，すべての単語がニュートラルで，各リストに1つだけフォントの異なる単語が提示されました。この単語がオッドボールです。

それぞれのリストを提示し終わった後に，実験参加者にリスト中に含まれる単語をできるだけたくさん思い出してもらいました。そして，オッドボールが他の単語の記憶にどのような影響を与えるのかを検討するため，実験参加者が思い出した単語を以下のように分類しました。

1) オッドボール（図3-8Aの例では「殺人」・「出版」）。ここでは英語のオッドボール（oddball）の最初の1文字をとって"O"と表記します。
2) オッドボールの<u>1つ前</u>に提示された単語（図3-8Aの「趣味」）。オッドボール（O）の1つ前なので，"O-1"と表記します。
3) オッドボールの<u>1つ後</u>に提示された単語（図3-8Aの「戸棚」）。オッドボールの1つ後なので，"O+1"と表記します。
4) その他の単語（図3-8Aの「若者」）。オッドボールの影響を比較的受けていないと考え，統制条件としています。

その結果，ネガティブ条件では，オッドボールの記憶が統制条件に比べて促進されていました（図3-8BのOという名前のついたバーを見てください）。こうした結果は，「感情的事象は覚えやすい」という前節の議論と一致するものです。それに加えて，ネガティブ条件では，O-1単語の記憶が低下してしまいました。つまり，ネガティブな単語を見ると，ネガティブな単語の記憶が高まる一方で，直前の単語の記憶が阻害されてしまうといえます。

それではニュートラルなオッドボールの場合にはどうなるのでしょうか？ 図3-8Bから分かるよう

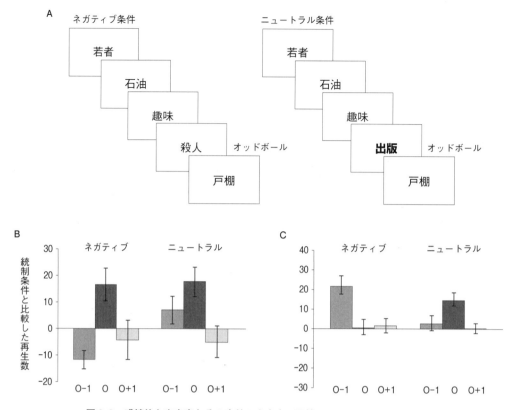

図 3-8 感情的な出来事とその直前の出来事の記憶（Strange et al., 2003 を改変）

に，ニュートラル条件でも，ネガティブ条件と同じように，オッドボールの記憶が促進されていました。フォントが異なるオッドボールは目立つので，覚えやすいのかもしれません。それに対して，オッドボールがニュートラルな場合には，O-1 の記憶成績は低下しませんでした。このことから，感情を伴わないオッドボールの場合には，その直前の記憶は阻害されないといえそうです。つまり，周辺情報の記憶が阻害されるのは，感情に特有のメカニズムといえます。

（3）感情が周辺情報の記憶を阻害するメカニズム

以上の 2 つの研究から，人間は感情的出来事に直面すると，背景の記憶や直前に起きた出来事を忘れてしまうといえます。ここでは，ネガティブな刺激を扱った研究を紹介しましたが，同様のトレードオフはポジティブな刺激でも得られています（Waring & Kensinger, 2011）。このことから，感情を喚起されると，その感情がポジティブでも，ネガティブでも，周辺情報の記憶は阻害されるといえるでしょう。

それでは，感情による周辺記憶の抑制には，どのような脳部位が関与しているのでしょうか？　これまでの研究では，ここでも，扁桃体の重要性が指摘されています。例えば，先ほど紹介したストレンジらの研究では，扁桃体の活動を調整する**ノルアドレナリン**（norepinephrine, noradrenaline）という神経伝達物質に注目しています。ノルアドレナリンは，プロプラノロールという薬を投与することでその作用を遮断することができます。例えば，プロプラノロールを投与されると，ポジティブな刺激やネガティブな刺激を見ても，扁桃体が活動しにくくなります（Hurlemann et al., 2010; van Stegeren et al., 2005）。また，プロプラノロールを投与すると，緊張が抑えられあがり症が軽減したり，心臓の動悸が弱まったりすることが知られており，抗不安剤として使われることもあります。

先ほどは通常の実験参加者の結果を紹介しましたが，ストレンジらの研究には続きがありました。彼らは実験参加者の一部にプロプラノロールを投与し，同様のオッドボール課題を実施したのです。その結果，プロプラノロールを投与されると，ニュートラルなオッドボールの記憶は維持されるのに対して，ネガティブなオッドボールに対する記憶の促進効果が消えてしまいました（図3-8C）。こうした結果から，「感情的事象に対する記憶の促進には扁桃体が関与している」という前節の議論が裏付けられます。

　さらに，プロプラノロールを投与されると，ネガティブ条件におけるO-1の記憶の低下も消えてしまいました。図3-8Cを見ると分かると思いますが，O-1の記憶がむしろ統制条件に比べて促進されています。以上のことから，感情的事象の記憶の促進にも，周辺情報の記憶の抑制にも，どちらにも扁桃体が関与していると考えられます。

4. 感情と注意の相互作用

　それでは，感情的事物を見ると，いつも周辺情報の記憶が阻害されるのでしょうか？　例えば，友達と散歩をしている際に，子どもが交通事故に遭う場面を目撃したとしましょう。事故のことで頭がいっぱいになり，直前に友達が話していたことは忘れてしまうかもしれません。しかし，すべての周辺情報を忘れてしまうとは限りません。例えば，その子どもが事故に遭う直前にどんな様子で遊んでいたかは忘れられないかもしれません。

(1) 感情による周辺情報の記憶の促進効果

　実際，感情は周辺情報の記憶を阻害するどころか，促進することもあります。第3節で紹介したケンジンジャらの研究に戻ってみましょう。先ほどは実験1の結果を紹介しましたが，ここでは実験4を紹介します。

　実験4でも，実験1と同じように，実験参加者に図3-7Aや図3-7Bのような画像を提示し，事物と背景に関して別々に記憶テストを行ないました。実験1と違うのは，画像を提示する際に，「隣に画家がいると想定して，その画家がそれぞれの画像の絵を描けるくらい丁寧に説明してあげてください」と求めた点です。

　その結果，事物の記憶テストでは，ネガティブな事物をニュートラルな事物よりもよく覚えているという結果が得られました（図3-7E）。これは実験1と一致する結果です。それに対して，背景の記憶では，実験1とは逆の結果が得られました。すなわち，ネガティブな事物の背景のほうが，ニュートラルな事物の背景よりも，記憶が促進されていたのです（図3-7F）。

　それでは，なぜ同じ画像を使っているのに，逆の結果が得られたのでしょうか？　上述のように，実験4ではそれぞれの画像に関して，その絵を描けるくらい丁寧に説明するよう求めました。このことから，実験4の参加者は，事物だけでなく，背景にも注意を払っていたと考えられます。それに対して，実験1では，こうした教示は与えられませんでした。一般に，感情を伴う事物は注意を喚起しやすいことが指摘されています（Calvo & Nummenmaa, 2008）。したがって，何も教示されず画像を提示された場合には，実験参加者は背景よりも，感情的な事物に注意を向けていたのではないでしょうか。

　このことから，背景にも注意を払った場合には，背景の記憶も感情によって促進されるのに対して，背景に注意を払っていない場合には，感情によって背景の記憶が低下してしまうと考えられます。つまり，感情が生起すると，そのときに注意を払っていたものの記憶が促進され，注意を払っていなかったものの記憶が抑制されるといえそうです。感情と注意は相互作用し合って，記憶に影響を与えているの

です。この議論をさらに発展させたのが、近年提案された**感情によるバイアス化競合モデル**（arousal-biased competition theory）です（Mather & Sutherland, 2011）。このモデルは、各単語の最初の1文字をとって、ABCモデルと略されています。

(2) 感情による競合の拡大

冒頭で述べたように、人間の記憶容量には限界があります。それに対して、外界からは常に膨大な情報が入ってきます。余分な情報に惑わされず、大事な情報のみを覚えておくため、人間は「注意を向けていた事象のみを記憶し、それ以外は記憶しないよう抑制する」という競合システムを持っています。ABCモデルでは、感情的な事物を見て、生理的覚醒が生起すると、この競合が拡大されると仮定しています。すなわち、ABCモデルによれば、感情が生起すると、普段以上に、注意を向けていた事象ばかりを記憶し、それ以外の記憶が抑制されてしまうと考えられるのです。

以上のような予測に関して、オッドボール課題を使って検討した実験を紹介しましょう（Sakaki et al., 2013）。この研究では、写真を10枚集めてリストを作り、写真とそのタイトルを次々に実験参加者に提示しました（図3-9A）。そして、先ほどのストレンジらの研究と同様、それぞれのリストに1つだけ、

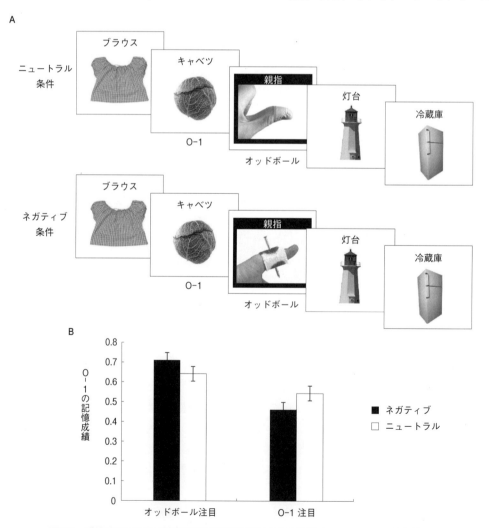

図3-9 感情的な出来事が直前の出来事の記憶に与える影響（Sakaki et al., 2013を改変）

オッドボールを加えました。この研究のオッドボールは，黒い枠で囲まれた写真です。なお，感情の影響を操作するため，オッドボールがネガティブな場合と，ニュートラルな場合を用意しました。

さらに，「リストを見ている際に，実験参加者がどの写真に注意を向けるか」を教示によって操作しました。具体的には，半数の実験参加者には，「黒枠で囲まれた写真に注目してください」と教示し，オッドボール（図3-9Aの「親指」）に注意を向けるよう求めました。それに対して，残り半数の実験参加者には「黒枠で囲まれた写真の1つ前の写真に注目してください」と教示し，オッドボールの1つ前の写真（O-1；図3-9Aの「キャベツ」）に注意を向けさせました。そして，すべてのリストを見終わった後，O-1写真の記憶テストを行ないました。ここでは，前者をオッドボール注目条件，後者をO-1注目条件と呼ぶことにしましょう。

その結果，オッドボールがネガティブな場合も，ニュートラルな場合も，O-1注目条件のほうが，オッドボール注目条件よりも，高いO-1記憶を示しました（図3-9B）。つまり，オッドボールに注目すると，注意資源の多くがオッドボールに使われるようになり，O-1の記憶が低下してしまうのです。

さらに，こうした注意の効果は，ネガティブなオッドボールを見ると，さらに大きくなっていました。すなわち，オッドボール注目条件では，ネガティブなオッドボールによって，ニュートラルなオッドボール以上に，O-1写真の記憶が低下していました。一方，O-1注目条件では，ネガティブなオッドボールを見ることで，O-1の記憶がさらに促進されていました。

以上のことから，感情的な事物を見て覚醒が高まると，「注意を向けていたもの」と「注意を向けていなかったもの」の競合が拡大し，注意を向けていたものの記憶が高まるのに対して，注意を向けていなかったものの記憶は一層抑制されるといえるでしょう。なお，同様の結果は，ポジティブなオッドボールでも得られました。したがって，こうした感情と注意の相互作用は，ポジティブ感情でも，ネガティブ感情でも，同じように生起するもので，感情価ではなく，覚醒によるものと考えられます。

5. まとめと今後の展望

電車に乗り遅れそうになって焦ったり，怖い映画を見て震え上がったり，おいしい食事を食べて幸せな気分になったり，面白い本を読んでわくわくしたりと，私たちは毎日の生活の中で様々な感情を経験します。感情はあらゆる場面に登場するので，「感情を全く感じていない状態」を想定するのは難しいほどです。したがって，感情の影響を理解することは，そのまま私たちの日常生活における心のはたらきを理解することといえるでしょう。

それでは，感情は記憶にどのような影響を与えるのでしょうか。本章で紹介した研究の結果をまとめてみましょう。まず，凶器やかわいい赤ちゃんのように，感情を生起させる事象を見ると，扁桃体のはたらきによってその記憶が促進されると考えられます。一方，周辺情報の記憶には，注意との相互作用が重要だといえます。すなわち，注意を払っている周辺情報の記憶は，感情によって促進されるのに対して，注意を払っていない情報の記憶は感情によって抑制されてしまうのです。

こうした「注意」という視点を取り入れると，感情を伴う事象の記憶が促進されるのも，注意で説明できてしまうかもしれません。感情を伴う事象は，しばしば，色が鮮やかだったり（例：血液），形がとがっていたりと（例：凶器），注意を喚起しやすい視覚的性質を持っています（Calvo & Nummenmaa, 2008）。こうした視覚的特性により，私たちは，つい感情を伴う事象に注意を向けてしまうと考えられます。その結果，こうした事象の記憶が促進されているだけで，感情を伴う事象だけが何か特別なメカニズムによって，その記憶が促進されているわけではないのかもしれません。

こうした感情の影響を心に留めていると，日常生活の中での記憶のはたらきが理解しやすくなると考えられます。例えば，好きなマンガは一度読んだら絶対に忘れないのに，なぜ教科書の内容はすぐに忘れてしまうのでしょうか？　原因はいろいろあると思いますが，その1つに「好きなマンガを読んでいるときには，感情が高まっているから」と考えることができます。実際，授業の後に，授業と関係ないビデオを学生に見せて感情を高めると，授業内容の記憶が促進されるという研究もあります（Nielson & Arentsen, 2012）。

さらに，感情と記憶の相互作用は，心的外傷後ストレス障害（PTSD）にも密接に関わっています。感情的な出来事は覚えやすい分，忘れにくいものです（Nowicka et al., 2011）。そのため，あまりに過酷な経験をすると，数週間・数年後まで悪夢や突然のフラッシュバックに悩まされることになります。加えて，近年の研究では，感情と記憶の相互作用は加齢に伴って変化することが分かっています（**研究③**参照）。日常生活における心のはたらきを理解するためにも，PTSD患者に臨床的示唆を与えるためにも，高齢者の心的処理の様相を理解するためにも，感情と記憶の相互作用に関するさらなる研究が求められます。

心理学研究の紹介③

感情と記憶の相互作用は，加齢に伴ってどのように変化するのでしょうか？　チャールズら（Charles et al., 2003）は，若者（18～29歳），中年（41～53歳），高齢者（65～80歳）に対して，ポジティブ，ネガティブ，ニュートラルな写真を提示しました。その後，提示された写真をできるだけたくさん思い出してもらいました。

その結果，若者と中年の参加者においては，ポジティブな写真とネガティブな写真のいずれも，ニュートラルな写真よりも記憶が促進されていました（図3-10）。これは第2節で紹介したハマンらの結果とも一致するものです。それに対して，高齢者は，ポジティブな写真のみを優先的に覚えており，ネガティブ写真に関しては記憶の促進効果が消えていました。

こうした結果は，加齢に伴うポジティブバイアス（positivity effect）と呼ばれており，記憶だけでなく，脳の活動（Mather et al., 2004）や注意（Mather & Carstensen, 2003）においても認められています。それでは，なぜ加齢に伴ってポジティブバイアスが生じるのでしょうか？　加齢とともに，「ネガティブ感情を避け，ポジティブ感情を維持したい」という感情制御動機が高まることが指摘されています（Carstensen et al., 1999）。ポジティブバイアスは，こうした感情制御動機に基づいて生起していると考えられています。

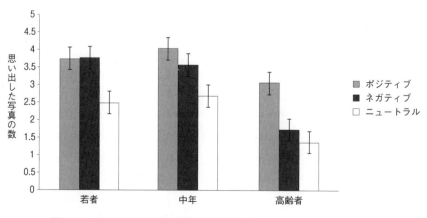

図3-10　加齢に伴う感情的事象の記憶の変化（Charles et al., 2003を改変）

☞ 読書ガイド

マッガウ, J. L.（著）久保田競・大石高生（監訳）(2006). 記憶と情動の脳科学―「忘れにくい記憶」の作られ方 講談社

感情と記憶の相互作用に関する世界的に有名な研究者が書いた本です。研究紹介①や②で紹介した論文の著者でもあります。脳が記憶を形成するプロセスを感情と絡めて分かりやすく説明しています。もう少し詳しく感情と記憶の相互作用について知りたい方にお勧めします。

北村英哉・木村 晴（編著）(2006). 感情研究の新展開 ナカニシヤ出版

感情は記憶以外の認知的処理にも影響を与えています。この本では，感情に関わる様々な心理学研究の全体像をつかむことができます。

遠藤利彦（1996）. 喜怒哀楽の起源―情動の進化論・文化論 岩波書店

本章では，感情が生起した後に，認知的処理にどのような影響を与えるかを論じました。それでは，感情とはそもそもどんなものなのでしょうか。本書は，感情の起源やその進化的・文化的意味を理解するのに役に立つ本です。少し古い本ですが，見つけたら読むことをお勧めします。

引用文献

Adolphs, R., Tranel, D., & Buchanan, T. W. (2005). Amygdala damage impairs emotional memory for gist but not details of complex stimuli. *Nature Neuroscience*, **8**, 512-518.

Calvo, M. G., & Nummenmaa, L. (2008). Detection of emotional faces: Salient physical features guide effective visual search. *Journal of Experimental Psychology: General*, **137**(3), 471-494.

Carstensen, L. L., Isaacowitz, D. M., & Charles, S. T. (1999). Taking time seriously: A theory of socioemotional selectivity. *American Psychologist*, **54**(3), 165-181.

Charles, S. T., Mather, M., & Carstensen, L. L. (2003). Aging and emotional memory: The forgettable nature of negative images for older adults. *Journal of Experimental Psychology: General*, **132**, 310-324.

de Quervain, D. J., Roozendaal, B., Nitsch, R. M., McGaugh, J. L., & Hock, C. (2000). Acute cortisone administration impairs retrieval of longterm declarative memory in humans. *Nature Neurosci*, **3**(4), 313-314.

Hamann, S., Ely, T. D., Grafton, S. T., & Kilts, C. D. (1999). Amygdala activity related to enhanced memory for pleasant and aversive stimuli. *Nature Neuroscience*, **2**(3), 289-293.

Hurlemann, R., Hawellek, B., Matusch, A., Kolsch, H., Wollersen, H., Madea, B., Vogeley, K., Maier, W., & Dolan, R. J. (2005). Noradrenergic modulation of emotioninduced forgetting and remembering. *Journal of Neuroscience*, **25**, 6343-6349.

Hurlemann, R., Walter, H., Rehme, A. K., Kukolja, J., Santoro, S. C., Schmidt, C., Schnell, K., Musshoff, F., Keysers, C., Maier, W., Kendrick, K. M., & Onur, O. A. (2010). Human amygdala reactivity is diminished by the β-noradrenergic antagonist propanolol. *Psychological Medicine*, **40**, 1839-1848.

Kensinger, E. A., Garoff-Eaton, R. J., & Schacter, D. L. (2007). Effects of emotion on memory specificity: Memory trade-offs elicited by negative visually arousing stimuli. *Journal of Memory and Language*, **56**(4), 575-591.

LaBar, K. S., & Cabeza, R. (2006). Cognitive neuroscience of emotional memory. *Nature Review Neuroscience*, **7**(1), 54-64.

Mather, M., Canli, T., English, T., Whitfield, S. L., Wais, P. E., Ochsner, K. N., Gabrieli, J. D. E., & Carstensen, L. L. (2004). Amygdala responses to emotionally valenced stimuli in older and younger adults. *Psychological Science*, **15**(4), 259-263.

Mather, M., & Carstensen, L. L. (2003). Aging and attentional biases for emotional faces. *Psychological Science*, **14**(5), 409-415.

Mather, M., & Sutherland, M. (2011). Arousal-biased competition in perception and memory. *Perspectives on Psychological Science*, **6**, 114-133.

Nielson, K. A., & Arentsen, T. J. (2012). Memory modulation in the classroom: Selective enhancement of college examination performance by arousal induced after lecture. *Neurobiology of Learning and Memory*, **98**(1), 12-16.

Nowicka, A., Marchewka, A., Jednorog, K., Tacikowski, P., & Brechmann, A. (2011). Forgetting of emotional information is hard: An fMRI study of directed forgetting. *Cerebral Cortex*, **21**(3), 539-549.

Roozendaal, B., Castello, N. A., Vedana, G., Barsegyan, A., & McGaugh, J. L. (2008). Noradrenergic activation of the basolateral amygdala modulates consolidation of object recognition memory. *Neurobiology of Learning and Memory*, **90**(3), 576-579.

Russell, J. A., & Carroll, J. M. (1999). On the bipolarity of positive and negative affect. *Psychological Bulletin*, **125**(1), 330.

Sakaki, M., Fryer, K., & Mather, M. (2013). Emotion helps us remember high priority information but makes us forget the rest. Manuscript submitted for publication.

Strange, B. A., Hurlemann, R., & Dolan, R. J. (2003). An emotioninduced retrograde amnesia in humans is amygdala- and beta-adrenergic-dependent. *Proceedings of the National Academy of Sciences*, **100**, 13626-13631.

Strange, B. A., Kroes, M. C., Fan, J., & Dolan, R. J. (2010). Emotion causes targeted forgetting of established memories. Frontiers in Behavioral Neuroscience, 4.

van Stegeren, A. H., Goekoop, R., Everaerd, W., Scheltens, P., Barkhof, F., Kuijer, J. P. A., & Rombouts, S. A. R. B. (2005). Noradrenaline mediates amygdala activation in men and women during encoding of emotional material. *NeuroImage*, **24**(3), 898-909.

Waring, J. D., & Kensinger, E. A. (2011). How emotion leads to selective memory: Neuroimaging evidence. *Neuropsychologia*, **49**(7), 1831-1842.

メタ記憶・メタ認知
あなたは自分をどれだけ知っている？

ここまでの章で，人間の認知の性質やしくみを習ってきました。なかには「こんなこと当たり前」と思うこともあったかもしれませんし，「意外でびっくり」したこともあったでしょう。いったい，人は自分の心のしくみやプロセスにどれくらい自覚的なのでしょうか。また，自覚的でないとするならば，どういった問題が起きるのでしょうか。この章では，メタ記憶・メタ認知という分野の研究を紹介し，この問題について考えたいと思います。

1. メタ記憶・メタ認知とは

ギリシアにあるアポロン神殿の入り口に刻まれた有名な碑文に「汝自身を知れ」というものがあります。その解釈は人によって様々ですが，そもそもなぜこのような問いが発せられたのか，考えてみると興味深いです。私たちは「自分のことはとてもよく分かっている」と思いがちです。しかし，実際はそうでないからこそ，このような問いが生まれたのではないでしょうか。**メタ認知**（metacognition）とは，自分の知識や認知プロセスに関する知識や認知のことです。第5章でも触れられますが，メタ認知の研究は膨大で，1つの章ではとてもまとめきることができません。この章では，その中でも特に重要なトピックである「私たちは汝自身を知っているのか」つまり「メタ認知の正確さ」に焦点を当てたいと思います。メタ認知の正確さを調べることに，どういった意義があるのかについては，本章の後半で説明したいと思います。

「メタ認知の正確さ」は，特に**メタ記憶**（metamemory）の研究で扱われるテーマです（Dunlosky & Metcalfe, 2009/ 湯川ら訳, 2010）。メタ記憶とは，メタ認知の1つで，自分の記憶に関する知識や認知のことです。「自分は記憶力が悪い」と嘆く人をときどき見かけますが，これも自分の記憶に関する認識なので，メタ記憶です。試験勉強をしたときに「もうだいたいこの部分は覚えたぞ」と考えるのも，自分の記憶状態に関する認知なので，メタ記憶です。私たちはどれくらい正確なメタ記憶を持っているのでしょうか？

2. 学習判断（Judgment of Learning）

(1) 学習判断の過大評価・過小評価

メタ記憶研究でも特に活発な研究がなされているのが，**学習判断**（Judgment of Learning; JOL）です。

典型的な学習判断の実験では，通常の記憶実験と同じように，実験参加者は単語や絵を覚えるように教示され，最後に記憶テストを受けます。唯一の違いは，単語や絵を覚えた後に「この単語（絵）を後の記憶テストで思い出せる確率はどれくらいだと思いますか」という，学習判断の質問がされることです。学習判断は，自分の記憶の状態に関する判断なので，メタ記憶の指標の1つだと考えられます（詳しい測定方法は，村山，2008 を参照してください）。

重要なことに，学習判断の実験では，人間のメタ記憶がいろいろな意味で不正確なことが明らかになっています。最も典型的な現象が，学習判断の**過剰確信効果**（overconfidence effect）です。例えば，実際には30％くらいしか覚えられないのに40％は覚えられると予想するような形で，人は一般的に自分の記憶成績を高めに予想してしまうのです。つまり，人は自分の記憶能力を基本的に高く見積もりがちだということがいえると思います。面白いことに，人は覚える能力だけでなく，自分がどれくらい忘れるかに関しても楽観的に考えてしまうことも明らかになっています。例えば，コリアットらの研究では，単語の記憶実験を実施し，実験参加者に学習判断を求めました（Koriat et al., 2004）。このとき，ある参加者には記憶テストは単語を覚えた直後に実施されると教示し，別の参加者には記憶テストが一週間後にあると教示しました。すると，実際の記憶テストでは，一週間の間に記憶成績が大幅に下がったにもかかわらず，学習判断ではテストが直後にあろうとなかろうと，学習判断はほとんど変わらなかったのです（図4-1A；なお，本章では，すべてのグラフにおいて，分かりやすさを優先するため，実際の実験データではなく，実際の結果のポイントを強調した仮想データを表示しています）。

では，私たちはただ自分の記憶をいつもポジティブに捉えるだけなのでしょうか。実は逆のことも起きることが分かっています。それは，同じ学習材料（単語など）を繰り返し学習したときの，自分の成績の伸び（学習曲線とも呼ばれます）を予測する場合です。多くの記憶の実験では，単語や絵が一回だけ提示されて記憶テストが行なわれますが，日常のテスト勉強ではそういった一回限りの学習は稀です。英単語なら，何回も繰り返し学習しようとするでしょう。興味深いことに，コリアットらの別の研究では，こうした繰り返し学習をすると，学習判断が実際の記憶成績よりも低くなることを明らかにしました（Koriat et al., 2002）。これを**練習による過小確信効果**（underconfidence with practice effect）と呼びます。図4-1Bにやはりこうした実験の典型的な結果を図示しました。最初に単語を学習したときには記憶成績が学習判断より低いのですが（学習判断の過剰確信），2回目以降の学習では学習判断が実際の記憶成績を下回っていることが分かると思います。

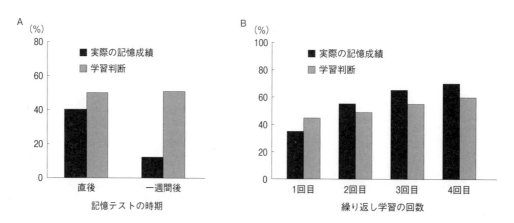

図4-1　A：テストの時期と学習判断・実際の記憶との関係。B：繰り返し学習の回数と学習判断・実際の記憶との関係（練習による過小確信効果）。

学習判断の過剰確信と，練習による過小確信効果は相反するようにも見えますが，あるメタ記憶の特徴を考えると統一的に説明できます。図4-1Aと図4-1Bを改めて見てください。実際の記憶は時間とともに忘却したり，もしくは繰り返し学習によって増大したりととてもダイナミックです。しかし，学習判断は時間が経ってもあまり減少しないですし，繰り返し学習があると分かっていてもあまり増えません。つまり，学習判断は基本的にこうした記憶のダイナミックな変化に鈍感なのです。こうしたことはメタ記憶の**安定バイアス（stability bias）** と呼ばれています（Kornell & Bjork, 2009）。

(2) 学習判断のもろさ

メタ記憶は安定バイアスを持っていますが，記憶とは無関係の要因による影響を受けてしまうことも明らかになっています。ローズとキャステルは，実験参加者にパソコンで単語を提示し，学習判断をしてもらいました（Rhodes & Castel, 2008）。このとき，半分の単語は大きなフォントを（48ポイント），残りの半分の単語は小さなフォントを（18ポイント）用いました。結果を予想できるでしょうか？ フォントの大きさに記憶は全く影響を受けなかったにもかかわらず，実験参加者は大きなフォントで単語を提示されたときに，その単語をよく覚えられると考え，学習判断を高めに評定したのです。フォントが大きいと，その文字を知覚的に処理しやすいため，学習判断を間違って高く判断してしまうと解釈されています。これを，**流暢性（fluency）** もしくは**処理容易性（ease of processing）** の効果と呼びます（Kornell et al., 2011）。

流暢性の効果はフォントの大きさだけでなく，他の実験でもいくつも確かめられています（図4-2参照）。例えば，単語をぼかした場合には知覚的に処理しにくいため，学習判断を低めに評定することが明らかになっています（Yue et al., 2013）。また，単語を音声提示したとき，大きな音で提示したときのほうが小さい音で提示したときよりも学習判断が高くなることが示されています（Rhodes & Castel, 2009）。いずれの実験でも重要なことに，単語のクリアさや音の大きさは，実際の記憶成績には影響を与えていませんでした（その反対の現象として，**研究①**参照）。

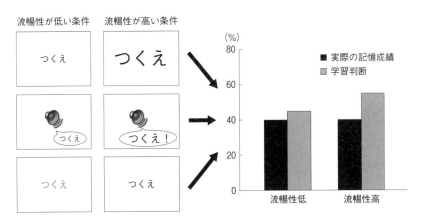

図4-2　流暢性・処理容易性と学習判断・実際の記憶との関係

心理学研究の紹介①

本文では，学習判断が学習とは無関係の要因によって影響を受けることを述べましたが，学習とは関係するのに学習判断が影響を受けないこともあります。サングカセッティーら（Sungkhasettee et al., 2011）は，実験参加者に単語を提示し，覚えてもらうと同時に，学習判断もしてもらいました。ここまでは典型的な学習判断実験です。しかしこの実験のユニークな点は，半分の単語を上下をさかさまにして提示をし，単語を読み上げるように教示したところです（図 4-3）。あなたは上下さかさまの単語と，そうでない通常の単語で記憶成績がどう違ってくるか，それとも違わないか，予想できるでしょうか。この実験では，学習判断は通常の単語と上下さかさまの単語で全く違いませんでした。つまり，実験参加者は単語が上下さかさまかどうかは記憶に影響を与えないと考えたのです。しかし実際には，上下さかさまの単語の記憶成績は，通常の単語より高くなりました。これは，上下さかさまの単語は読みにくいため，単語をより注意深く処理した結果だと解釈されています。この研究は，フォントの大きさを変えた研究と並んで，実際の記憶と学習判断が異なった要因によって影響を示すこと（乖離；dissociation［第 12 章参照］）を示した好例といえます。

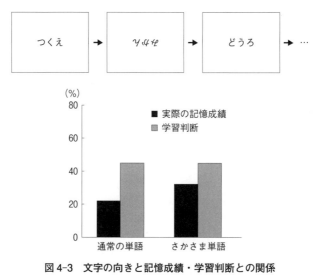

図 4-3 文字の向きと記憶成績・学習判断との関係

3. 学習スケジュールに関するメタ記憶

学習判断は，メタ記憶研究で最も多く研究されている指標の 1 つですが，メタ記憶はそれだけに留まるものではありません。例えば，認知心理学では「どういった学習スケジュールが効率的か」という研究がたくさん行なわれていますが，それに対するメタ記憶も近年では数多く検討されています。

(1) 集中学習と分散学習

認知心理学では，古くから，同じことを時間間隔を置かずに続けて繰り返し学習する**集中学習**（massed learning）よりも，ある程度時間を置いて繰り返す**分散学習**（spaced learning）のほうが効率が良いことが明らかになっています[1]。例えばコーネルとビョーク（Kornell & Bjork, 2008a）は，12 人

---

[1] ただしなぜ分散学習の効率がよいかに関しては，諸説あり，まだ解決を見ていません。

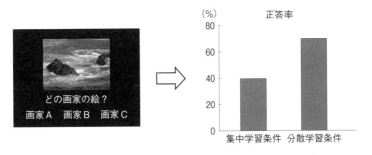

図 4-4　コーネルとビョーク（Kornell & Bjork, 2008a）**の実験デザインと結果**
ここで示した実験デザインは，単純化のため，3人の画家についてそれぞれ3枚の絵があることを想定していますが，実際には6人の画家に対してそれぞれ6枚の絵を用いています。

の画家が描いた6枚ずつの絵を提示し，それらの画家の描画スタイルを学習するよう実験参加者に求めました。半分の画家に関しては，同じ画家の6つの絵を連続して提示し，1人の画家の絵をすべて提示したら次の画家の絵を連続して提示するという集中学習スケジュールを用いました。残りの半分の画家に関しては，同じ画家の絵が連続しないよう，異なる画家の絵が交互に配置されるような分散学習のスケジュールを用いました。最後に，学習セッションで提示しなかった絵を学習者に見てもらい，どの画家の絵かを推測させるテストを行いました。その結果，分散学習のスケジュールで画家のスタイルを学んだほうが，集中学習のスケジュールで学ぶより，はるかに成績がよいことが示されました（図4-4）。

ここまでは古典的な認知心理学でよく行なわれている分散学習の実験です。しかし，この実験の面白いところは，実験が終わったあとに「集中学習と分散学習であなたはどちらのほうが効率的に学習できたと思いますか」というメタ記憶に関する質問を入れたことです。驚いたことに，実際にはほとんどの実験参加者が分散学習のほうがよい成績を示したにもかかわらず，78%の人が「集中学習のほうがうまく学習できた」と答えました。この結果は，人は集中学習と分散学習の効率性について，誤ったメタ記憶を持っていることが示されています。

(2) テスト効果

例えば英単語の日本語訳を覚えようとするとき，ただ英単語と日本語訳のペアを何回も見て学習するより，英単語だけを見て日本語を思い出そうとする，つまり英単語のテストを自分で実施したほうが，学習に有効なことが分かっています。これを**テスト効果**（testing effect）と呼びます。テストというと，ちょっとネガティブな印象があるかもしれませんが，少なくとも記憶にはよい効果があるのです。例えば，ローディガーとカーピッキは，ある文章を実験参加者に読んでもらい，その文章の記憶テストを実施しました（Roediger & Karpicke, 2006）。1つの条件では，実験参加者はその文章を2回学習しました（「学習－学習条件」）。もう1つの条件では，実験参加者は文章を1回学習したあと，次のセッション

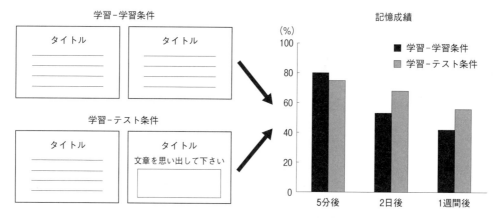

図 4-5　テスト効果研究のデザインと結果

ではその文章に関する記憶テストを受けました（「学習－テスト条件」）。テストのときには解答は与えられませんでした（テストで実験参加者に文章が再び提示されることはありませんでした）。その結果，5分後に実施された記憶テストでは学習－学習条件のほうがわずかに成績がよかったのですが，2日後，もしくは1週間後に実施された記憶テストでは学習－テスト条件のほうが記憶成績がずっと高かったのです（図4-5）。

　テスト効果は分散学習と並んで非常に頑健な現象です。単純に学習するのに比べ，テストでは「記憶を思い出す」ことが要求されます。テスト効果では，こうした記憶の**想起（retrieval）**が，記憶の増大に寄与していると考えられています。しかしながら，分散学習のときと同じように，学習者はテストが学習に有効だということをあまり認識できていないようです。例えばカーピッキ（Karpicke, 2009）は，スワヒリ語の英語訳を学習する課題で，スワヒリ語と英語の対が繰り返し提示される再学習条件と，いったん英語訳を思い出せた場合には，スワヒリ語のみが提示されて英語を思い出さないといけないテスト条件を比較しました。ここまではただのテスト効果の実験ですが，この実験では，最後に，英語訳をどれくらい思い出せそうかの学習判断を実験参加者にたずねました。すると，テスト条件の方が記憶成績はずっとよかったにもかかわらず（テスト効果），学習判断は両条件でほとんど変わらず，むしろ再学習条件のほうが高かったのです。

(3) 望ましい負荷のパラドクス

　以上のように，これまでの学習スケジュールの研究では，分散学習とテストが学習にとても有効であることが分かっているにもかかわらず，学習者はそれを正確に認識できていない（メタ記憶が正確ではない）ことが示唆されています（他の例として**研究②**参照）。実際，マカベは，大学の学部生を対象に，「分散学習と集中学習のどちらが学習に有用か」「テストと再学習のどちらが学習に有用か」というメタ記憶アンケートを実施したところ，その結果は認知心理学のこれまでの知見とは正反対のものでした（McCabe, 2011）。テストを有効だと答えた大学生は30％に過ぎず，分散学習に関してはわずか7％の大学生しか，その有効性を認識していなかったのです。

　なぜこのようなことが起きるのでしょうか。分散学習であれ，テストであれ，これらは負荷のかかる学習方法です。ビョークはこうした学習の負荷こそが，記憶を促進するために大切だとして**望ましい負荷（desirable difficulties）**と呼びました（Bjork, 1994）。しかし，前に書きましたように，人は処理が流暢なときほど，つまり処理に負荷がかかっていないときほど，学習がうまくいっていると錯覚しがち

心理学研究の紹介②

　私たちの身の回りの情報量は莫大です。これをすべて覚えることはできません。この問題を解消するために，人は重要なものごとを優先して覚えることができます。これは私たちの誰もが知っていることです。人が，好きな人との会話を，どうでもいい友達との会話よりよく覚えていることは容易に想像がつくでしょう。しかし，「重要なもの」が後で分かることもあります。そのときでも人間の記憶は促進されるものなのでしょうか。そして，人はそのことをどう考えているでしょうか。キャサムら（Kassam et al., 2009）は，実験参加者に人物の写真を見せ，その人物に関する情報を覚えるよう指示し（学習セッション），その後実際に記憶テストを行ないました（テストセッション）。このとき，一部の実験参加者には，学習セッションのときに，正しく記憶する分だけ報酬があると教示をしました。他方，他の実験参加者には，テストセッションのときに正しく思い出せた分だけ報酬があると教示しました。すると，全く報酬を約束されていなかった群に比べて，学習セッションのときに報酬を約束された場合（この記憶の重要さが強調された場合），記憶成績が高まったのですが，テストセッションのときに報酬を約束されても，記憶成績はそれほど高まりませんでした（図4-6）。

　この実験のユニークなところは，全く別の実験参加者にこの実験のシナリオを読ませて，記憶実験の結果を予想させたことです。この結果，多くの人が，報酬は，約束されたのが学習セッションのときであれテストセッションのときであれ，記憶を促進すると考えていることが明らかになったのです（図4-6）。重要性（報酬）と記憶との関係に関する誤ったメタ記憶を示す好例といえるでしょう。

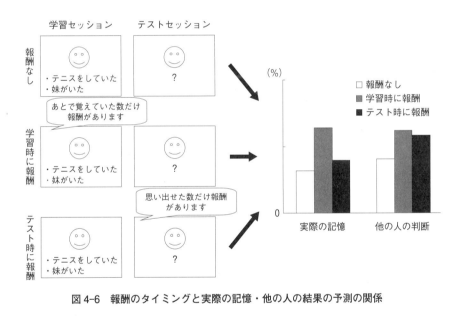

図4-6　報酬のタイミングと実際の記憶・他の人の結果の予測の関係

です。したがって，処理の負荷は，記憶を高めるという望ましい属性を持っているにもかかわらず，処理が容易でないために逆説的に学習判断を低下させてしまいがちなのです。

4. 不正確なメタ認知が及ぼす影響

　これまで人間のメタ記憶がいろいろな意味で不正確であることを示してきました。では，メタ記憶が不正確であることは，どのような現実的な意味を持っているのでしょうか。

(1) 自己調整学習

私たちは学習をするときに，自分で学習行動をコントロールする必要があります。英単語を覚える場合を例にとれば，どのような順序で英単語を学習するのか，どれくらいの時間勉強するのか，など学習行動の選択肢は無数にあります。こうした学習行動を自律的に選び取ってコントロールする学習のことを，**自己調整学習**（self-regulated study）と呼びます（Bjork et al., 2013）[2]。この自己調整学習の中核をなすのがメタ認知です。例えば英単語を学習するとき，もう完全に覚えてしまった単語を再学習することにはあまり意味がありません。心の中で，単語の学習判断をして，あまりうまく学習できていない単語に焦点を当てて勉強したほうが効率的です（Dunlosky & Thiede 1998; Metcalfe & Kornell, 2005）。また，どういった記憶スケジュールが有効かが分かっていれば，そのスケジュールを積極的に自分の学習プランに組み込むことができます。メタ認知は自分で学習方法を選び取るときの基礎になるのです。

人間のメタ認知がそれほど正確ではないということは，学習者はときに最適な自己調整学習をすることができないということを示しています。しかも，最適な学習ができていないことに気づくこと自体が難しいのがさらに困ったところです。例えば，先述のカーピッキのテスト効果の研究では，別の実験で，実験参加者に学習中のスワヒリ語を今後の学習試行でテストしたいかどうかを選択させました。すると，実験参加者は 20-30%の項目にしか，テストをすることを選択しなかったのです。テストが記憶を効果的に促進すること（テスト効果）を分かっているならば，もっとテストをするという行動を選択しているはずです。同じように，人は学習をするときに分散学習よりも集中学習を好むという実験結果も報告されています（Tauber et al., 2013）。

実際，大学生を対象とした記憶方法の調査を見てみると，自分でテストをしている，もしくは意識的に分散学習をしている学習者は非常に稀だという報告があります（Karpicke et al., 2009; Kornell & Bjork, 2007）。これらは記憶方法に限った調査ですが，筆者らも近年，記憶に限らないもっと幅広い学習方法（**学習方略**; learning strategy）を調べた調査を行ないました（吉田・村山，2013）。具体的には，数学の学習方略に関して，中学生と認知心理学の専門家に，それぞれの学習方略がどの程度有効かどうかをたずねました。そして，学習方略の有効性の評定が，中学生と認知心理学の専門家の間でどの程度一致しているかを調べたのです。その結果，中学生と認知心理学の専門家で多くの不一致があり，その結果として中学生はあまり効果的な学習方略を使えていないことが示唆されました。これまで教育心理学の研究では，学習者が効果的な自己調整学習をなかなかうまく行なうことができないと繰り返し指摘してきました（Butler & Winne, 1995）。その原因の一端には，学習者の効果的な学習方法・スケジュールに関するメタ認知が不正確だということが挙げられるでしょう。

(2) 楽天的な学習者

人は学習できたかどうかを過大評価しがちだということを前に述べました。学習に限らず，人は何事に関しても現実より楽天的だというのは，認知心理学だけでなく，他の分野の研究でも繰り返し示されています（Taylor & Brown, 1988）。例えば，人は他人に比べて自分にいいこと（経済的に成功するなど）が生起しやすく，悪いこと（エイズにかかるなど）が起きにくいと信じる傾向が示されています（Gouveia & Clarke, 2001）。人のメタ認知は楽天的になりやすいのです。このことは，学習者は「分か

---

[2] ここでは記憶の文脈に絞っていますが，自己調整学習という用語は，もっと幅広い文脈で用いられています。記憶研究の文脈を離れたより広い自己調整学習研究に興味がある方は，ジマーマンとシャンク（2006）の翻訳本をお読みください。

ったつもり」になりやすいということを示しています。分かったつもりになってしまうと，本来ならもう少し努力をして理解を深めるべき場合であっても，「もう分かったからいいや」と思って学習をやめてしまい，結果的に効果的な学習ができなくなってしまいます（藤澤，2002a，2002b；西林，1997）。楽天的なメタ認知は，学習者から「あと一歩の努力」を奪ってしまい，学習に望ましい負荷をかけることを避けさせてしまうことが往々にしてあります（**研究③**では，このことを逆手にとった面白い応用例を紹介しています）。

　このことを示した記憶実験を1つ紹介しましょう。みなさんも単語帳を使って英単語を習ったことがあると思います。単語帳の1つの使い方は，単語を覚えていき，もう覚えたと思った単語には印をつけて，次からは学習しないという方式です。これをドロップ方式と呼びましょう。コーネルとビョークは，このドロップ方式が本当に学習に効果的かを，スワヒリ語の単語学習を用いて調べました（Kornell & Bjork, 2008b）。具体的には，実験参加者は，ある条件ではすべてのスワヒリ語－英語の単語対を繰り返し学習し，もう1つの条件ではドロップ方式で学習しました。全体の学習時間は両方の条件で同じになるようにしています。その結果，ドロップ方式よりもすべての単語を繰り返し学習した方が，最終的な記憶成績は全体としてわずかながら高いことが明らかになりました。これは不思議な結果です。常識的に考えて，完全に覚えられた単語はそれ以上学習しないほうが単語は効果的に学べるはずだからです。

　実は，ここにメタ記憶の問題が絡んできます。彼らは，なぜドロップ方式の記憶成績が悪かったかを調べるため，実験参加者のメタ記憶や学習パタンを分析しました。その結果，学習者は一回でもうまく英語訳を思い出すことができたら，実際は記憶がまだ不完全であるにもかかわらず，「もうこの単語は完全に覚えられた」と間違って判断してしまい，すぐにその単語をドロップしてしまっていることが明らかになりました。つまり，ドロップ条件の実験参加者は，自分の学習に楽観的な自信を持っているため，もっと学習すべきところを「もう大丈夫だろう」と思ってやめてしまい，その結果，記憶成績が全体として低かったのです。ドロップ方式自体が悪いわけではない点に注意してください。楽観的なメタ認知がドロップ方式の効率性を阻害してしまったというのが重要なポイントです。みなさんも，ドロップ方

心理学研究の紹介③

　学習判断が，処理の流暢性や容易性といった学習と無関係の要因に影響を受けることを第2節で説明しました。それでは，その結果として，学習者の学習行動も処理の容易性に影響を受けるのでしょうか。ディーマンド・ヨーマンらは，この点を調べるために，実際の高校での学習を対象にした実験を行ないました（Diemand-Yauman et al., 2010）。具体的には，この研究者たちは，高校の英語や物理，歴史といった授業に対して，半分のクラスの授業のワークシートや授業スライドのフォントを，読みにくいフォントに変更しました。読みにくいフォントとは，日本語でいうなら「メタ記憶」や「メタ認知」のようなものです。重要なことに，変えたのはフォントだけで，授業やスライドの内容はまったく同じものです。その結果，驚いたことに，読みにくいフォントを使ったクラスの方がそうでなかったクラスよりも，試験の成績が高いことが示されたのです。なぜこのようなことが起きたのでしょうか。文字が読みにくいとは，処理の流暢性が低いことを意味しています。したがって，読みにくい文字を使うと，学習判断といったメタ記憶も低くなり，学習者は「自分は内容を分かっていない」と感じることが予想されます。その結果，学習者は「よく分かっていない」と感じる読みにくい文字のときに，より多くの努力をかけて勉強するため，試験の成績があがったのではないかと考えられています。フォントは明らかに学習内容とは無関係の要因です。しかし，メタ記憶はそういった無関係の要因にも影響を受けてしまうため，学習者の学習行動も変わってしまうことがあるのです。

式で単語を学習するときには，あまり自分の学習能力に自信を持ちすぎず，少しでも不安のある単語はたとえ一回うまく思い出せたとしても，すぐにはドロップしないようにするといいと思います。

5. まとめと今後の展望

　この章では，人のメタ認知，特にメタ記憶が場合によっては不正確であることを，いくつかの実験を交えて強調してきました。1つだけ誤解のないようにしておきたいのは，メタ記憶はいつも完全に誤っているわけではないということです。むしろ，多くの場面ではそれなりに正確です。ただし，私たちが信じているほどには，私たちは自分自身を知らないということがいいたかったのです。そして，私たちは，メタ認知の不正確さのために，非効率的な学習に陥ってしまうことが往々にしてあります。

　実は，私たちが自分の心の中で起こることをよく把握できないというのは，記憶や学習の話に限ったことではありません。例えば有名な社会心理学の古典的な研究（Dutton & Aron, 1974）では，吊り橋の上のように生理的な喚起が高まるような場面では，男性は女性の魅力を高く見積もりがちだということが示されています。これは，吊り橋によって喚起された「ドキドキ感」というものを，人は「目の前の女性にドキドキしているのだ」と**誤帰属**（misattribution）してしまうために生じるのだと解釈されています。人は，自分の中の生理的喚起が，なぜ生じたのかをうまくモニタリングできないのです。前に説明した，大きなフォントの文字を見ると学習判断が高くなるというローズとキャステルの実験（Rhodes & Castel, 2008）も，流暢性もしくは処理の容易性の誤帰属によって生じていることに注意してください。実験内容は大きく違うものの，人間のメタ認知機能の不全によって生じた現象という意味では同じです。

　また，同じ社会心理学の**感情予測**（affective forecasting）の研究では，人が自分の将来の感情をどの程度予測できるかを調べます。この領域でも，人の感情の予測がいかに不正確かが繰り返し明らかになっています。例えば，ダンらの研究では，大学の新入生が，寮に割り当てられる前に，「希望する寮に割り当てられた場合」と「希望する寮に割り当てられなかった場合」に，1年後にどれくらい幸せだと思うかという感情予測の質問に答えました（Dunn et al., 2003）。この感情予測の質問では，希望する寮に割り当てられなかった場合とそうでなかった場合で，幸福度には大きな予測の違いがありました。つまり，ほとんどの人が，希望する寮に割り当てられたほうが1年後にずっと幸せだと考えたのです。しかし，実際に1年後に希望する寮に割り当てられた人とそうでない人を比べると（寮の割り当てはくじで決まります），幸福度にはほとんど違いがなかったのです。本章で説明した学習判断は将来の記憶を予測しますが，感情予測では将来の感情を予測します。研究の内容は違いますが，両者とも，人間が将来の自分の状態の予測が苦手だという点では，大きく一致しています。そして，学習判断の研究と同じように，感情予測の研究では，不正確な感情予測が，不適応的な意思決定を生じさせてしまうことも明らかになっています（Wilbert & Gilbert, 2005）。

　このように，多くの心理学研究が，自分の心のはたらきを知ることが思ったよりも大変だということを示しています。この問題を解決するために，私たちに何ができるでしょうか。いろいろなことが考えられますが，第一歩として大切なのは，自分のメタ認知が不正確だということを，しっかりと認識することです。このことを意識することで（メタ認知の認知なので，メタメタ認知とも名付けられると思います），私たちは自分の行動にうまく「待った」がかけられ，不適応な行動を避けることができるのではないでしょうか。「汝自身を知れ」という言葉も，人間のメタ認知の不完全さに気づくべきだという，ギリシア人の警鐘だったのかもしれません。

📖 読書ガイド

清水寛之（編著）（2009）．メタ記憶―記憶のモニタリングとコントロール　北大路書房

　メタ記憶研究の最新の研究動向に関して，基礎から応用まで幅広くカバーしている本で，卒論や修論で，メタ記憶の研究を考えている方は必読の本です。姉妹本に，より広いメタ認知に焦点を当てた『メタ認知―学習力を支える高次認知機能』（三宮真智子編著，2009）もあります。

ダンロスキー，J.・メトカルフェ，J.（著）　湯川良三・金城　光・清水寛之（訳）（2009）．メタ認知―基礎と応用　北大路書房

　メタ記憶研究のエキスパートであるダンロスキーとメトカルフェが書いたメタ記憶のテキストです。上記の本と並んで，メタ記憶に関するトピックを幅広く分かりやすく紹介しており，やはりメタ記憶の研究を考えている人には必読の本です。

グラッドウェル，M.（著）　沢田　博・阿部尚美（訳）（2005）．第1感「最初の2秒」の「なんとなく」が正しい　光文社

　この本はメタ認知の本ではありません。主として社会心理学に焦点を当てた本です。また，著者は専門家ではなく，ジャーナリストです。しかし，人間がいかに自分の心で起こっていることに気づきにくいのかを，分かりやすい事例や実験とともに紹介していて，メタ認知の研究にも数多くの示唆があります。心理学の本としては珍しく，世界中でベストセラーになった有名な本です。

引用文献

Bjork, R. A. (1994). Memory and metamemory considerations in the training of human beings. In J. Metcalfe & A. Shimamura (Eds.), *Metacognition: Knowing about knowing* (pp. 185-205). Cambridge, MA: MIT Press.

Bjork, R. A., Dunlosky, J., & Kornell, N. (2013). Self-regulated learning: Beliefs, techniques, and illusions. *Annual Review of Psychology*, **64**, 417-444.

Butler, D. L., & Winne, P. H. (1995). Feedback and self-regulated learning: A theoretical synthesis. *Review of Educational Research*, **65**, 245-281.

Diemand-Yauman, C., Oppenheimer, D. M., & Vaughan, E. (2010). Fortune favors the Bold (and the Italicized): Effects of disfluency on educational outcomes. *Cognition*, **118**, 111-115.

Dunlosky, J., & Metcalfe, J. (2009). *Metacognition*. Sage Publications.（湯川良三・金城　光・清水寛之（訳）（2010）．メタ認知―基礎と応用　北大路書房）

Dunlosky, J., & Thiede, K. W. (1998). What makes people study more? An evaluation of factors that affect people's self-paced study and yield "labor-and-gain" effects. *Acta Psychologia*, **98**, 37-56.

Dunn, E. W., Wilson, T. D., & Gilbert, D. T. (2003). Location, location, location: The misprediction of satisfaction in housing lotteries. *Personality and Social Psychology Bulletin*, **29**, 1421-1432.

Dutton, D. G., & Aron, A. P. (1974). Some evidence for heightened sexual attraction under conditions of high anxiety. *Journal of Personality and Social Psychology*, **30**, 510-517.

藤澤伸介（2002a）．ごまかし勉強（上）―学力低下を助長するシステム―　新曜社

藤澤伸介（2002b）．ごまかし勉強（下）―ほんものの学力を求めて―　新曜社

Gouveia, S. O., & Clarke, V. (2001). Optimistic bias for negative and positive events. *Health Education*, **101**, 228-234.

Karpicke, J. D. (2009). Metacognitive control and strategy selection: Deciding to practice retrieval during learning. *Journal of Experimental Psychology: General*, **138**, 469-486.

Karpicke, J. D., Butler, A. C., & Roediger, H. L. (2009). Metacognitive strategies in student learning: Do students practice retrieval when they study on their own? *Memory*, **17**, 471-479.

Kassam, K. S., Gilbert, D. T., Swencionis, J. K., & Wilson, T. D. (2009). Misconceptions of memory: The Scooter Libby effect. *Psychological Science*, **20**, 551-552.

Koriat, A., Bjork, R. A., Sheffer, L., & Bar, S. K. (2004). Predicting one's own forgetting: The role of experience-based and theory-based processes. *Journal of Experimental Psychology: General*, **133**, 643-656.

Koriat, A., Sheffer, L., & Ma'ayan, H. (2002). Comparing objective and subjective learning curves: Judgments of learning exhibit increased underconfidence with practice. *Journal of Experimental Psychology: General*, **131**, 147-162.

Kornell, N., & Bjork, R. A. (2007). The promise and perils of self-regulated study. *Psychonomic Bulletin & Review*, **6**, 219-224.

Kornell, N., & Bjork, R. A. (2008a). Learning concepts and categories: Is spacing the enemy of induction? *Psychological Science*, **19**, 585-592.

Kornell, N., & Bjork, R. A. (2008b). Optimizing self-regulated study: The benefits and costs of dropping flashcards. *Memory*, **16**, 125-136.

Kornell, N., & Bjork, R. A. (2009). A stability bias in human memory: Overestimating remembering and underestimating learning. *Journal of Experimental Psychology: General*, **138**, 449-468.

Kornell, N., Rhodes, M. G., Castel, A. D., & Tauber, S. K. (2011). The ease of processing heuristic and the stability bias: Dissociating memory, memory beliefs, and memory judgments. *Psychological Science*, **22**, 787-794.

McCabe, J. (2011). Metacognitive awareness of learning strategies in undergraduates. *Memory & Cognition*, **39**, 462-476.

Metcalfe, J., & Kornell, N. (2005). A region of proximal learning model of study time allocation. *Journal of Memory and Language*, **52**, 463-477.

村山 航（2008）．メタ記憶の測定　清水寛之（編）　メタ記憶：記憶のモニタリングとコントロール　北大路書房　pp.41-63.

西林克彦（1997）．「わかる」のしくみ：「わかったつもり」からの脱出　新曜社

Rhodes, M. G., & Castel, A. D. (2008). Memory predictions are influenced by perceptual information: Evidence for metacognitive illusions. *Journal of Experimental Psychology: General*, **137**, 615-625.

Rhodes, M. G., & Castel, A. D. (2009). Metacognitive illusions for auditory information: Effects on monitoring and control. *Psychonomic Bulletin & Review*, **16**, 550-554.

Roediger, H. L., & Karpicke, J. D. (2006). Test-enhanced learning: Taking memory tests improves long-term retention. *Psychological Science*, **17**, 249-255.

清水寛之（2009）．メタ記憶：記憶のモニタリングとコントロール　北大路書房

Sungkhasettee, V. W., Friedman, M. C., & Castel, A. D. (2011). Memory and metamemory for inverted words: Illusions of competency and desirable difficulties. *Psychonomic Bulletin & Review*, **18**, 973-978.

Tauber, S. K., Dunlosky, J., Rawson, K. A., Wahlheim, C. N., & Jacoby, L. L. (2013). Self-regulated learning of a natural category: Do people interleave or block exemplars during study? *Psychonomic Bulletin & Review*, **20**, 356-363.

Taylor, S. E., & Brown, J. D. (1988). Illusion and well-being: A social psychological perspective on mental health. *Psychological Bulletin*, **103**, 193-210.

吉田寿夫・村山 航（2013）．なぜ学習者は専門家が学習に有効だと考えている方略を必ずしも使用しないのか　教育心理学研究, **62**, 32-43.

Yue, C. L., Castel, A. D., & Bjork, R. A. (2013). When disfluency is—and is not—a desirable difficulty: The influence of typeface clarity on metacognitive judgments and memory. *Memory & Cognition*, **41**, 229-241.

Wilson, T. D., & Gilbert, D. T. (2005). Affective forecasting: Knowing what to want. *Current Directions in Psychological Science*, **14**, 131-134.

Zimmerman, B. J., & Schunk, D. H. (Eds.) (2001). *Self-regulated learning and academic achievement: Theoretical perspectives*. Mahwah, NJ: Erlbaum.（塚野州一（編訳）（2006）．自己調整学習の理論　北大路書房）

問題解決
協同が問題解決に及ぼす影響

> ここまでの章で，個人内での様々な認知活動のしくみについて理解できたのではないかと思います。しかし，個人内での情報処理に加えて，私たちは日々他者との関わりの中で活動を行なっていることから，その影響を無視することはできません。そこで，本章では，他者とのやりとりが認知活動，特に問題解決に及ぼす影響を検討した研究について紹介します。

1. はじめに

　日常，私たちは周囲の人と協力して問題解決を行なうことが数多くあります。また，他者と協同することで一人では思いつかなかったような新たな解決策が浮かんだり，自分の考えが変化するのではないかという期待感を持っているように思われます。「三人寄れば文殊の知恵」や「岡目八目」[1]といった成句は，これらの期待感の反映と解釈できるでしょう。118名のスタンフォード大生を対象として調査を行なったヒースとゴンザレス（Heath & Gonzalez, 1995）によると，90％以上の人が，自分にとって重要な決定を行なう際に他者に相談することが示されています。また，彼らは，その行為の背後には，「他者に相談をすることでよりよい決定ができる」との信念があることを指摘しています。重要な意思決定時に他者とやりとりをすることの背景には，不安を解消するといった情緒面でのサポートを期待するだけでなく，他者からよい決定を行なうための情報が得られたり，自分では気付かなかった点に気付かされたり，思考を整理する手助けが得られたり，あるいは誤りを指摘してもらえるといった認知的な側面でのサポートが期待されているようです。

　しかし，現実には，ただ複数人で問題にあたったからといって，必ずしもよい結果が得られるという訳ではありません。それではどのようなときに，協同が有効に機能し，問題解決を促進するのでしょうか。また，それはどのようなプロセスによるのでしょう。以下では，他者との協同が問題解決に及ぼす影響を検討し，私たちが日々従事する協同問題解決のあり方を考えていきます。

---

[1]「岡目八目」とは，囲碁を打っている当人よりも，傍から見ている人の方が八目も先の手が見える，つまり，当事者よりも第三者の方が事態をよく見ることができるということを表した四字熟語です。

2. 協同によって生じる妨害効果

(1) ブレインストーミング (brainstorming) 研究

　認知心理学領域では，主として個人内の情報処理に焦点が当てられてきたのに対して，社会心理学領域では，古くから個人のみならず集団が研究対象となってきました。ヒンスら（Hinsz et al., 1997）が指摘するように，以前は集団になることによってどのような現象が生じるかといった集団過程自体に関心が集まっていたのに対して，集団過程が認知的な活動の成果に及ぼす影響にも注意が払われるようになってきています。その代表的な研究領域としては，オズボーン（Osborn, 1957）によって開発されたグループによるアイディア生成技法の1つである**ブレインストーミング**の有効性の実証的検討があります（レビューとして，本間，1996; Mullen et al., 1991）。このブレインストーミング技法には，4つのルールが存在します。具体的には，1）なるべく多くのアイディアを出す，2）既成事実，固定観念にとらわれないで，自由奔放なアイディアを出す，3）出されたアイディアを評価したり，批判したりしない，4）出されたアイディアを交換して，練り上げ，洗練させるというものです。これらのルールに従って，他者と協同してアイディアを出し合えば，個人で同じことを行なった場合よりも多くのアイディアが生まれると考えられています。

　この点について実験的に検討を行なう際には，基本的には，個人でアイディアを生成する条件（個人条件）とグループで話し合いをしながらアイディアを生成する条件（集団条件）の2条件を設定し，アイディア数を比較します。ここで，両条件で生成されたアイディア数をそのまま比較に用いると，両群には，1）課題に関わるメンバーの数と2）メンバー間のやりとりの有無という2点に違いがあるため，たとえ差が見られたとしても，それが1）と2）のどちらに起因するのかが明らかではありません。そこで，1）課題に関わるメンバーの数をそろえて，2）メンバー間のやりとりの影響のみを検討するために，集団条件と同じ数の人がやりとりをせずに課題に取り組み，結果だけを集約した場合（これを**名義集団**といいます）に生成されるアイディア数を求めて，実際にやりとりのある集団条件のアイディア数との比較を行ないます。

　名義集団（nominal group）は，その名の通り，実在しない仮想的な集団ですが，個人条件のデータを用いて，そこで生成されるアイディア数を求めることが出来ます。図5-1のように，実際にはやりとりがなく，個人でアイディアを生成した4人の結果だけを集約する状況を考えてみましょう。図5-1中の1さんはa, b, cという3つのアイディアを出したことを意味しています。同様に，2さんは2つ，3さんは4つ，4さんは5つのアイディアを生成したことを表しています。これらの数を単純に足し合わせると14個となりますが，実際には同じアイディアを複数の人が生成していますので，この重複を考慮する必要があります。例えば，アイディアaは1さん，2さん，4さんの3人によって生成されていますが，

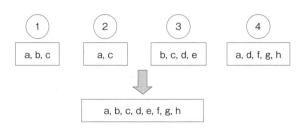

図5-1　名義集団のアイディア数の求め方
○の中の数字は個人を，□の中のアルファベットはアイディアの種類を表しています。

これらは「3つ」とは数えず，同じもののため「1つ」として扱います。このように，同じものが複数の人によって生成された場合には1つとして数えると，この4人によって出されたアイディアは8つということになります。この重複を考慮した集約手続きを，個人条件の実験参加者の中から4人を選び出すすべての組み合わせに関して適用して求められた値を名義集団のアイディア数とします。

　個人条件との比較に加えて，この名義集団との比較を行った先行研究では，実際に他者とのやりとりがある集団（集団条件）は，個人条件より多くのアイディアが生成されるものの，実際にやりとりがなく，結果のみを集約した名義集団よりは，生成されるアイディア数が少ないことが示されてきています。上述のように，実際の集団と名義集団の違いは，メンバー間でのやりとりが存在するかどうかのみにありますので，生成されるアイディア数の違いはやりとりの有無という観点から解釈することができます。すなわち，一見すると，アイディアの生成を促すように考えられる他者とのやりとりは，アイディアの生成を妨害してしまうということになります。この結果を踏まえると，協同によって得られる促進効果は，単に「頭数」が増えたことによるものであって，相互作用はむしろ妨害的な働きをすると考えられます。このように，実際の相互作用のあるグループでの遂行成績が，相互作用がなく結果だけを集約した名義集団の遂行成績と比較して低くなることを**プロセス・ロス**（process loss）といいます。

　ブレインストーミング集団の効果に関する実証的研究が初めて行なわれたのは，テイラーら（Taylor et al., 1958）においてです。そこでは，3つの課題を用いて，実際に相互作用のあるブレインストーミング集団と名義集団の成績を比較しています。その結果，名義集団において，ブレインストーミング集団の2倍近くのアイディアが創出されていました。その後も，名義集団を構成し，実際のブレインストーミング集団の成績と比較するというテイラーらの手法が踏襲されて，多くの研究が行なわれてきました。その中でも多くの注目を集めたのが，ディエールとストロエベ（Diehl & Stroebe, 1987）の研究です。彼らは，それまでの主要な22の実験結果をまとめ，そのうちの18の研究で，実際のブレインストーミング集団よりも名義集団のほうが，アイディア数において優れていることを見出しました。なお，これらの研究では3人以上で構成されるグループについて検討されていたのに対して，差が見られなかった4つの研究では2人組が対象となっていました。このことから，結果には集団サイズが影響している可能性があります。

　これらの研究結果をふまえて，プロセス・ロスを生じさせているメカニズムについても検討が進められてきました。代表的なものとしては，**ブロッキング**（blocking），**評価懸念**（evaluation apprehension），**ただ乗り**（free ride）の3つが挙げられます。ブロッキングとは，通常，一度に発言できるのは1人であるため，たとえアイディアが浮かんだとしても，別の人が発言しているときにはそれを表出することができず，その間にアイディアを忘れてしまうという現象です。評価懸念とは，他者に対して自分のアイディアを表明する際に，「こんなことを言ってはつまらない人と馬鹿にされるのではないか」「こんなアイディアしか思い浮かばないと思われるのではないか」と他者の評価を気にしてしまい，そのことがアイディアの表出を妨げるという現象です。そして，ただ乗りとは，たとえ自分がアイディアを出さなくても，他者がアイディアを出してくれれば済むため，手抜きをしてしまう現象です。ディエールとストロエベは，この3つの影響を個別に検証するために，4つの実験を行なっています。その際，すべて集団は4人で構成されており，課題は，ドイツの人口増加に伴う外国籍の労働者問題や失業者問題への対策を考えるというものでした。例えば，実験4では，一度に1人しか話すことができないというブロッキングの影響と，他者のアイディアを聞くことの影響を分離して検討しています。具体的には，1）4人が同室で課題に取り組む通常の集団条件，2）4人がそれぞれ別室で課題に取り組み，やりとりはインターフォンを用いて行なうブロッキングあり・コミュニケーションあり条件（誰か1人が話している間

は該当するランプが点灯するので，それ以外の人は話すことができません），3) 4人がそれぞれ別室で課題に取り組み，ランプが点灯している間は話すことができない点は2) と同じだけれども，別のメンバーのアイディアを聞くことができないブロッキングあり・コミュニケーションなし条件，4) 4人がそれぞれ別室で課題に取り組み，2), 3) 同様，ランプは点灯するけれども，気にせず，好きな時に発話をしてもよいと教示されるブロッキングなし・コミュニケーションなし条件（この条件は人数は1) と同数ですが，やりとりが生じないため，上述の名義集団に相当する条件と考えることができます），そして5) 通常の個人条件の5条件が設定され，生成されたアイディア数が比較されました。その結果，ブロッキングが生じていると想定される1), 2), 3) とブロッキングが生じないと考えられる4) および5) を比較したところ，ブロッキングが生じない4) および5) においてブロッキングが生じている1), 2), 3) と比較して多くのアイディアを生成していることが示されました。このことから，プロセス・ロスを生じさせている最も有力なメカニズムはブロッキングであるという結論が導かれています。

　それに対して，ミューレンら（Mullen et al., 1991）は，メタ分析の結果，アイディア数においては実際のブレインストーミング集団よりも名義集団のほうが優れているという傾向を認めた上で，プロセス・ロスがなぜ生じるのかというメカニズムについては，ディエールとストロエベとは異なる結論を導いています。具体的には，彼らはメカニズムの候補として，手続き的メカニズム（主に，ブロッキングに相当），社会心理学的メカニズム（他者存在によって生じる喚起，評価懸念，自己注視），経済的メカニズム（社会的手抜き，ただ乗りなど）の3つを挙げています。そして，集団の大きさ，実験者の存在（実験者が実験室内にいるのか，いないのか），反応様式（創出されたアイディアをテープに記録するのか，書き記すのか），比較される名義集団のタイプ（名義集団の個人は単独で作業するのか，一緒に行動するか）という4つの変数を用いて，それまでの22の研究に関して分析を進めています。その結果，社会心理学的メカニズムが先の4つの変数との関連性が高かったことから，プロセス・ロスの説明メカニズムとして最も有力であると結論づけています。また，ディエールとストロエベ（1987）が最も影響力があるとしたブロッキングに代表される手続き的メカニズムは，先の4つの変数のうち関連があったのが2つのみであったため，主要な要因ではないと結論づけています。

　このように，プロセス・ロスの生起メカニズムについては複数の仮説が存在し，それぞれを最有力とすることを支持する知見が得られている状況にあります。それに対して，「アイディアをたくさん生成する」という目的に照らすと，他者と積極的にやりとりすることが妨害的に作用するという点については研究間で一致を見ているようです。

(2) グループによる想起（group remembering）研究

　また，前節で紹介したブレインストーミング研究と類似した手法により，他者とのやりとりが遂行成績に対して妨害的に作用することを一貫して示してきている領域として，**グループによる想起（group remembering）研究**があります（レビューとして，Thompson, 2008）。ここでも同じリストを学習した後に，個人で再生を行なった場合（個人条件）と他者と一緒に再生を行なった場合（集団条件）の比較を実施することに加えて，「頭数」の効果を統制し，相互作用自体によって生じる効果を検討しています。そして，結果として，集団条件での成績は個人条件に比較してよくなるものの，単に結果のみを集約した名義集団の成績と比較した場合には，むしろ成績が低くなることが示されています。このように相互作用によって成績が低下することを**協同的抑制（collaborative inhibition）**といいます。

　なお，この協同的抑制の生起メカニズムに関しては，検索方略の妨害が指摘されています。すなわち，他者と相互作用しながら記憶課題に取り組む場合には，他者の回答が検索手がかりとなり，それに基づ

く検索が促進されます。そのことで，元々個人が用いていた検索方略が邪魔され，体系立った検索が行なわれにくくなり，結果として，多くの項目を再生することが求められる課題においては，相互作用が妨害的に作用するという解釈です。

先のブレインストーミング研究の知見と合わせると，「たくさんアイディアを生成する」「たくさん想起する」のように数が問題となる場合には，他者とのやりとりは妨害的に作用するといえるでしょう。しかし，作業は個人で行なっても，その結果を集約した場合には個人の成績を上回ることも確かです。よって，これらの課題における協同の効果は，「頭数」の効果，すなわち，課題に関与する人数の効果として解釈することが妥当といえそうです。

3. 協同によって生じる促進効果

本章の冒頭で述べたように，私たちは他者と協同することに対して高い期待を持っているにもかかわらず，ブレインストーミング研究およびグループによる想起研究で得られている知見は，その期待を大きく裏切るものでした。しかし，他者との協同，特に積極的な相互作用が理解の深化や**洞察（insight）** といった創造的問題解決を促進することを示す知見も得られてきています。以下では，それらの研究から示唆される協同の促進効果について整理します。

(1) 利用可能な情報量の増加

日常，私たちは知らないことがあった場合に，コンピュータを用いて，データベースを検索することがあります。これと同様に，当該情報に関して知っていると思われる他者に情報提供を求めるということがあります。野島と阪谷（1992）が指摘するように他者に情報提供を求めることは，コンピュータによるデータベース検索と同様，問題解決で利用可能な情報量を増やす働きを持つといえるでしょう。

また，ダンバー（Dunbar, 1996, 1997）は，分子生物学の研究室のミーティングを分析した結果，科学的な発見に関わる推論活動の多くが，複数の人によって担われる**分散推論（distributed reasoning）** の形態をとるということを発見しています（**研究①参照**）。そして，科学的な発見に至るまでには，様々なアナロジーが用いられ，重要な役割を果たしていますが，この分散推論がアナロジーのもととなる知識を増やす働きをしていると指摘しています。以上より，協同によってもたらされる促進効果の1つ目としては，個人の問題解決者が持っていない情報を補ったり，利用可能な情報を増やすといった効果が挙げられます。

(2) 視点の多様化

協同によってもたらされる2つ目の効果としては，上記のように，いわば初期状態としての情報源を増大させるだけではなく，同じ情報源を別の観点から捉えるための視点を提示し，解釈を多様化するといった効果が挙げられます。上述のダンバー（Dunbar, 1996, 1997）でも，複数の人が推論に関わることにより，同じ問題を別の形で表象したり，異なる解釈がなされたりすることが示されています。

また，モッシュマンとゲイル（Moshman & Geil, 1998）は，**ウェイソンの選択課題（Wason's selection task）**（**第10章参照**）を，個人で解いた場合と5人または6人で一緒に解いた場合の結果について比較したところ，グループで解いた場合に正答率が高くなるという結果を得ています。そして，この結果を踏まえて，彼らは，グループメンバーが個人で問題に取り組んだ場合には，どのメンバーからも正答が出されていないにもかかわらず，話し合いの結果として正答に至っていることから，単に「頭数」が増

心理学研究の紹介①

　ダンバー（Dunbar, 1997）は参与観察の手法を用いて，科学的発見がいかにして成し遂げられるのかを検討しました。具体的には，分子生物学領域において非常に優れた実績を上げている4つの研究室を対象として，1年間研究室に滞在して研究室ミーティングや講義の記録を取るとともに，メンバーにインタビューを行なったり，研究費の申請書や論文の草稿をデータとして得て，実際の研究室で行なわれている活動を詳細に分析しました。膨大なデータを分析するにあたって，1）アナロジーの役割，2）予想外の結果の扱い，3）概念変化，4）分散推論（distributed reasoning）という4つの視点を用いました。

　このうちの4）分散推論とは，複数人で1つのテーマについて議論を行なう状況で生じるもので，グループ内の様々なメンバーが新たな要素を加えながら，推論を行なう際に生じると考えられています。この分散推論はいずれの研究室でも頻繁に観察され，個人の持つ推論バイアスを克服するのに役立っている可能性が指摘されました。ダンバーの研究以前に行なわれたグループによる創造性研究の多くは実験室で実施されており，特にブレインストーミング研究では，実際にグループでやりとりをした場合の成績が，個人で行なった結果を集約した場合（名義集団）の成績を下回ることが繰り返し指摘されてきました。ダンバーは，このような結果の相違が生じた背景には，実験室研究では，ランダムなグループが構成されており，互いに知識が共有されておらず，また実施されている課題が恣意的で，ほとんど背景知識を必要としないのに対して，科学の現場では，互いに重複した背景知識を持ち，共通の研究目標が設定されていて，問題に取り組む際に持ちよる知識がわずかに異なっているという違いがあることを指摘しています。

えることで正しい答えが提出される確率が高まった訳ではなく，協同的な構成が生じていた可能性を指摘しています。このことは，正答が初めからまとまった形で作られるのではなく，ある人の意見を複数人でいろいろな視点から検討するということの積み重ねにより，**創発**（emerge）したものと解釈できます。つまり，個人のレベルでは見られなかったものが集団のレベルで初めて出現したと考えられます。

　三輪は，ルール発見課題の解決過程を，**仮説空間**（hypothesis space）（ルールに関して生成された仮説の集合）と**実験空間**（experiment space）（仮説の採否に関わる事例の集合）という2つの空間の探索として捉え，協同するメンバーでの空間の共有度と創発可能性の関連をシミュレーションによって検討しています（Miwa, 1999; 三輪, 2000）。その結果，1）仮説空間と実験空間の両方がメンバーに共有され，かつ統合されている場合に創発可能性が最も高くなること，2）実験空間だけが共有される状況では，一般に相互作用のメリットは得られないものの，互いのシステムが異なった方略を用いて，十分な実験が許される場合には，創発の可能性が現れること，3）仮説空間が共有される状況では，互いのシステムが自らの仮説に合致する正事例を探索しようとする**ポジティブテスト方略**（positive test strategy）を用いる場合に限り，創発の可能性が現れることを示しています。これらの結果は，単に利用可能な情報量が増加することが重要なのではなく，共通のデータを多様な方略で検討することが促進効果をもたらす上で重要であることを示唆しています。以上をまとめると，他者との協同には，初期設定にあたる問題解決中に利用可能な情報量を増やす効果があるだけでなく，与えられた情報の解釈を多様にするという効果もあると考えられます。

(3) 問題解決状況の捉え直しの促進

　上の2つの項では，協同によって利用可能な情報や視点のバリエーションが増大するという効果を指摘しました。この効果は，協同の加算的効果と言い換えることができるでしょう。しかし，協同によってもたらされる効果は，この加算的効果には限定されません。すなわち，他者から具体的な情報や新た

な視点が提供されない場合にも協同のメリットは存在するのです。

問題解決においては**メタ認知**（metacognition）が重要な働きをしていることが知られています。メタ認知とは「認知の認知」を意味しており，自らの認知活動について認知する働きを指します（第4章参照）。三宮（1996）によると，このメタ認知はメタ認知的知識とメタ認知的活動に大別され，メタ認知的活動は，状態に照らして現状の評価を行なう**メタ認知的モニタリング**（metacognitive monitoring）と，その結果に応じて自らの取り組みを方向づける**メタ認知的コントロール**（metacognitive control）に分けられます。丸野（1989）はこのメタ認知的活動の機能を高めていく上で，周囲の他者が重要な役割を果たすことを指摘しています。

三宅（Miyake, 1986）は，「なぜミシンで縫うことができるのか」という問いについて，ペアで話し合いながら理解する状況を設定し，その過程を詳細に検討しました。その結果，他者とやりとりをする中で，自然に**課題遂行役**（task-doer）と**モニター役**（observer）とに役割が分化していき，相対的に理解が不十分であるはずのモニター役から出された質問に答えることで課題遂行役の理解が深化していくことが示されています。この結果は，モニター役から新たな知識が提供されている訳でも，別の具体的な解釈が示されている訳でもありません。したがって，一見すると，より知識が豊富である課題遂行役にとってはモニター役とやりとりすることに何らメリットがないように思われます。しかし，実際には，知識が少ないはずのモニター役からの発言によって，課題遂行役の中でいったん作られた一貫した理解が崩され，より深い理解に向けての取り組みが開始されています。

同様の知見が植田・丹羽（1996）からも得られています。彼らは，画期的な洗剤を開発した企業のR&D（研究開発）チームにインタビュー調査を行ない，チーム内で生じた協同活動の分類を行ないました。その結果，具体的な情報の提案が行なわれたやりとりだけではなく，一方のメンバーが具体的な問題状況から少し離れたメタ的な立場から，提示されたアイディアの論理的矛盾や不明確さを指摘するといったメタな知識の提供がなされていたことが見出されています。このメタな知識とは，問題の見方や考え方の論理性・無矛盾性などに関する知識のことをいいます。すなわち，問題領域固有の具体的な方法や手段に関する知識を提供するのではなく，問題解決にあたっている当人が自らの思考過程を振り返るよう促すはたらきかけであったといえます。そして，このメタな知識の提供が，問題状況の捉え方を変化させる上で重要な役割を果たしていたといえるでしょう。

岡田とサイモン（Okada & Simon, 1997）は，ダンバー（Dunbar, 1993）によって開発された分子生物学実験シミュレータを用いて，科学的発見課題における個人と協同のパフォーマンスを比較し，後者の方がよい成績となることを示しています。そして，詳細な**プロトコル分析**（protocol analysis）[2)]の結果，他者との協同によって，考慮される仮説数が増加する訳ではないことから，パフォーマンスにおける協同の優位性は，仮説数の増大によってもたらされたのではなく，対立仮説の考慮や根拠づけなどを含む**説明活動**（explanatory activities）が促進されることによるものではないかと考察しています（**研究②**参照）。この知見も，他者から仮説に関する説明を求められることが，別の可能性を考慮し，仮説の根拠を吟味するという活動を促していたと考えれば，三宅（Miyake, 1986）や植田・丹羽（1996）と同様の効果，すなわち，協同により問題状況を捉え直す契機が提供され，その結果新たな方向への空間探索が促されたものと解釈できます。なお，具体的なアイディアや知識の提供ではなく，メタレベルの働きかけがもたらす促進効果は，清河（2002）や清河・植田（2007）においても確認されています。

---

2) 「プロトコル分析」とは課題に取り組む際に頭の中に浮かんだ内容をそのまま発話するよう促す**発話思考法**（think aloud）や，グループにおける会話の記録により得られたデータを文字化し，それをもとにして，課題遂行中の思考プロセスを明らかにするための方法をいいます。

心理学研究の紹介②

　岡田とサイモン（Okada & Simon, 1997）は，カーネギーメロン大学の学部生27名を対象として，他者との協同が科学的発見に及ぼす影響を実験により検討しています。実験参加者は，1人で（個人条件，9名），もしくは，同性の友人と2人で（協同条件，9組18名），分子生物学実験シミュレータを用いて，制御遺伝子のメカニズムを発見することが求められました。

　はじめに，課題成績について個人条件と協同条件を比較したところ，協同条件において科学的発見が達成されやすく，また，その成績は個人条件の成績をもとに算出された架空のペアの成績よりも高いことが明らかとなりました。この結果を受けて，個人と協同で，解決プロセスにおいてどのような点が異なるのかについて，詳細なプロトコル分析が実施されました。その結果，試みられた実験数については，個人条件と協同条件で差が見られませんでした。また，生成された仮説数についても，協同条件が個人条件に比較して多かったものの，架空のペアとの比較においては協同条件が優れているわけではありませんでした。さらに，仮説の種類について検討をしたところ，協同条件よりも架空のペアのほうが多いことが明らかとなりました。以上より，他者と協同することによって，個人の場合に比較して，実施される実験や生成される仮説が多くなることが課題成績を向上させているとは考えにくいことがわかりました。

　それに対して，生成された仮説と対立する仮説を考慮した発話の割合や仮説の証拠に対する反論を行なった発話の割合が，協同条件は架空のペアよりも多いことが明らかとなりました。このように生成された仮説に対して，対立仮説を考慮したり，根拠を検討するといった説明活動が協同によって促進され，そのことが科学的発見を促していることが示唆されました。

（4）適切な評価の促進

　協同に期待できる促進効果の4つ目としては，問題解決状況の適切な評価が促進されることが挙げられます。ショウ（Shaw, 1932）は，論理課題を個人で解いた場合とグループで解いた場合の比較を行ない，グループで解いたほうが高い正答率が得られることを示しています。そして，その理由としては，誤答をチェックする機能がグループの中でより発揮されやすいためと考察しています。また，ローリンのグループが実施した一連の研究（Laughlin & Shippy, 1983; Laughlin & Futoran, 1985）において，トランプを用いた帰納的推論（第6章参照）課題を協同で行なった場合について分析したところ，1人では誰も思いつかないような仮説が創発することはほとんど見られないものの，メンバーの1人から正しい仮説が出されると，それを正しく評価することができ，結果としてグループとしての成績がよくなることが示されています。

　これらの研究では，最終的な課題成績について比較しているにすぎないことから，実際に協同の中でどのようなプロセスが生じたのかについては明らかではありません。しかし，協同状況において，他者が生成したアイディアを評価することが，自ら評価を行なう場合に比較して，適切に機能すると解釈することが可能です。この仮説について直接検討を行なっている研究として，清河ら（2004）があります。彼らは，仮想的な協同場面を設定し，事例に共通するルールを発見する課題を用いて，自分で生成した仮説を自分自身で評価する条件（自己生成仮説条件）と，途中まで他者の生成した仮説を評価する条件（他者生成仮説条件）の成績および仮説に対する妥当性評価を比較しました。その結果，仮説が反証される機会がない状況では，仮説を自分で生成した場合に比べて，他者が生成したときにより「甘く」評価する傾向が見られたものの，仮説が反証される機会が十分に与えられた状況では，他者が生成した仮説をより厳しく評価する傾向があることが示されました。加えて，その評価傾向がデータに応じた適切な仮説の変更を促していることが示唆されました。また，清河ら（2007）では，洞察課題の1つであるT

パズルを用いて，実際に課題に取り組む役割と評価を行なう役割を交替させる状況でも，自分の取り組みではなく，他者の取り組みを評価することが解決を促進することを示しています（**研究③**参照）。この結果も，協同問題解決状況では現状の評価がより適切に行なわれ，そのことが問題解決に促進的に働くことを示唆しています。

心理学研究の紹介③

清河ら（2007）は，自ら問題に取り組むこと（試行）と，同じ問題に取り組む他者を観察すること（他者観察）を繰り返すことが洞察問題解決に及ぼす影響を実験により検討しました。具体的には，個人で問題に取り組む個人条件と，同性の友人と20秒ごとに試行と他者観察を交替する状況で取り組む試行・他者観察ペア条件（図5-2のa），そして，映像遅延呈示装置を用いて20秒ごとに試行と自己観察を繰り返す試行・自己観察条件（図5-2のb）の3条件の課題成績を比較しました。

その結果，試行・他者観察ペア条件において解決が促進されていることが明らかとなりました（図5-3）。なお，同じペースで試行と観察を繰り返す試行・自己観察条件では促進効果は見られず，むしろ妨害効果が生じていたことから，観察対象が他者であることが重要であることが明らかとなりました。

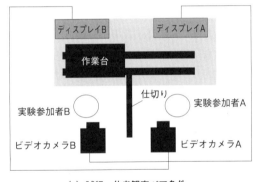
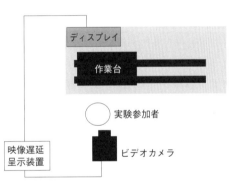

(a) 試行・他者観察ペア条件　　　　(b) 試行・自己観察条件

図 5-2　試行・他者観察条件および試行・個人条件の実験状況（清河・伊澤・植田，2007より）

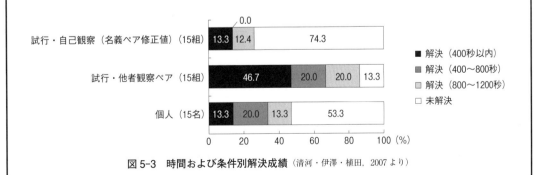

図 5-3　時間および条件別解決成績（清河・伊澤・植田，2007より）

4. まとめと今後の展望

　本章では，他者との協同が問題解決に及ぼす影響を検討した研究を紹介し，協同によってもたらされる妨害効果および促進効果を見てきました。既に指摘したように，主としてブレインストーミングやグループによる想起を対象とした研究領域では，課題に関わる人数が増加することによる効果は認められるものの，他者と相互作用すること自体の効果に対しては否定的でした。それに対して，主として創造的問題解決を題材とした研究領域で得られた知見からは，様々な促進効果が示唆されています。これらの研究領域は，「協同が問題解決に及ぼす影響を探る」という問題意識が共通であるにもかかわらず，比較的独立に研究が進められてきたことから，知見の統合がなされてこなかった状況にあります。一方の知見に基づけば，「協同は有効ではない」という結論が導かれ，また別の知見によれば「協同は有効である」という結論となります。しかし，協同が問題解決に及ぼす影響をより深く理解し，より有用な知見を現実世界に提供していくためには，統合的視点に立ち，「協同することで問題解決が促進される場合があるのなら，それはなぜなのか」あるいは「妨害されることがあるならば，それはなぜなのか」を考えていく必要があるでしょう。

　現時点でそれらの問いに対して明確な回答を示すことは難しく，今後さらなる詳細な検討が求められますが，本章のまとめとして，協同によってもたらされる影響を**課題要求** [3] (task demand) の違いと促進効果の源泉の違いによって整理できることを指摘したいと思います。まず，ブレインストーミング研究やグループによる想起研究で見られたように，量的増加が求められる課題の場合には，課題に関わる人数の増加による効果は期待できるものの，相互作用が妨害的に作用してしまうといえるでしょう。したがって，量的増加を求める課題に取り組む場合には，相互作用を行なわず，独立に課題に取り組んだ後に結果のみを集約することが望ましいといえます。それに対して，創造的問題解決研究で示されてきたように，理解の深化や問題の捉え直しのように，必ずしも量的増加が必要とされず，むしろ質的な転換が求められる課題状況では，「頭数」の増加の効果も否定はできませんが，協同によってもたらされる対象レベルとメタレベルへのレベルの分化を生かした相互作用による促進効果が期待できるでしょう。現時点では，これらはあくまで仮説です。しかし，「協同が問題解決に及ぼす影響」という共通のテーマを扱いながら，比較的独立に知見を積み重ねてきた研究領域間でも協同が進展することによって，現実世界においてより効果的な協同のあり方が明らかとなることが望まれます。

---

[3]「課題要求」とは取り組んでいる課題を達成するために必要となる処理を指します。

読書ガイド

植田一博・岡田　猛（編著）（2000）．協同の知を探る―創造的コラボレーションの認知科学　共立出版

　認知科学領域で行なわれてきた様々なアプローチによる協同に関する研究が紹介されており，研究を始める上で必読の書です．協同をテーマとした著作らしく，個々の研究の紹介だけでなく，研究者間でなされた議論が付録として収録されています．

亀田達也（1997）．合議の知を求めて―グループの意思決定　共立出版

　社会心理学領域において行なわれてきた集団意思決定研究を概観し，協同に対して抱かれる素朴な期待感を緻密な理論により打ち砕く刺激的な著作です．

中谷素之・伊藤崇達（編著）（2013）．ピア・ラーニング―学びあいの心理学　金子書房

　学びの現場において，仲間が果たす役割について多面的に検討した著作です．研究で得られた知見を教育現場の実践に生かすための視点を得る上で有用な一冊です．

引用文献

Diehl, M., & Stroebe, W. (1987). Productivity loss in brainstorming groups: Toward the solution of a riddle. *Journal of Personality and Social Psychology*, **53**, 497-509.

Dunbar, K. (1993). Concept discovery in a scientific domain. *Cognitive Science*, **17**, 397-434.

Dunbar, K. (1996). Beyond the myth of the lone scientist: Distributed reasoning in science and scientific discovery. 認知科学, **3**, 24-26.

Dunbar, K. (1997). How scientists think: Online creativity and conceptual change in science. In T. B. Ward, S. M. Smith, & S. Vaid (Eds.) *Conceptual structures and processes: Emergence, discovery and Change.* (pp.461-494.) Washington, DC: APA Press.

Heath, C., & Gonzalez, R. (1995). Interaction with others increases decision confidence but not decision quality: Evidence against information collection views of interactive decision making. *Organizational Behavior and Human Decision Processes*, **61**, 305-326.

Hinsz, V. B., Tindale, R. S., & Vollrath, D. A. (1997). The emerging conceptualization of groups as information processors. *Psychological Bulletin*, **121**, 43-64.

本間道子（1996）．ブレーンストーミング集団における生産性の検討　心理学評論, **39**, 252-272.

清河幸子（2002）．表象変化を促進する相互依存構造―課題レベル―メタレベルの分業による協同の有効性の検討―　認知科学, **8**, 450-458.

清河幸子・伊澤太郎・植田一博（2007）．洞察問題解決に試行と他者観察の交替が及ぼす影響の検討　教育心理学研究, **55**, 255-265.

清河幸子・植田一博（2007）．人と人のコラボレーション　山田誠二（監修）人とロボットの〈間〉をデザインする（pp.242-258）東京電機大学出版局

清河幸子・植田一博・岡田　猛（2004）．科学的推論プロセスにおける他者情報利用の効果　認知科学, **11**, 228-238.

Laughlin, P. R., & Futoran, G. C. (1985). Collective induction: Social combination and sequential transition. *Journal of Personality and Social Psychology*, **48**, 608-613.

Laughlin, P. R., & Shippy, T. A. (1983). Collective induction. *Journal of Personality and Social Psychology*, **45**, 94-100.

丸野俊一（1989）．メタ認知研究の展望　九州大学教育学部紀要（教育心理学部門）, **34**, 1-25.

Miwa, K. (1999). Collaborative discovery process by interactive production systems: Degree of sharing cognitive space and possibility of emergence. *Proceedings of the 2nd International Conference on Cognitive Science and the 16th Annual Meeting of the Japanese Cognitive Science Society Joint Conference*, 343-348.

三輪和久（2000）．共有認知空間の差異が協調的発見に与える影響　人工知能学会論文誌, **15**, 854-861.

Miyake, N. (1986). Constructive interaction and the iterative process of understanding. *Cognitive Science*, **10**, 151-177.

Moshman, D. & Geil, M. (1998). Collaborative reasoning: Evidence for collective rationality. *Thinking & Reasoning*, **4**, 231-248.

Mullen, B., Johnson, C., & Salas, E. (1991). Productivity loss in brainstorming groups: A meta-analytic interaction. *Basic and applied social psychology*, **12**, 3-23.

野島久雄・阪谷　徹（1992）．コンピュータネットワーク利用場面における他者の役割　認知科学の発展, **5**, 49-71.

Okada, T., & Simon, H. A.（1997）. Collaborative discovery in a scientific domain. *Cognitive Science*, **21**, 109-146.

Osborn, A. F.（1957）. *Applied imagination: Principles and procedures of creative thinking*. Revised ed. New York: Scribners.

三宮真智子（1996）．思考におけるメタ認知と注意　市川伸一（編）　認知心理学4　思考　東京大学出版会　pp.157-180.

Shaw, M. E.（1932）. A comparison of individuals and small groups in the rational solution of complex problems. *The American Journal of Psychology*, **44**, 491-504.

Taylor, D. W., Berry, P. C., & Block, C. H.（1958）. Does group participation when using brainstorming facilitate or inhibit creative thinking? *Administrative Science Quarterly*, **3**, 23-47.

植田一博・丹羽　清（1996）．研究・開発現場における協調活動の分析―「三人寄れば文殊の知恵」は本当か？　認知科学, **3**, 102-118.

Thompson, R. G.（2008）. Collaborative and social remembering. In G. Cohen & M. A. Conway（Eds.）, *Memory in the real world*（pp.249-268）. New York: Psychology Press.

思　　考
思い込みによる思考のバイアスと批判的思考

　ここまでの章で，記憶を中心として，人間の認知には様々な性質があり，必ずしも正確なものとは限らないということを理解していただけたことと思います。実は，思考も同じように，正確なものとは限りません。考えていないから誤ってしまうのではなく，つい偏った思考をしてしまうクセがあるのです（これを「バイアス」と呼びます）。では，正しく判断を行なうためには，どのようなことが必要なのでしょうか。この章では，思考についての様々な性質を紹介するとともに，批判的思考について紹介します。

1. 批判的思考（critical thinking）とは

(1) 批判的思考はどのような思考か

　「批判」と聞くと，どのようなことを思い浮かべるでしょう。もしかすると，ネガティブなイメージを持っている方も，少なくないかもしれません。それは，批判を「非難」と捉えてしまっているためではないでしょうか。**批判的思考**（critical thinking）は，決して相手を非難しようと粗探しをして揚げ足を取るための思考ではありません。

　批判的思考とは，主観にとらわれず，客観的に多面的に情報を検討し，適切な規準に基づき判断する思考といえます。何も考えず情報を頭ごなしに否定したり，鵜呑みにしてしまわず，きちんと検討するための思考です。これは，物事を正しく理解するための思考であり，他者理解や異文化理解にも必要な思考です。また，自分自身の思考過程についても意識的に吟味する**省察的**（reflective）な思考です。

(2) 批判的思考のプロセスとスキル

　一口に「批判的に考える」といっても，そのプロセスにはいくつかの段階があり，それぞれを実行するためのスキルが必要となります（楠見，2011；田中・楠見，2007）（図 6-1）。

　1）情報の明確化　　意思決定や問題解決のためには，まずそれに関わる情報を正しく理解する必要があります。そのために，その情報を明確化する必要があります。

　a. 主題や主張の明確化（図 6-2）：(ア) その情報は何についての情報であるのか，また (イ) 主張は何か，ということを明確にします。

　b. 構造の明確化：その主張は，単に述べられているだけのものであるのか，(ウ) それを支える根拠があるのかどうかを明確にします。根拠があるならば，(エ) その根拠に隠された前提を明確にします。隠れた前提は，その論者の価値観についての前提である場合，事実についての前提である場合があります。

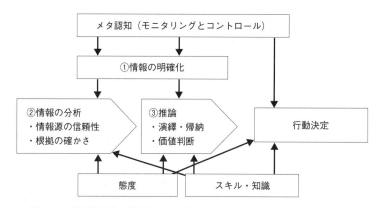

図 6-1　批判的思考の構成要素とプロセス（楠見，2011；Ennis, 1987 を改変）

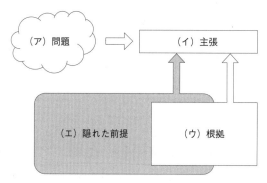

図 6-2　批判的思考の基本チャート（楠見・子安，2010 を改変）

相手の議論を正しく理解するためには，この隠れた前提に気を付ける必要があります。

　c.定義の明確化：使われている言葉の解釈が，論者と読み手とで異なれば，必然的に誤解が生じてしまいます。また，故意かどうかにかかわらず，論者が1つの言葉を2つ以上の意味で使っている場合もあります。情報を正確に理解するためには，その言葉はどのような意味で使われているのかといった定義を理解する必要があります。

　2) 情報の分析　　相手の情報を理解したならば，その情報が確かなものであるかを確認する必要があります。たとえ，根拠があったとしても，その根拠が客観的な事実ではなく，その論者や誰かの意見であれば根拠として弱いものになります。また，事実であっても，それが確かな手続きによって導かれたものかどうか，またどのような情報源から得られたものか等によって，その根拠の確かさを分析します。また，他の可能性はないのか，過度に一般化されてはいないか等，多面的な分析を行ないます。

　3) 推論（inference）　　情報を正しく理解したら，それらの情報に基づき推論を行ないます。推論とは，既にある情報から，新しい情報や結論を導くことです。推論には大きく分けて，**演繹的推論（deduction）**と**帰納的推論（induction）**とがあります。演繹的推論とは，既にある情報（前提）が正しいとするならば，そこからどのようなことが必ずいえるかを導き出す推論です。例えば，**定言的三段論法（categorical syllogism）**のような「すべての人間は死ぬ（大前提）。教祖様は人間である（小前提）。したがって，教祖様は死ぬ（結論）」といったものです。

　一方，帰納的推論とは，複数の個別の事例から，一般法則を導き出す推論です。例えば，「事例1：スズメは空を飛ぶ」「事例2：ツバメは空を飛ぶ」「事例3：キツツキは空を飛ぶ」……といった個別事例から，「したがって，鳥は空を飛ぶ」という一般法則を導くものです。このような推論は，人が概念を学習

したり，科学的な新たな知識を作り上げていくときにも用いられます。この帰納的推論では，大きく2つの検証方法があります。1つは，主張に一致した証拠を集めて，その主張が正しいことを証明する**確証**（confirmation）です。例えば「すべての鳥は空を飛ぶ」という主張を証明するために，世界の様々な場所で鳥類を観察し，鳥Aは空を飛ぶ，鳥Bは空を飛ぶ，鳥Cは空を飛ぶ……と，主張に一致した証拠を示すことによって，それが正しいことを証明しようとするものです。しかしこの場合，そのときの調査で飛ばない鳥が見つからなかっただけで，もしかすると飛ばない鳥が存在するのではないかという可能性を否定できません。このように，個々の事例から一般法則を導く帰納的推論の場合，完全に証明することができないのです。

もう1つの方法は，その主張に一致しない証拠を探し，その主張が正しくないことを証明する**反証**（refutation）です。例えば，飛ばない鳥が1種でも見つかれば，「すべての鳥は空を飛ぶ」という主張が正しくないことをただちに証明することができます。このように，帰納的推論では，個々の事例を挙げて確証を行なっても仮説を完全に証明することはできないという問題がありますが，一方の反証はその仮説が正しくないことを証明することができます。そのため，帰納的推論では反証の可能性を検討しておくことが大切とされています（伊勢田，2003）。

(3) 批判的思考の態度

批判的思考を発揮するためには，能力やスキルがあれば十分という訳ではありません。認知的側面である能力やスキル，そして情意的な側面である態度や傾向性[1]の両輪が必要です（Ennis, 1987）。道田（2001a）では，学生に論理的に誤りのある文章を提示し，それに対する意見を求めました。そして，論理的な誤りをどの段階で指摘できるようになったかを検討したところ，「今まで出てきた文章はすべて論理的に正しいとはいえない」と明示した上で強制的に批判を求めた段階では61.4%であったのに対し，何もヒントを提示しない段階では22.7%でした。つまり，論理的な誤りを指摘できるスキルがあるからといって批判的思考が発揮されるとは限らないということが示されました。

エニス（Ennis, 1987）は，**批判的思考態度**（critical thinking disposition）として，1）明確な主張や理由を求める，2）信頼できる情報源を利用する，3）状況全体を考慮する，もとの重要な問題からはずれないようにする，4）複数の選択肢を探す，5）開かれた心を持つ，6）証拠や理由に立脚した態度をとる，の6つを挙げています。平山・楠見（2004）では，大学生426名に調査を行ない，1）論理的思考の自覚：論理的思考の重要性を認識し，自分自身が論理的な思考を自覚的に活用しようとする態度（例：誰もが納得できるような論理的な説明をしようとする），2）探究心：開かれた心で様々な情報を求めようとする態度（例：生涯にわたり新しいことを学び続けたいと思う），3）客観性：主観にとらわれず客観的に考えようとする態度（例：物事を決めるときには，客観的な態度を心がける），4）証拠の重視：主観ではなく適切な証拠を求めそれに基づき判断しようとする態度（例：結論をくだす場合には，確かな証拠があるかどうかにこだわる）の4因子を見出しています。

また，廣岡ら（2000, 2001）は，そもそも批判的思考を行ないたいと思うかどうかという，批判的思考志向性の重要性を挙げています。そして，情報を鵜呑みにせずじっくり立ち止まって考えるという熟慮的態度も，批判的思考を支えています（楠見・平山，2009）。

知識や学習とはどのようなものかという**認識論的信念**（epistemological beliefs）も，批判的思考との

---

[1] 傾向性とは，ある刺激に対して人がとる性向のことです。批判的思考に関わる傾向性としては，例えば，ある判断をする際に，より多くの情報を求めてじっくり考えるのか（熟慮性），ある程度の情報で早急に結論を出すのか（衝動性）といったことが挙げられます。

関わりが指摘されています（レビューとして，野村・丸野，2012）。例えば，知識とは現実世界を写しとった確かなものであるといった認識論的信念を持つ場合には，批判的思考の必要性を感じないでしょう。また，知識は権威者によって与えられるものではなく，自己努力により学ぶことができるといった信念を持つ場合には，情報を鵜呑みにするのではなく自ら批判的に考えようとする態度も高くなるでしょう（平山・楠見，2010b）。

(4) どうして批判的思考が必要なのか

ここまで，批判的思考とはどのような思考なのかということを紹介してきました。いちいちこんなに考えるなんて，大変だし面倒だ，と思った方もいるかもしれません。確かに，多くの時間や労力が必要ですし，特に批判的思考を行なわなくても，おそらく生きていくことはできるかもしれません。そして，直観的な思考も，生きていくためには非常に重要な思考です。例えば，冷蔵庫の残り物を食べたときに，「味覚的にはとても酸味や苦みが強く，また食感的には若干のぬめりを感じる。この料理は，3日前の晩に作った……」など状況をじっくり熟慮するより，味や食感に違和感を感じた時点で直観的・反射的に出してしまうことが危険の回避につながります。また，これまでの知識や経験を活かし，「この場合にはこうすればいい」と問題解決を行なうことも重要です。

しかし一方で，第2節で紹介するように，人間の思考には様々なクセ（歪みや偏り）があり，直観や知識や経験などから作られた信念に基づく判断では誤ることがあり，自らの思考過程に省察的になる必要もあるのです。

(5) どのようなときに批判的に考えるか

いつでもやみくもに思考をし，そのために認知的資源を割いて疲れてしまって何も行動ができない，というのは適切な批判的思考とはいえません。批判的思考とは，**目標志向的**（goal-oriented）な思考であり，問題解決等，何かのために情報をよく吟味し，判断を行なうための思考です。場合によっては，先に述べたように直観的な判断の方が必要な場合もあり，使い分けることも必要です。

田中・楠見（2007；2012）では，「物事を楽しむ」という目標と「正しく物事を判断する」という目標の場合とでは，批判的に考えるか否かの判断が異なっていました。これは，人は批判的思考を発揮するか抑制するかという使い分けを，目標によって判断していることを示しています。このような使い分けは，批判的思考を発揮するべきかどうかといった**メタ認知**（metacognition）（メタ認知については**第4章**および**第5章**参照）による判断が関わっています。また，批判的思考を適切に発揮するようになるためには，どのようなときに発揮すると有益で，どのようなときに抑制すると不利益があるのかといったメタ認知を身につけることも大切になるでしょう。

また，批判的思考は，情報を正しく理解するためだけではなく，情報を他者に発信するときにも重要です。例えば，レポートを書くとき，発言するとき，インターネットで情報を発信するとき，相手に誤解のないように伝えることができる構造になっているのか，発信しようとしている情報の根拠は確かか，隠れた前提はないのかなどを考えることが重要です。情報を理解するとき，そして発信するときの両方で批判的思考を働かせることによって，双方の誤解を回避し，適切なコミュニケーションを築くことができます。

2. 様々な思考のクセ（思考のバイアス）

（1）明確化におけるクセ

　まず，情報が何を問題としているのか，何を主張しているのかを明確にする段階でも，その人の思い込みに従って理解してしまうことがあります。平山・楠見（2004）では，「環境ホルモンは人体に悪影響を及ぼす」という信念を持つ学生に対して，「悪影響がある」「影響は不明である」の2種類の情報文を提示しました。そして，それぞれの情報がどのような主張をしているのかについて回答を求めたところ，「悪影響がある」という情報文については93.2%が主張を正しく理解していたのに対して，「影響は不明である」という情報文についての正答率は66.2%であり，32.5%が主張を誤って理解していました。

　また，情報の構造の明確化においても歪みが生じることがあります。主張（結論）や根拠を明確にしたとき，その根拠が実は主張を支えていないにもかかわらず，それが自分の信念と照らし合わせてもっともらしい場合に，その結論を妥当だと判断してしまうことがあります。例えば，次の三段論法が妥当であるか考えてみてください。「すべての哺乳動物は歩く（大前提）。鯨は哺乳動物である（小前提）。したがって，鯨は歩く（結論）」。この結論は妥当ではない，と考えた方はいないでしょうか。そう，みなさんがご存知のとおり，鯨は海に住む生き物で，陸上や海底を歩くのではなく水中を泳いで生活しています。しかし，もう一度考えてみましょう（図6-3）。

　この論証を評価すると，結論は妥当です。しかし，先ほどの定言的三段論法では妥当であると正しく判断できた人，つまり構造を明確にし，論理的に考える力がある人であっても，この鯨の三段論法では誤って判断してしまう人が増えるのです。このように，論理構造よりも，自分の既有知識や信念と照らし合わせてその主張（結論）がもっともらしいかどうかで，妥当性を評価してしまう傾向があります。これを**信念バイアス（belief bias）**といいます。

　ところで，みなさんは，次の会話中のBさんの考えにどのくらい同意しますか？　1）A「Xは喫煙者だよ」，B「Xは肺がんになりやすいんだろうな」，2）A「Xは競争社会だよ」，B「Xは理想的な社会なんだろうな」。これは，田中・楠見（2012）の実験で用いられた材料です。2つの会話においてBさんの考えが正しいといえるためには，1）「喫煙者は肺がんになりやすい」，2）「競争社会は理想的な社会である」という前提が必要なのですが，この会話中には示されていません。したがって，論理的に判断すると，同意できるかどうかは，どちらの会話でも同程度になるはずです。しかし実験では，示されていない大前提，つまり**暗黙の前提（隠れた前提）（implicit assumption）**が，あらかじめ実験参加者が持っている信念と合致している場合には，同意する度合いが高くなっていたのです（この場合2）より1）のほうが同意の度合いが高かったです）。なお，このような大前提が示されていない三段論法を，**省略三段論法（enthymeme）**といいます。

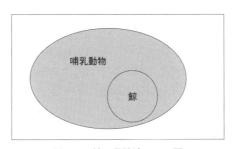

図6-3　鯨三段論法のベン図

(2) 情報の分析におけるクセ

　主張の根拠を分析し，その確かさを判断する際にも，歪みが生じることがあります。前に述べたように，帰納的推論では，主張に合致しない事例を検討し，反証を行なうことが大切であり，反証が行なわれていない場合，その根拠は完全なものとはいえません。しかしながら，人は主張を論証するときに，反証ではなく確証を行なおうとする傾向があります。これを**確証バイアス（confirmation bias）**といいます。

　読み手側にあらかじめ主張や仮説がある場合，主張や信念と一致する情報，いわゆる確証するための情報に注目し，一方，主張と一致しない情報や矛盾した情報，つまり反証するための情報には注目せず，他の可能性の検討には目が向かないという傾向があります。また，集めた証拠を評価する段階でもこの確証バイアスは生じます。ロードら（Lord et al., 1979）は，死刑の犯罪抑止効果に関しての2種類のレポートを用意しました。レポートは，一方は犯罪抑止力を支持する証拠を含んでおり，もう一方は，抑止力を否定する証拠を含んでいました。それらの2種類のレポートを，死刑制度は廃止すべき，または死刑制度は存続すべきという信念をもつ者に対して提示したところ，自分の信念と一致する立場を支持する根拠をより高く評価する傾向が見られました。そして，自分の信念とは矛盾するレポートに関しては，その研究の欠点をより多く指摘し，より厳しく検討するといった傾向が見られました（**研究①**参照）。

　このように，自分の主張や信念を確証する情報は良い情報で重要であると，根拠としての価値を高く評価するのに対して，自分の主張等を反証するような情報は，良い情報ではなく重要ではないと，根拠としての価値を低く評価する傾向があります。

　また，たとえ専門家が述べていることであっても，それは事実ではなく，その人の意見である場合や，論理的に妥当ではないことを述べていることもあるため，情報を分析することが必要です。しかし，情報源の信憑性によって，情報の問題点を指摘できるかどうかに違いが見られます（田中，2009）。同じ論理的な誤りを含む文章であっても，大学生が書いたレポートとして提示した場合よりも，大学の先生や医者などの専門家が書いたものだと提示した場合には，問題の指摘が減少していました。

(3) 推論におけるクセ

　1) 確率（probability）推論　その主張が正しいかどうかを判断するときにも，意思決定を行なうときにも，その事象がどれくらいの頻度や確率で起こるのかと考えることが，大きく影響します。例えば，空を飛ぶ鳥を2種見たときよりも，100種見たときのほうが「鳥は空を飛ぶ」という主張についての確信度は高くなるでしょう。また，移動を車にするのか新幹線にするのか飛行機にするのかは，それぞれの事故がどれくらいの確率で起きると考えるかによって，どれを選ぶのかは異なってくるでしょう。このように，人の行動は確率に大きく影響されますが，確率判断にも歪みが生じることがあります。

　トベルスキーとカーネマン（Tversky & Kahneman, 1973）は，3文字以上の英単語の中で，rが出てくるのは1文字目と3文字目のどちらのほうが多いと考えるかをたずねました。その結果，多くの実験参加者が，1文字目の方が多いと答えました（実際に多いのは3文字目です）。多くの参加者が1文字目と答えた原因として，1文字目にrが出てくる単語のほうが，3文字目に出てくる単語よりも多く思い出せたためではないかと解釈されました。つまり，多く思い出すことができたということは，おそらく多く存在すると判断したと解釈されたのです。

　このように，すぐに利用することができる情報がどれだけあるかに基づいてその確率を直観的に判断することを，**利用可能性バイアス（availability bias）**と呼びます。これは，ある場合においては有効な

心理学研究の紹介①

ロードら（Lord et al., 1979）は，複雑な社会問題に対してあらかじめ強い主張を持っている人々は，対立する情報に触れると，自分の主張を確証する証拠を受け入れ，どちらの情報であっても事前態度を強める傾向があることを示しました。

死刑に対しての態度を測定し，死刑には犯罪を抑止する効果があり賛成という信念を持つ者，死刑による犯罪抑止効果は疑わしく反対という信念を持つ者に対して実験を行ないました。実験では，死刑による犯罪の抑止力について，効果的とする情報，効果的でないという情報が書かれたカードをそれぞれ10枚ずつ提示しました（表6-1）。カードを1枚読むごとに，死刑制度に対する態度がどの程度変化したか，死刑が犯罪の抑止力があるという信念がどの程度変化したか答えました。そして，すべてを読み終わった後の総合的な変化をたずねました。次に，各情報の詳細を提示し，各研究がどの程度良いものと思うか，死刑の犯罪の抑止力についてのどの程度確かな証拠と思うか，どうしてそのように判断したかについて回答しました。

その結果，事前態度と反対の情報については，良くない研究で，死刑の犯罪抑止力についての結論を確かにするような情報ではないと判断されました。また，研究の詳細を読んだ後，提示された情報が事前態度と一致する情報，不一致の情報にかかわらず，事前の態度を強めていることが分かりました。

表6-1 実験で提示された死刑制度の犯罪抑止力についての情報例

	情報例
抑止効果あり	クローナーとフィリップス（1977）は，14の州で死刑を導入する前の年と後の年との殺人事件発生率を比較した。14州のうち11州で，死刑を導入した後のほうが，殺人率が低くなっていた。このことは，死刑に抑止効果があるということを示している。
抑止効果なし	パーマーとクランドル（1977）は，死刑制度が異なっている隣り合う2つの州10組について，殺人事件発生率を比較した。10組のうち8組では，死刑制度がある州のほうが殺人事件発生率が高くなっていた。このことは，死刑による犯罪抑止効果に反するものである。

判断方法であり，正解を導くこともあります。しかし，もしかすると，そのときに利用できなかった情報の中には多くの事例があり，実際にはもっとその確率が高いこともあるのです。また，これだけ思い出しやすい情報がたくさんあるのだから他にも多くの事例が存在していて，確率はきっと非常に高いだろうと判断したものの，実際には利用できた情報がすべての事例であり，判断したよりもずっと確率が低いということもあります。

2）原因（causal）推論 ある出来事が別の出来事の原因かどうかを考える規準としては，1) その出来事が共変（covariant）関係にある（相関している），2) 原因が先で結果が後に生じているという時間的順序関係，3) もっともらしい他の原因を排除できるといった3つのことが挙げられます（Zechmeister & Johnson, 1992/ 宮本ら訳, 1996）。例えば，酵素を飲むと体重が減少し，かつ酵素を飲む前よりも飲んだ後で体重が減少した，などです。もし，酵素を飲んでも体重が減少しない，体重は減少したけれども酵素は飲んでいないといった共変関係がなければ，両者の間に因果関係があるとはいえません。また，痩せた後に酵素を飲んだのではなく，酵素を飲んだ後に痩せたという順序でなくては，酵素が原因とはいえません。そして，酵素を飲む以外にご飯やお菓子を食べるのを控えたり，普段より多く運動をしたといった他のもっともらしい要因を排除した場合にも痩せたということを示せなくてはなりません。

ただし，2つの出来事が共変していたからといって，必ずしも因果関係があるとはいえません。また，時間的順序関係を見誤ってしまう場合もあります。例えば，「暴力的な番組をよく見る子どもは，攻撃的である」という主張があったとしても，暴力的な番組を見た結果攻撃的になった，攻撃的な子どもが結果的に暴力的な番組をよく見るようになった，という2つの可能性が考えられます。さらに，本当は他の出来事が第三変数として存在しているにもかかわらずその存在に気づかず，関係のない2つの出来事の間に関係性を見出してしまうこともあります。例えば，酵素を飲んだ以外に，同時に食事制限を行なっていたとしたら，痩せたことの原因は，本当に酵素を飲んだことかどうかは分からなくなります。このように，本当は無関係な2つの変数の間に誤って関係性を見出してしまうことを，**錯誤相関**（illusory correlation）といいます。また，あらかじめ持っている主張や信念などにより，先に紹介した確証バイアスや利用可能性バイアスが生じることで，誤った相関を見出してしまうこともあります。

3. 批判的思考研究が行なわれる文脈

(1) 様々なバイアスと批判的思考

第2節で紹介したような思考における様々なバイアスの回避には何が関わるのかについて，スタノヴィッチをはじめとする研究者たちが，多くの研究を行なっています。例えば，学力，言語能力，**ワーキングメモリ**（working memory）（**第7章**参照）などの認知能力や，開かれた心などの傾向性と，多くのヒューリスティックやバイアスのテストを実施し，それらの得点との相関や回帰分析の結果から，それぞれの関連を検討し，認知モデルを検討しています（Stanovich & West, 2008）（**研究②**参照）。また，認知能力や傾向性の他に，省察する力を測定するテストを実施し，その得点が認知能力テスト得点や傾向性尺度得点よりも，様々なヒューリスティックやバイアスを乗り越えることを予測するとも示唆しています（Toplak et al., 2011）。

また，現実世界でのトピックを使用した課題を用いて，日常に近い形で批判的思考を検討する試みもなされています。例えば，原発の是非などのように，一面的な主張がある問題だけではなく，2つ以上の見解があるような議論は数多くありますが，適切な結論を導くためには，そのトピックについてのもともとの信念によるバイアス（信念バイアスや確証バイアス）等を回避し，それぞれの情報を正しく理解，評価し，推論する必要があります。

カーダッシュとスコールズ（Kardash & Scholes, 1996）では，AIDSとHIVとの関係性について，対立した2つの主張についての文章および証拠を提示しました。そして，それらを読ませた後，トピックに対する結論を生成させ，その結論の明確さの度合いにより分類し，批判的思考を測定しました。その結果，確かな知識の存在があるという認識的信念を持つ人ほど極端な結論を導く傾向があり，認知欲求が高く認知的に複雑な課題を行なうことを楽しむ傾向にある人は，証拠を適切に捉えた結論を書く傾向が見られました。

また，結論生成プロセスとそこに関わる要因に関する研究も行なわれています。平山・楠見（2004）では，「環境ホルモンは人体に悪影響を及ぼす」という信念を持つ学生に対して，「悪影響がある」「影響は不明である」の2種類の情報文を提示し，環境ホルモンが人体に及ぼす影響についての結論を生成させました。その結果，事前信念にとらわれず適切な結論を導くためには，信念と不一致な情報の価値を低めたりせず正しく受け入れることが重要であり，それには批判的思考態度の探究心が関わっていることが示されました（**研究③**参照）。

心理学研究の紹介②

スタノビッチら (2008) は，多くの思考のバイアス課題（表6-2）と認知能力との関係を検討しました。認知能力は大学進学適性試験（SAT ; Scholastic Assessment Tests）の得点の自己報告によって測定しました。その結果，連言錯誤課題などの多くの課題では，認知能力との関係が見られませんでした。しかし，信念バイアス課題などいくつかの課題には関係が見られました。これらの結果から，バイアス課題に取り組む際，どのようなタイプの課題でヒューリスティックな判断を行なうか，それともアルゴリズム的な判断を行なうか[注] に対して，認知能力による個人差がどのように現れるかを示しました。

表 6-2 思考バイアス課題例

連言錯誤課題	まず，「リンダは 31 歳，独身，率直な意見を言い，とても聡明です。彼女は，哲学を専攻していました。学生のとき，彼女は差別問題や社会の公平性に深く関心をもち，反核デモにも参加しました」という文章を読みます。そして次のことがらがどの程度起こり得るか，6 段階で評定します。①リンダは小学校教員である。②リンダは書店で働きヨガ教室を受講している。③リンダは銀行の出納係である。④リンダは銀行の出納係であり，フェミニスト運動の活動家である。①②は全員が回答し，そして③または④の合計 3 つについて評定します。そして，③と④の評定値を比較し，③より④の評定値が高い場合に，連言錯誤が見られたと考えます。
信念バイアス課題	すべての前提が正しいと仮定した上で，結論が妥当であるか否かを判断します。結論には，信念と不一致（例：すべての花は花びらをもつ。バラは花びらを持つ。したがって，バラは花である・・・非妥当），信念と一致（例：すべての魚は泳ぐ。マグロは魚である。したがって，マグロは泳ぐ・・・妥当），中立（例：すべての「opprobines」は電気で走る。「Jamtops」は電気で走る。したがって，「Jamtops」は「opprobines」である・・・非妥当）の 3 種類があります。各正答率を比較し，信念と不一致課題の正答率が低い場合には，信念バイアスが見られたと考えます。

注) アルゴリズムとは，問題解決などの際に，この手順をふめば必ず正解にたどり着くという規範的で分析的なやり方のことです。ただし，多くの認知資源や時間を費やさねばならないことがあります。それに対して，ヒューリスティックとは，簡便法とも呼ばれる直感的なやり方のことです。認知資源や時間を節約することができますが，誤った答えを導き出す場合もあります。

(2) 高次リテラシーと批判的思考

批判的思考は，**高次リテラシー**[2] (higher-order literacy) を支えると考えられています（楠見，2011）。特に，超常現象や代替医療を含む疑似科学，様々なリスク認知との関係が検討されています。

例えば上市・楠見（2006）は，環境ホルモンのリスク認知に対して，批判的思考態度や情報リテラシーがどのように関わるかを検討しました。その結果，批判的思考態度の証拠を重視する態度は，マスメディアへの接触量を高め，それにより日常生活で環境ホルモンが関わりそうなものを使用すること（調査項目例：カップ麺やカップ味噌汁は便利だ）によるメリットを感じることが薄くなり，リスク回避行動をとることに影響を及ぼしていました。また，批判的思考態度の探究心は，情報を求めることを介し，行政への要望に影響して，リスク回避行動を高めていることが示されました。

また，学問・研究リテラシーと批判的思考との関わりも検討されています。例えば，よき学習者そし

---

2) リテラシーとは，もともとは母語の読み書き能力やコミュニケーション能力のことでした。現在では対象が拡張され，様々な「○○リテラシー」があります。高次リテラシーとは，基本的な読み書きであるリテラシーに加えて，高度な専門知識と批判的思考に基づく読解能力，コミュニケーション能力のことです。

心理学研究の紹介③

平山・楠見(2004)では,批判的思考態度尺度を構成し,「環境ホルモン(内分泌かく乱化学物質)が,人体に悪影響を及ぼすか」という,科学的には十分解明されていないトピックを使用して,批判的思考態度が対立する情報から結論導出のプロセスにおける信念の影響の回避に対し,どのように関わっているかを検討しました。

まず,尺度によって,環境ホルモンが人体に悪影響を及ぼすという信念の有無,環境ホルモンに関する知識を測定しました。そして,批判的思考課題,批判的思考態度尺度を実施しました。課題では,環境ホルモンは人体に悪影響を及ぼすという立場,悪影響を及ぼすということは明確ではないという立場それぞれを支持する文章を,2つの研究グループの別々の報告書として提示しました(表6-3)。そして,(a)環境ホルモンが人体に及ぼす影響についての結論を生成する課題,(b)各報告書の主張の理解を測定する課題,(c)結論の根拠を説明する課題,(d)結論を生成する際に着目した証拠を報告する課題を実施しました。

その結果,適切な結論の導出には,証拠評価段階が影響しており,批判的思考態度の1つである「探究心」が情報評価段階での信念バイアスの回避に影響していることが分かりました。

表6-3 批判的思考課題において提示された情報例

	情報例
影響あり情報	環境ホルモンによる生体への影響として,魚類,は虫類,哺乳動物といった野生生物の生殖機能異常,孵化能力の低下など多数の報告がある。……(中略)……これは卵の孵化率が18%と低下し,さらにテストステロン(男性ホルモン)濃度の低下により正常な性行動が行なわれないためであることが明らかになった。
影響不明情報	ダイオキシンの毒性がどのように現れるかは,動物種によって大きく異なる。……(中略)……環境ホルモンが及ぼす影響を動物実験から人に適用する際には,人と動物における影響の共通性と違いを明確にしておかねばならない。

て研究者となっていくためには,学術論文を読み解き新たな知見を得るとともに,そこに潜む問題を発見し,さらに研究を発展させていく力が必要となります。心理学専攻の学生の心理学論文の批判的な読み(沖林, 2003, 2004),経済問題について原因などの推論や議論の質の評価(Furlong, 1993)など,学問リテラシーを支える批判的思考も検討されています。

藤木・沖林(2008)は,学生の専攻領域に関する知識と批判的思考態度の関係を検討しています。1年次の心理学専攻の学生に対し,批判的思考態度尺度を実施し,前期の授業開始直後および前期授業終了直前に,心理学の方法論についてどのようなものだと考えているかを調査しました。そして,授業開始直後の調査で,心理学の方法論における客観性を重視していた学生と,そうでない学生との批判的思考態度の違いを検討しました。その結果,客観性を重視していた学生は,そうでない学生より批判的思考態度が高く,また入学後3ヵ月の間で「論理的思考の自覚」および「客観性」の変化量が多い傾向が見られました。

(3) 批判的思考をどう教育するか

批判的思考の性質に関する研究だけでなく,どのように批判的思考力を育むのかという教育に関する研究は,批判的思考研究の中で大きな位置を占めています。なぜなら,批判的思考は,第2節のような

思考研究の知見を利用し，どうしたらよりよい思考ができるようになるかを考える処方理論でもあるからです（道田，2001b）。批判的思考教育には，それが行なわれる教科と方法という観点から，大きく分けて4つのアプローチがあります（楠見，2014）。

1）ジェネラル（general：汎用）アプローチ　領域普遍的で転移[3]が可能な批判的思考スキルを，批判的思考に特化した教育において，明示的に教える方法です。例えば，初年次教育などの学問リテラシー教育や論理学教育，「批判的思考」の名称を付けたような科目で行なわれています（林・山田，2012；楠見ら，2012；武田ら，2006；若山，2009）。

2）インフュージョン（infusion：導入）アプローチ　批判的思考を教えることを目的にした教科ではなく，専門分野の教育において，批判的思考のスキルなどを明示的に教える方法です。

3）イマージョン（immersion：没入）アプローチ　批判的思考スキルを明示的に教えなくても，教科や専門の学習内容に深く没入することを通して，それらの科目を批判的に考えながら学ぶことで批判的思考スキルを獲得することを目指す方法です。

4）混合（mixed）アプローチ　1）から3）の3つの方法を複数組み合わせて行なう方法です。

これらのどのアプローチを行なうかは，批判的思考が転移可能な思考であると捉えるのか否か，どのような思考力を学習者に身に付けてもらいたいのかといった観点によっても異なってきます。例えば，転移しないものとして捉えるならば，ジェネラルアプローチは使用しないでしょう。また，その専門科目においての「良き学習者」を目指すのであれば，イマージョンアプローチでよいでしょう。

また，大学での経験が批判的思考の向上につながっているかを検討した研究もあります。道田（2003）では，学生が大学1年次に取り組んだ批判的思考課題に，4年次に再び取り組んでもらいました。その結果をもとにインタビューを行い，考えの変化にどのような経験が影響したのかを挙げてもらいました。その結果，卒業論文，友人関係等，大学での教育経験の他にも多様な経験が影響することが示されました。

また，20代から60代の一般市民1,500名に，批判的思考態度の調査を行なったところ，最終学歴が大学院，大学，その他の順に態度が高くなっており，中学，高校，専門学校の間には差が見られませんでした（楠見・平山，2009）。このことは，大学，大学院生活を通じての批判的思考態度の向上，またはその後の生活の中での態度の向上に違いが見られる可能性を示唆しています。

4. まとめと今後の展望

本章では，批判的思考について，人間の思考の傾向の研究とともに紹介してきました。人間は，いつでもどこでも情報を正しく分析し理解し，そして判断している訳ではありません。まず，人間には，信念や思い込みによって情報を歪めて理解し判断する傾向がある，そういった生き物であるということを理解し受け止めることが必要です。「そんな思い込みによる判断なんて，一部のウッカリな人がするだけじゃないの？　私は大丈夫！」と思うのではなく，誰にでもそのような可能性があり，自分もまたそのような人間であることを認め，そして意識的に，開かれた心を持って正しく情報を理解し適切に判断を行なうために批判的に考えることが重要なのです。

その批判的思考力は，知識やスキル，そして態度によって支えられています。自分が深く関わる専門

[3) 転移とは，前に学習したことがその後の学習に影響を及ぼすことです。前の学習内容がその後の学習にプラスに働く正の転移と，マイナスに働く負の転移があります。正の転移は，例えば「論理学」で学ぶことによって，その後の卒論ではスムーズに論理的な文章が書けるようになる，などです。

領域の情報を読み解き，考え，学ぶ力をつける，一義的には決められない複雑で論争的な問題の解決，科学的情報を正しく読み解き判断する，これらのことに批判的思考は必要となります。批判的思考は，情報化，グローバル化により複雑化した社会において，多種多様な人々と出会い相互に理解し，より良く生きていくために重要な思考です。人間の思考，批判的思考の性質を理解し，批判的思考力を育んでいくために，さらに次のことがらについての検討が求められるでしょう。

　第1に，批判的思考の測定尺度の作成です。第1節で紹介したように，いくつかの批判的思考スキルテストが存在しています。しかし，特に批判的思考スキルを多面的に測定することのできる日本語版のスキルテストは非常に限られています。また，批判的思考態度尺度は，本人の自己報告による尺度であり，客観的な測定法は確立されていません。これらの尺度を充実させることは，批判的思考の性質の解明にも，批判的思考教育の効果測定にも必要でしょう。

　第2に，批判的思考の発達段階の検討です。批判的思考を育む教育は，これまで，大学教育における研究が多く行なわれてきました。しかし，批判的思考に関する教育は，高等教育からで本当によいのでしょうか。また逆に，早期に教育を始めればいいというものでもないでしょう。近年，高校や中学校，小学校でも実践研究が行なわれてきていますが，どの発達段階でどのような介入を行なうことが効果的なのかについて検討していくことも重要です。

　第3に，批判的思考が発揮されやすいコミュニティづくり，それぞれの文化に適した批判的思考の検討です。元吉（2011）は，他者の存在を想定する必要がある状況での批判的思考「社会的クリティカルシンキング」の重要性を述べています。例えば「批判的思考力が高い人＝つめたい人＝社会的には望ましくない人」というイメージがある社会では批判的思考の志向性が高まらず，教育効果も上がりにくいでしょう。また，過度な一般化に対する批判的発言を聞いた受けた相手が落胆した場合，その後の批判的発言がなされにくい傾向が見られています（沖林，2006）。批判的思考教育を実践する際は，まずは，批判的思考について正しく理解してもらえるよう心掛けることが大切ですし，批判的に考えることで良いことがあったという経験を仕組むことも必要となるでしょう。また，個人にのみではなく，どのようなコミュニティが批判的思考を支えるのかといった集団に焦点を当てることも必要です。また，認知に文化差があるように（**第11章参照**），それぞれの文化に適した批判的思考について考えていくことも大切でしょう。

　第4に，批判的思考の支援のツールの開発です。一人一人が何の援助もなく，批判的思考ができ，適切な判断ができるようになれば，それが理想的です。しかし，批判的思考が高くない人はダメということではなく，そのような場合にも適切な判断ができるよう支援することも，より良い社会を築くためには大切な視点ではないでしょうか。

　さて，みなさんは，どのような態度をもって本章を読まれたでしょうか。本章に限らずその他の章についても，「へー，そうなんだー」と鵜呑みにするだけではなく，これからの学習や人生に役立てるべく「実験の詳しい手続きは？」「本当にそうなるの？」「他の見方はないのかな？」「こういう場合はどうなのかな？」等々，批判的に考えながら読み進めていただければ幸いです。

📖 読書ガイド

菊池　聡・谷口高士・宮本博章（編著）(1995).不思議現象 なぜ信じるのか——こころの科学入門　北大路書房

　思考をはじめ，様々な領域における心理学の知見が，なぜ人は不思議現象を信じてしまうのかということに絡めて，分かりやすく紹介されています。まずは，様々な認知の性質を知りたいという方にお薦めです。

ゼックミスタ, E. B.・ジョンソン, J. E.（著）宮本博章・道田泰司・谷口高士・菊池　聡（訳）(1996).クリティカルシンキング　入門篇　北大路書房

　特に，様々な思考の落とし穴に焦点を当てて，その知見を紹介するとともに，クリティカルに考えるための基本事項が日常での出来事に絡めて分かりやすく紹介されています。

楠見　孝・道田泰司（編）(2015).ワードマップ批判的思考：21世紀を生きぬくリテラシーの基礎　新曜社

　批判的思考について，心理学，哲学，神経科学などに基づき，概念など基礎から，学校教育での教授法，批判的思考の活用場面まで様々な観点から学ぶことができます。

引用文献

Ennis, R. H. (1987). A taxonomy of critical thinking dispositions and abilities. In J. B. Baron & R. J. Sternberg (Eds.), *Teaching thinking skills: Theory and practice* (pp. 9-26). New York: W. H. Freeman.

藤木大介・沖林洋平 (2008). 入学後3ヶ月間の大学教育を通じた批判的思考態度の変化：新入生がもつ専攻領域に関する知識の影響　日本教育工学会論文誌, **32**, 37-40.

Furlong, P. R. (1993). Personal factors influencing informal reasoning of economic issues and the effect of specific instructions. *Journal of Educational Psychology*, **85**, 171-181.

林　創・山田剛史 (2012). リサーチリテラシーの育成による批判的思考態度の向上：「書く力」と「データ分析力」を中心に　京都大学高等教育研究, **18**, 41-51.

平山るみ・楠見　孝 (2004). 批判的思考態度が結論導出プロセスに及ぼす影響：証拠評価と結論生成課題を用いての検討　教育心理学研究, **52**, 186-198.

平山るみ・楠見　孝 (2010). 日本語版認識論的信念の尺度構成と批判的思考態度との関連性の検討　日本教育工学会論文誌, **34**, 157-160.

廣岡秀一・小川一美・元吉忠寛 (2000). クリティカルシンキングに対する志向性の測定に関する探索的研究　三重大学教育学部研究紀要, **51**, 161-173.

廣岡秀一・元吉忠寛・小川一美・斎藤和志 (2001). クリティカルシンキングに対する志向性の測定に関する探索的研究（2）　三重大学教育実践総合センター紀要, **21**, 93-102.

伊勢田哲治 (2003). 疑似科学と科学の哲学　名古屋大学出版会

Kardash, C. M., & Scholes, R. J. (1996). Effects of preexisting beliefs, epistemological beliefs, and need for cognition on interpretation of controversial issues. *Journal of Educational Psychology*, **88**, 260-271.

楠見　孝・平山るみ (2009). 市民の食品リスクリテラシーの構造：学歴と批判的思考態度の影響　日本心理学会第73回大会発表論文集, 86.

楠見　孝・平山るみ・田中優子 (2012). 批判的思考力を育成する大学初年次教育の実践と評価　認知科学, **19**, 69-82.

楠見　孝・子安増生（監修）(2010). Critical Thinking：情報を吟味・理解する力を鍛える　ベネッセコーポレーション

楠見　孝 (2011). 批判的思考とは：市民リテラシーとジェネリックスキルの獲得　楠見　孝・子安増生・道田泰司（編）　批判的思考力を育む：学士力と社会人基礎力の基盤形成　有斐閣　pp.2-24.

楠見　孝 (2014).「批判的思考力」と学校教育　IDE-現代の高等教育, **560**, 23-27.

Lord, C. G., Ross, L., & Lepper, M. R. (1979). Biased assimilation and attitude polarization: The effects of prior theories on subsequently considered evidence. *Journal of Personality and Social Psychology*, **37**, 2098-2109.

道田泰司 (2001a). 日常的題材に対する大学生の批判的思考：態度と能力の学年差と専攻差　教育心理学研究, **49**, 41-49.

道田泰司 (2001b). 批判的思考：よりよい思考を求めて　森　敏昭（編）　おもしろ思考のラボラトリー：認知心理学を語る3　北大路書房　pp.99-120.
道田泰司 (2003). 大学生の思考は何によって影響を受けるか？　琉球大学教育学部紀要, **62**, 147-153.
元吉忠寛 (2011). 批判的思考の社会的側面：批判的思考と他者の存在　楠見　孝・子安増生・道田泰司（編）　批判的思考力を育む：学士力と社会人基礎力の基盤形成　有斐閣　pp.45-65.
野村亮太・丸野俊一 (2012). 個人の認識論から批判的思考を問い直す　認知科学, **19**, 9-21.
沖林洋平 (2003). 文章内容に対する熟達度が学術論文の批判的な読みに及ぼす影響　読書科学, **47**, 150-159.
沖林洋平 (2004). ガイダンスとグループディスカッションが学術論文の批判的な読みに及ぼす影響　教育心理学研究, **52**, 241-254.
沖林洋平 (2006). 日常的会話場面における発話者に対する共感度と批判的思考の関係：会話文を用いての検討　広島大学大学院教育学研究科紀要, **55**, 19-24.
Stanovich, K. E., & West, R. F. (2008). On the relative independence of thinking biases and cognitive ability. *Journal of Personality and Social Psychology*, **94**, 672-695.
武田明典・平山るみ・楠見　孝 (2006). 大学初年次教育におけるグループ学習と討論：クリティカル・シンキング育成の試み　筑波大学学校教育学会誌, **13**, 1-15.
田中優子・楠見　孝 (2007). 批判的思考の使用判断に及ぼす目標と文脈の効果　教育心理学研究, **55**, 514-525.
田中優子 (2009). 批判的思考の促進・抑制に及ぼす論法のタイプ，外的要求，情報ソースの信憑性の効果　日本教育工学会論文誌, **33**, 63-70.
田中優子・楠見　孝 (2012). 批判的思考パフォーマンスに及ぼす目標，暗黙の前提に対する信念および能力の影響　認知科学, **19**, 56-68.
Toplak, M. E., West, R. F., & Stanovich, K. E. (2011). The cognitive reflection test as a predictor of performance on heuristics and biases tasks. *Memory & Cognition*, **39**, 1275-1289.
Tversky, A., & Kahneman, D. (1973). Availability: A heuristic for judging frequency and probability. *Cognitive Psychology*, **5**, 207-232.
上市秀雄・楠見　孝 (2006). 環境ホルモンのリスク認知とリスク回避行動　認知科学, **13**, 32-46.
若山　昇 (2009). 大学におけるクリティカルシンキング演習授業の効果：クリティカルシンキングに対する志向性と認知欲求の変化から　大学教育学会誌, **31**, 145-153.
Zechmeister, E. B., & Johnson, J. E. (1992). *Critical thinking: A functional approach*. Pacific Grove, CA: Brooks/Cole. (宮本博章・道田泰司・谷口高士・菊池　聡（訳）(1996). クリティカルシンキング　入門編　北大路書房)

7 発　達
他者の心の理解の発達

　ここまでの章で，人間の認知は実に多様で面白いものであることを知っていただけたと思います。しかし，これらは主として大人を対象とした研究から分かってきたことでした。では，そのような認知能力は，いつ頃どのように獲得されたものなのでしょうか。本章では，時間軸による変化の視点を入れて，認知の発達的側面を見ていくことにしましょう。ここでは，特に，目に見えない「他者の心」を子どもがいつ頃からどのように理解しているのかに焦点を当てて，認知心理学的研究を紹介していきます。

1. 他者の心の理解

(1)「心の理論」と誤信念課題

　下のマンガで，4コマ目は空欄です。ここにはどのようなシーンが入ると思いますか？

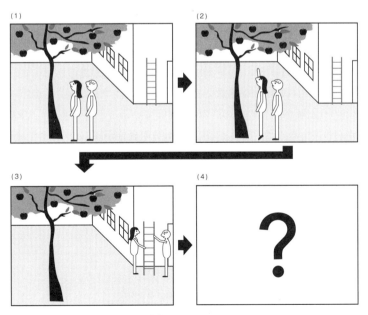

図 7-1　心の理論に関する課題（Sebastian et al., 2012 を改変）

図7-2　図7-1の4コマ目の例（Sebastian et al., 2012を改変）

　多くの方が，「梯子を使って，木の上の果物を取っている場面」を思い浮かべたことでしょう（図7-2）。冷静に考えれば，3コマ目で梯子を手にとったからといって，次に必ず「梯子を使って，木の上の果物を取っている場面」になるとは限りません。例えば，「なかなか取れない果物をあきらめて帰ろうとしたら，梯子が邪魔だったので撤去しようとした」と考えられなくもありません。にもかかわらず，多くの人は直観的に図7-2のような場面を思い浮かべてしまいます。果物を取ろうとする人（他者）の「意図」を無意識に読みとってしまうからです。

　このように，ある行動に対して，「しようとする」（意図），「思っている」（信念），「知っている」（知識）といった心の状態（mental states）を想定して理解する枠組みのことを**心の理論**（theory of mind）と呼びます（Premack & Woodruff, 1978）。私たちは「自分がこう言ったら，相手はこう感じるはず」とか「相手がそう言うからには，こうしたいのだろう」といったことを考えながら，他者とコミュニケーションをとっています。つまり，私たちは心の働きについて様々な知識を身につけており，それを使って相手の行動を考えます[1]。こうした枠組みや知識は，日常経験を通してある程度の一貫した体系をなしていることから，このような知識のまとまりに「理論」という言葉が使われているのです[2]。

　心の理論は，大人にとっては当たり前のことかもしれません。しかし，幼児と遊ぶと，自分の経験したことや知っていることを次々と話してくれますし，「かくれんぼ」をすると，お尻が丸見えなのに自分では隠れたと思い込んでいることがあります。その様子は微笑ましくもありますが，幼児は他者の考えていることや感じていることに注意が向いていないことが分かります。心の理論がうまくはたらいていないのです。そこで，心の理論が何歳頃から発達するのかという問題意識が興味深いものとなるのです。

　それでは，どうすれば心の理論の発達を調べることができるのでしょうか。例えば，女の子が人形をカゴに入れて，出かけたとします。その後，「女の子はカゴの中に何があると思っているかな？」と子どもにたずねて，「人形」と答えられるかを確認するのも1つの方法でしょう。しかし，この手続きでは不十分です。「人形」という正解が，「女の子の心の中（考えていること）」を推測して答えたからではなく，単に「子ども自身が知っていること」を答えただけという可能性が残るからです。そこで編み出された方法が次の課題です（図7-3）。

---

1) 女の子が人形をカゴに置いて出かける
2) 男の子が人形をカゴから，箱に移す
3) 女の子が戻ってくる

[1) 心の理論のコアな部分は多くの人で共通ですが，知識のまとまりの程度には個人差もあるでしょう。心の理論のはたらきが弱い場合もある（例えば，自閉症の場合）ことも知られています（第8章参照）。
[2) 心理学では，このような知識のまとまりを**素朴理論**（naive theory）と呼びます。子どもは4～5歳頃には，「素朴物理学」「素朴生物学」「素朴心理学（＝心の理論）」の3つの素朴理論を持つと考えられています（稲垣, 1996）。

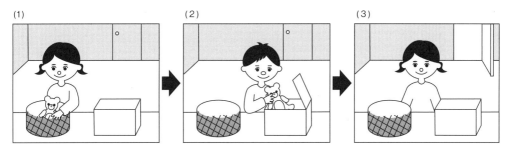

図 7-3 誤信念課題

このお話を子どもに聞かせたあと,「女の子は,人形がどこにあると思っているかな(人形を探すのはどこかな)?」と尋ねます(テスト質問)。女の子が知らない間に,人形の場所が変わることで,「女の子の考えていること」と「子ども自身が知っていること」を分離して,それぞれ別の答えを導くように工夫されています。そこで,今存在する「箱」ではなく,女の子が最初に置いた「カゴ」と答えると,女の子の心の状態を正しく推測できたことになるのです。本当は箱の中に人形があるのに,女の子(他者)はカゴの中にあると「誤って」思っている(=信念)状況で,それが分かるかどうかを調べているので,このような手続きを踏む課題を**誤信念課題**(false belief task)と呼びます。

ただし,このように工夫してもまだ不十分な点が残ります。選択肢が「カゴ」か「箱」しかないので,子どもは当てずっぽうで答えたのかもしれません。このような場合,心理学ではお話そのものを理解していたかどうかをチェックする質問を用意します。誤信念課題でもテスト質問と合わせて,「女の子は最初どこに人形を入れたかな?」(記憶質問)と「人形は今,どこにあるかな?」(現実質問)という事実を確認する質問を合わせて実施して,お話を理解した上でテスト質問に正答できているかどうかを見るのです。このように,誤信念課題は「目に見えない他者の心」の理解を明快に調べるもので,単純ですが心理学の科学的手続きのエッセンスが盛り込まれている課題といえます。

これまで,この課題を使った研究がたくさん実施され,**メタ分析**(**第2章注6**参照)により,4〜5歳頃から正答できるようになることが明らかになっています(Wellman et al., 2001)。ただし,文化差があるようで,日本の子どもではやや遅れるとされます(Naito & Koyama, 2006)。いずれにしても,目に見えない他者の心の存在にはっきりと気づき,行動を柔軟に変え始めるのは幼児期の終わり頃といえるでしょう。

(2) 赤ちゃんでも他者の心に反応する?

それでは,3歳頃までは他者の心を全く理解できないのでしょうか。そんなことはありません。母子関係を見ていると,お母さんの見た方向に赤ちゃんも視線を向けたり[3],お母さんの語りかけることに赤ちゃんが反応していることが分かります。それらは決してランダムな反応ではなく,お母さんに合わせて反応しています。

本書の各章でも分かるように,一般に心理学の研究は,実験であれ,質問紙調査であれ,言葉を使ったやりとりによって成り立ちます。しかし,赤ちゃんはまだ言葉を話せませんので,赤ちゃんの認知能力をどうやって調べればよいのでしょうか。大人のみなさんも何か新しいものを見たり,手品のようにあ

---

[3] これを**共同注意**(joint attention)(ある対象に対する注意を他者と共有すること)と呼びます。心の理論のさきがけになるのはもちろん,言葉の発達など,様々な面での発達と関連します。

りえないことを見たら驚いて注目するはずです。言葉でのやりとりが困難な赤ちゃんでも「注視」に着目することで，何を理解できているか（正確には区別できているか）を調べることができるのです。次の3つの方法が主流です。

第1は**選好注視法**（preference looking method）です。赤ちゃんに2つの刺激を並べて見せて，どちらを長く注視するかを観察します。例えば，赤と青の丸のどちらかを長く見たとすると，赤ちゃんは色の区別ができている（厳密には，「赤と青の区別ができている」だけなので，「色の区別ができている」というために，様々な色の組み合わせで実験をします）ことが分かるのです。

第2は**馴化・脱馴化法**（habituation-dishabituation method）です。同じ刺激（例：赤の丸）をずっと提示して，慣れ（馴化）によって赤ちゃんの注意が逸れた後に，別の刺激（青の丸）を提示し，注意が回復するか（脱馴化）どうかに着目して，2つの刺激を区別できているかを調べます[4]。

第3は，**期待背反（違反）法**（violation-of-expectation method）です。ありうる事象とありえない事象を見せて，ありえないほうを長く注視するかどうかを確認する方法です（状況に慣れさせるため，あらかじめ馴化させることも多いです）。

こうした手法を使うことで，赤ちゃんはかつて考えられていたよりはるかに有能で，世の中のことを理解していることが分かってきました。生後数ヵ月の時期から，数を区別したり，重力の影響が分かったり，物は見えなくなっても存在し続ける**対象の永続性**（object permanence）といった様々な物理的事象を分かっていることが明らかになったのです。

心理的事象についても同様です。ウッドワード（Woodward, 1998）は，期待背反法の手続きを用いて，赤ちゃんの意図の理解を明らかにしました。まず，実験者がクマのぬいぐるみとボールのどちらか（例：クマ）に手を伸ばしてつかむ様子を赤ちゃんに繰り返し見せて，馴化させます。その後，クマとボールの位置を入れ替え，2つの事象を見せました。「新軌道テスト事象」では，実験者は馴化のときと逆のほうに手を伸ばし，同じ対象（クマ）をつかみました（目標は同じですが手の物理的動きが違います）。これに対して，「新目標テスト事象」では，実験者は馴化のときと同じ方に手を伸ばし，異なる対象（ボール）をつかみました（目標は違いますが手の物理的動きは同じです）。その結果，6〜12ヵ月の赤ちゃんは後者のほうをより長く注視しました。これは，赤ちゃんが馴化の際に，実験者の「行為の目標」に注目したため，違った対象をつかむ新目標テスト事象に驚きを感じ，より注視したと考えられます。このように統制を効かせた実験から，赤ちゃんでも他者の意図に敏感に反応することが分かったのです。

近年では，単純な意図だけでなく信念についても研究が進んでいます。「4〜5歳頃に誤信念課題を正答できる」という従来の常識を一変する研究報告が出現し（Onishi & Baillargeon, 2005: **研究①参照**），追認されてきている（Southgate et al., 2007）ことから，近年では心の理解に関して生得的な基盤があるのではないかという説が有力となりつつあります（Baillargeon et al., 2010）。4〜5歳になるまで通常の誤信念課題に正答できない理由は，誤信念を理解できないというより，もっと一般的な認知能力である実行機能の未熟さが関係している可能性が示唆されています。

4）選好注視法は容易で明快な方法ですが，欠点もあります。2つの刺激を見る時間に差がなかったときのことを考えましょう。この場合，赤ちゃんは「赤と青の区別ができない」と結論するのは早計です。赤と青の区別はついていたけど，好みの差がなくて，どっちも同じくらい見てしまったということも考えられるのです。馴化・脱馴化法はこの問題がないため，より強力な手法といえます。

心理学研究の紹介①

オオニシとベイラージョン（Onishi & Baillargeon, 2005）は，生後約15ヵ月を対象に，誤信念課題に類似させた課題を「期待背反法」で実施しました（図7-4）。視線が分からないようにバイザーをつけた大人が子どもと向かい合い，2人の間に緑色と黄色の箱が置かれました。その後，正信念条件では，大人と子どもの両方が，スイカが緑色の箱（右）から黄色の箱（左）に移動するところを見ましたが，誤信念条件では，衝立があり，子どもだけがスイカの移動を見ることができました。そのため，正信念条件では，大人は「スイカが黄色の箱（左）にある」と思っていますが，誤信念条件では，「スイカが緑色の箱（右）にある」と誤って思っていることになります。その後，（誤信念条件では衝立が除かれ）大人が黄色もしくは緑色の箱に手を伸ばしてスイカを取ろうとする場面を子どもに見せて，どちらの場面に対して注視時間が長くなるかを調べました。

結果は，正信念条件では，大人が黄色よりも緑色の箱に手を伸ばしている場面のほうをより長く注視しましたが，誤信念条件では，大人が緑色よりも黄色の箱に手を伸ばしている場面のほうをより長く注視しました。いずれも不自然（期待背反）な場面のほうを有意に長く注視し，従来知られていた4～5歳をはるかに下回る年齢で，誤信念を理解している様子を示すことが分かったのです。

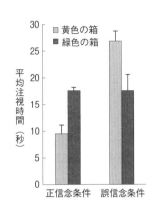

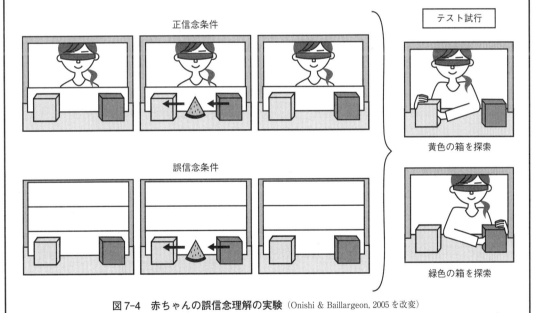

図7-4　赤ちゃんの誤信念理解の実験（Onishi & Baillargeon, 2005 を改変）

2. 実行機能と心の理論

(1) 実行機能とは

　実行機能（executive function）とは，目標に向けて注意や行動を制御する能力（森口，2008）のことです。複数の要素で構成され，大人を対象にした研究から，抑制，シフティング，更新の3つが特に重

要（齊藤・三宅，2014）と考えられています。

　抑制（inhibition）とは，その状況で優位な行動や思考を抑えることとされます。簡単にいえば，目立つものにすぐに反応しない能力です。例えば，子どもの目の前においしそうなチョコを1つ置いて，実験者が「少し出かけるから，それまで待っていてね。待てたらチョコを2つあげるね」と言って，その場を離れると，3歳ぐらいまでの幼児は待つことが困難です。後でより多くの利益（倍のチョコ）が得られるのに，目の前のチョコに手を出してしまいます。

　シフティング／認知的柔軟性（shifting/cognitive flexibility）とは，ある次元から別の次元へ思考や反応を柔軟に切り替えることとされます。例えば，色と形が様々な組み合わせで存在しているときに，色で分類するルールから，形で分類するルールに変えたときに，柔軟に対応できるかどうかを調べると，3歳ぐらいまでの幼児は最初のルール（この場合，色で分類するルール）にとらわれます。

　更新（updating）とは，ワーキングメモリ（working memory）に保持される情報を監視し，更新することとされます[5]。日常は刻一刻と状況が変わりますので，常に情報を取捨選択し，更新することが不可欠です。幼児には「言葉の逆唱」課題[6]で調べたりしますが，これも幼児期に発達が見られます。

　このように，実行機能の各要素は，どれも日常生活を柔軟に過ごしていく上で不可欠なものですが，実行機能の発達が心の理論の発達と同様に，幼児期の4～5歳頃に向上することから，両者の関連が検討されるようになったのです。

(2) 実行機能と心の理論の関連

　カールソンとモーゼズ（Carlson & Moses, 2001）は，抑制と心の理論の関係を様々な課題で調べています。その際，因子分析という手法で，抑制を「葛藤」（conflict）と「遅延」（delay）に分けました。葛藤抑制とは優勢な情報や反応を抑制し，別の情報や反応を活性化させることです。大人では，ある色が優勢な状況で別の色への反応を求める**ストループ課題**（stroop task）がありますが，子ども向けには「昼／夜ストループ課題（Day/Night stroop task）」（Gerstadt et al., 1994）がよく用いられます。月と星の黒いカードを見せられたら「昼」，太陽の黄色いカードを見せられたら「夜」というように，反対の答えを求められます（図7-5）。遅延抑制とは，自分の順番を待つといった衝動的な反応の抑制に関することであり，気になる対象を一定時間，覗き見しないで待てるかを調べるような「遅延贈り物課題（Gift Delay task）」（Kochanska et al., 1996）がよく用いられます。

　カールソンとモーゼズ（Carlson & Moses, 2001）は，課題間の関連を調べた結果，特に葛藤抑制の課

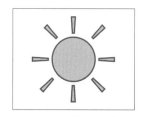 

図7-5　昼／夜ストループ課題のカード

---

[5] ワーキングメモリとは，短期記憶（第2章参照）の発展的概念であり，短期記憶の機能である情報の一時的な「保持」をしながら，同時に「処理」も行なう機構のことです。
[6] 例えば，「キリン」「ウサギ」「ネコ」といった後，「ネコ」「ウサギ」「キリン」と逆に再生できるかをテストするものです。各単語を「保持」すると同時に，逆転という「処理」が必要になることから，ワーキングメモリの容量を調べるテストとして使われます。

題の成績と誤信念課題の成績が有意に相関し，心の理論の発達にとって，抑制の発達が重要であることを示唆しました。さらに，ワーキングメモリと心の理論の関連も示唆され（小川・子安，2008），**縦断的研究 (longitudinal method)**[7]からも心の理論と実行機能は関連があることが報告されています（Müller et al., 2012）。

情報を更新しつつ，優勢な反応を抑制して他の適切な反応をするということは，誤信念課題にも共通するため（登場人物や物の場所が入れ替わるお話を聞きながら，「箱」でなく「カゴ」と答える），特に葛藤抑制やワーキングメモリの発達が心の理論の発達に関連するのは納得がいきます。さらに実行機能の観点により，前述の「4～5歳頃まで通常の誤信念課題を正答できない」という結果と「赤ちゃんでも誤信念状況を理解できる」という結果の違いを説明できるかもしれません。赤ちゃんの注視を使った実験は，「自分の知識と他者の信念を選択し，前者を抑制する過程が不要」（Baillargeon et al., 2010）とまでは言い過ぎですが，言語反応が不要で抑制の必要性が弱められると考えられるからです。抑制を制御する実行機能がまだ未発達なことが，4～5歳までの誤信念課題の難しさを生み出しているのかもしれません（Siegal, 2008）。

3. 日常的行動との関連

ここまで，幼児期に心の理論が発達し，それはどうも実行機能の発達が鍵の1つになっていることを紹介してきました。それでは，心の理論が発達することで，日常的に見られるどのような現象と関連するのでしょうか。

(1) 教示と欺き

第1は，他者に「教える」行為が適切になることです。相手が「知っていること」を教えても無駄ですし，ときには余計なお世話になるかもしれません。相手が「知らないこと」を教えてあげるからこそ，知識や技能が広まり，相手からも感謝されます。このように「教える」という行為は，他者の心の理解と密接に関連します（赤木，2012）。

実際に，子どもの教示行為を調べた研究があります（Davis-Unger & Carlson, 2008）。8つのルールをもつ単純なボードゲームを学習した子どもが，どのように他の子どもに教えるかが検討されたのですが，子どもの教示行為が3歳半から5歳半にかけて劇的に変化しました。また，誤信念課題の成績が良い子どもは，教える時間が長かったり，ルールを教えることが多いといった具合に，教示行為と心の理論の発達に関連があることが分かりました。教示行為の質の高さには，実行機能の発達も関連すると考えられます。

第2は，その逆で「欺く」行為です。相手が「知っている」状態でうそをついても，**欺き (deception)** は成立しません。相手が「知らない」あるいは「誤って思っている」ということにつけこむことで，欺きが成立します。そこで，心の理論が発達する4～5歳頃から意図的な欺きが可能になります。その過程では，泥棒のように情報を伝えるべきでない相手だけに選択的に欺くことができるようになり（Sodian, 1991: **研究②参照**），欺きを調べる課題の成績は抑制能力といった実行機能とも関連します（瀬野，2008; Talwar & Lee, 2008）。

---

[7] 同じ対象を年齢の経過とともに見ていく方法です。これに対して，同時期に違う年齢の対象を見る方法を横断的研究（cross-sectional method）といいます。

心理学研究の紹介②

ソディアン（Sodian, 1991）は，王様と泥棒の人形を使って，3〜5歳の幼児にゲームを行ないました（図7-6 左）。王様が箱の中のコインを見つければ，子どもにあげるが，泥棒が見つけると盗むことを理解させた後，王様と泥棒がそれぞれやってきて，箱が開いているかを聞きます。その結果，3歳児は，王様だけでなく泥棒にも本当のこと（開いていること）を教えました。4歳を過ぎて，泥棒にうそをつけるようになったのです。

しかし，3歳児がうそをつけなかったのは「社会的ルールに反することをしたくなかった」だけかもしれません。そこで，ソディアンは「だまし条件」に加えて，社会的ルールに反する状況を物理的に生み出す「妨害条件」を新たに設けました（図7-6 右）。妨害条件では，南京錠と鍵が置かれ，子どもは箱に鍵をかければ，泥棒にコインを取られるのを物理的に防ぐことができました。その結果，妨害条件では3歳児でも泥棒には鍵をかけ，王様には鍵をかけないという選択的行動を示すことができたのです。

妨害条件は，物理的状況をコントロールする（鍵をかける）ことで欺くもので，必ずしも心の理論は求められません。これに対して，「だまし条件」は，誤った情報を伝え，他人の心の状態をコントロールすることで欺くもので，心の理論が必須です。このことから，心の理論に関連する欺きは，4〜5歳頃からできるようになることが明らかになりました。

図7-6　幼児の欺きの実験（Sodian, 1991; Sodian & Frith, 1992 を改変）

このように，「教える」ことと「欺く」ことは表裏の関係ともいえる点で興味深いですが，ともに心の理論や実行機能の発達と密接に関わりながら，柔軟かつ適切にできるようになっていくのです。

(2) 道徳判断の発達

また，欺きのように良くない行為を悪いと判断できるような**道徳判断**（moral judgment）の発達はどうでしょうか。直観的な道徳性の萌芽は赤ちゃんの頃から見られ，単純な物体の動きの中に社会的な意味を読み取るようです。例えば，生後6ヵ月で既に，図7-7のように単なる図形であっても，ポジティブ行動（丘に登ろうとしている●を，▲が援助して押し上げる）とネガティブ行動（丘に登ろうとして

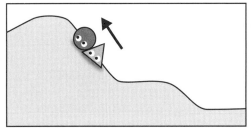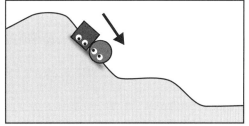

図 7-7　Hamlin et al.（2007）の実験状況

いる●を，■が妨害して押し戻す）を区別し，ポジティブ行動を好みます（▲と■を選択させると，▲を選びます）（Hamlin et al., 2007）。ポジティブとネガティブが良いと悪いにつながることを考えると，道徳性の基盤が既に乳児期から備わっているといえます。

心の理論との関連はどうでしょうか。私たちは，「わざと（意図的に）行なった悪事を（わざとでない場合よりも）悪い」と判断しますし，悪い結果につながることを「『知っている』」のに行なった悪事を（『知らない』場合よりも）悪い」と判断します（Hayashi, 2007, 2010: 研究③参照）。また，公正さと心の理論との関連も示唆されています（Takagishi et al., 2010）。このように，道徳性の発達でも他者の心の理解は重要ですし，ここにも抑制の発達が関連するようです（Kochanska et al., 1997）。

4. まとめと今後の展望

　本章では，認知能力の検討に「発達」という時間軸を入れた研究を紹介してきました。最後に，ここで紹介された複数の認知心理学的実験から，人間の日常生活や教育に何が考えられるかをまとめてみます。

　私たちが生きている世界は，「物の世界」と「心の世界」に分けることができます。ふだん意識されませんが，ものが物理的な法則や体系に従って動くことは理解されていて，人間の動きとは区別されています。ボールを蹴れば，その方向にボールが飛んでいくことを理解しているので，急にボールが曲がったり止まったりすれば驚きます。しかし，もし人間が歩いていれば，急に方向を変えたり止まったりしてもおかしくはありません。「あの看板を見ようとして立ち止まったんだな」といった意図を感じたりして，状況を把握します。このように，人間は心理的な体系に従って動くということをふだんから無意識に理解し，適用しているのです。この心理的な体系こそが心の理論であり，かなり幼い頃から理解し始めていることを紹介してきました。

　心の理論の発達によって，「教える」だけでなく，「欺く」ようになるのは皮肉なことかもしれません。しかし，相手の心に敏感になることは，物事を相手の視点から考え，共感できることも意味します。例えば，好みでないものをもらっても，児童期にはしだいに「嬉しい」と言ったり，笑顔ができるようになります（e.g. Naito & Seki, 2009）。これも欺きですが，「相手を傷つけないための欺き」で，社会性の発達の現れと考えられます[8]。このように，他者の感情を推測して自分の感情の表出や行動をコントロールすることを**表出ルール**（display rule）と呼びますが，こうした表出ルールの発達を考えると，欺きも負の面ばかりとは限りません。

---

8) このような他者のための行動を**向社会的行動**（prosocial behavior）と呼びます。

心理学研究の紹介③

　林（Hayashi, 2007, 2010）は，幼児から大人までを対象に，2つのお話を比較して道徳判断をしてもらう実験を行ないました（図7-8）。お話①とお話②は男の子の行為（例：落書きをする）によって，女の子が悲しむという結果が同じで，唯一の違いは，男の子が「結果を予見できる重要な事実」（例：画用紙は女の子のものであること）を知っている（お話②）か，知らない（お話①）かでした。その後，心の状態質問と道徳判断質問を行ないました。前者は「画用紙が女の子のものであるのを知っている男の子はどちらか？」で，「お話①，お話②，わからない」の3択でした。後者は「どちらの男の子がより悪いことをしたか？」で，「お話①，お話②，どっちも同じぐらい悪い」の3択でした。大人の一般的回答を基準に「『知っている』男の子のほうが悪い」という判断（お話②）を正解としました。

　その結果，心の状態質問の正答率は4〜5歳前半で既に高いものでしたが，道徳判断質問の正答率は6歳頃でも低く，大人と同程度になったのは9歳頃からでした。幼児は悪いことをした人の「知識状態（悪いことにつながる情報を知っている／知らない）」を理解しているにもかかわらず，それを道徳判断の手がかりとして使うわけではないことが分かりました。

心の状態質問：「どちらの男の子が，画用紙が女の子のものと知っていますか？」
道徳判断質問：「どちらの男の子が，より悪いことをしましたか？」

	4-5歳前半	5歳後半-6歳	7歳	9歳	11歳	大人
心の状態質問	71.9%	93.9%	90.2%	97.4%	100.0%	100.0%
道徳判断質問	15.6%	33.3%	61.0%	84.2%	87.0%	86.6%

図7-8　心の理論に関わる道徳判断課題とその正答率（Hayashi, 2007, 2010）

また,「知っている／知らない」という知識状態に基づく道徳判断の研究からは, 9歳頃に大人に近づいた判断になることも分かりました。「わざと／わざとでない」といった意図に基づく道徳判断は, 4〜5歳頃からできる (e.g., Yuill, 1984) ことと合わせると, 他者の心の状態を理解するようになるからといって, すべての道徳判断が大人に近づくわけではないことが分かります。

このように, 心の理論は実行機能とともに長い時間をかけて発達していくものと考えられます。特に幼児期は心の理論がまさに発達していく時期ということを考えると, 他の子どもがどう感じるかを, まだあまり意識できない子どもがいても不思議ではありません。そこで, 他者の気持ちに気づかせることが有益と考えられます。言語能力は生得的 (e.g., Pinker, 1994) ですが, 幼いときのある時期に言語に触れないと言葉を話すのは難しくなります。心の理論も同様で, 生得的ともいえるその萌芽的能力も, 幼い時期に適切な教育を受けないと, 他者の心をうまく読み取れなくなり, 一般的な道徳判断ができなくなったり, 倫理感に欠けた人間になってしまう可能性があります。

このようなことを考えると, 認知能力が適切に作動するには, 社会性の発達や教育が不可欠であるといえます。そしてそれは, 本章や他の章でも見てきたように, 精緻な実験や調査の積み重ねによって初めて分かることです。認知心理学の研究は, 大人のみならず子どもの認知能力を解き明かす上でも有効です。

☞ 読書ガイド

清水由紀・林 創（編著）(2012). 他者とかかわる心の発達心理学—子どもの社会性はどのように育つか 金子書房
　子どもの社会性がどのように育っていくのかを, 最新の知見で知ることができます。執筆者ごとに, 実験や調査の工夫や苦労した点なども書かれていますので, 卒論や修論を考えている人にも有益です。

外山紀子・中島伸子 (2013). 乳幼児は世界をどう理解しているか—実験で読みとく赤ちゃんと幼児の心 新曜社
　認知発達の様々な領域の重要研究が, 分かりやすく紹介されており, 実験の大切さとそこから分かる心の発達の面白さを知ることができます。卒論や修論にも役立つでしょう。

森口佑介 (2014). おさなごころを科学する—進化する乳幼児観 新曜社
　主に乳児期から幼児期までの子どもを中心に, 最新の重要研究が数多く紹介されています。研究の新たな流れが分かるとともに, 発達的に考える面白さと重要さを知ることができるでしょう。

引用文献

赤木和重 (2012). 教える行動の発達と障害 清水由紀・林 創（編著）他者とかかわる心の発達心理学—子どもの社会性はどのように育つか 金子書房 pp.147-164.

Baillargeon, R., Scott, R. M., & He, Z. (2010). False-belief understanding in infants. *Trends in Cognitive Sciences*, **14**, 110-118.

Carlson, S. M., & Moses, L. J. (2001). Individual differences in inhibitory control and children's theory of mind. *Child Development*, **72**, 1032-1053.

Davis-Unger, A. C., & Carlson, S. M. (2008). Development of teaching ability in preschool children and relations to theory of mind. *Journal of Cognition and Development*, **9**, 26-45.

Gerstadt, C. L., Hong, Y. J., & Diamond, A. (1994). The relationship between cognition and action: Performance of children 3.5-7 years old on a Stroop-like day-night test. *Cognition*, **53**, 129-153.

Hamlin, J. K., Wynn, K., & Bloom, P. (2007). Social evaluation by preverbal infants. *Nature*, **450**, 557-559.

Hayashi, H. (2007). Children's moral judgments of commission and omission based on their understanding of

second-order mental states. *Japanese Psychological Research*, **49**, 261-274.
Hayashi, H. (2010). Young children's moral judgments of commission and omission related to the understanding of *Knowledge* or *Ignorance*. *Infant and Child Development*, **19**, 187-203.
稲垣佳代子（1996）．概念的発達と変化　波多野誼余夫（編）　認知心理学5—学習と発達　東京大学出版会　pp.59-86.
Kochanska, G., Murray, K., & Coy, K. C. (1997). Inhibitory control as a contributor to conscience in childhood: From toddler to early school age. *Child Development*, **68**, 263-277.
Kochanska, G., Murray, K., Jacques, T. Y., Koenig, A. L., & Vandegeest, K. A. (1996). Inhibitory control in young children and its role in emerging internalization. *Child Development*, **67**, 490-507.
森口佑介（2008）．就学前期における実行機能の発達　心理学評論, **51**, 447-459.
Müller, U., Liebermann-Finestone, D. P., Carpendale, J. I. M., Hammond, S. I., & Bibok, M. B. (2012). Knowing minds, controlling actions: The developmental relations between theory of mind and executive function from 2 to 4 years of age. *Journal of Experimental Child Psychology*, **111**, 331-348.
Naito, M., & Koyama, K. (2006). The development of false-belief understanding in Japanese children: Delay and difference? *International Journal of Behavioral Development*, **30**, 290-304.
Naito, M., & Seki, Y. (2009). The relationship between second-order false belief and display rules reasoning: The integration of cognitive and affective social understanding. *Developmental Science*, **12**, 150-164.
Onishi, K. H., & Baillargeon, R. (2005). Do 15-month-old infants understand false beliefs? *Science*, **308**, 255-258.
小川絢子・子安増生（2008）．幼児における「心の理論」と実行機能の関連性：ワーキングメモリと葛藤抑制を中心に　発達心理学研究, **19**, 171-182.
Premack, D., & Woodruff, G. (1978). Does the chimpanzee have a theory of mind? *Behavioral and Brain Sciences*, **1**, 515-526.
Pinker, S. (1994). *The language instinct*. New York: William Morrow.（椋田直子（訳）（1995）．言語を生みだす本能　＜上＞＜下＞　NHKブックス）
齊藤　智・三宅　晶（2014）．実行機能の概念と最近の研究動向　湯澤正通・湯澤美紀（編）　ワーキングメモリと教育　北大路書房　pp.27-45.
Sebastian, C. L., Fontaine, N. M. G., Bird, G., Blakemore, S. J., DeBrito, S. A., McCrory, E. J. P., & Vidin, E. (2012). Neural processing associated with cognitive and affective theory of mind in adolescents and adults. *Social Cognitive and Affective Neuroscience*, **7**, 53-63.
瀬野由衣（2008）．幼児における知識の提供と非提供の使い分けが可能になる発達的プロセスの検討：行為抑制との関連　発達心理学研究, **19**, 36-46.
Siegal, M. (2008). *Marvelous minds: The discovery of what children know*. Oxford: Oxford University Press.（外山紀子（2010）．子どもの知性と大人の誤解—子どもが本当に知っていること　新曜社）
Sodian, B. (1991). The development of deception in young children. *British Journal of Developmental Psychology*, **9**, 173-188.
Sodian, B., & Frith, U. (1992). Deception and sabotage in autistic, retarded and normal children. *Journal of Child Psychology and Psychiatry*, **33**, 591-605.
Southgate, V., Senju, A., & Csibra, G. (2007). Action anticipation through attribution of false belief by two-year-olds. *Psychological Science*, **18**, 587-592.
Takagishi, H., Kameshima, S., Schug, J., Koizumi, M., & Yamagishi, T. (2010). Theory of mind enhances preference for fairness. *Journal of Experimental Child Psychology*, **105**, 130-137.
Talwar, V., & Lee, K. (2008). Social and cognitive correlates of children's lying behavior. *Child Development*, **79**, 866-881.
Wellman, H. M., Cross, D., & Watson, J. (2001). Meta-analysis of theory-of-mind development: The truth about false belief. *Child Development*, **72**, 655-684.
Woodward, A. L. (1998). Infants selectively encode the goal object of an actor's reach. *Cognition*, **69**, 1-34.
Yuill, N. (1984). Young children's coordination of motive and outcome in judgments of satisfaction and morality. *British Journal of Developmental Psychology*, **2**, 73-81.

発達障害
自閉症児者の高次認知機能

　第7章で，大人や子どもが「他者の心」をどのように理解しているのかをお分かりいただけたと思います。しかし，すべての人が「他者の心」を同じように理解しているとは限りません。発達障害を抱えた大人や子どもは，どのように「他者の心」や言葉を理解し，記憶しているのでしょうか。そこで，本章では，特に，自閉症という発達障害を抱えた人の，言葉の理解，記憶についての認知心理学研究を紹介していきます。

1. 発達障害の概要[1)]

(1) 自閉症

　自閉症（autism）とは，社会性および対人コミュニケーションの困難さ（暗黙の了解がわからなかったり，アイコンタクトが苦手など），過度に強いこだわり（物事の順序にこだわり，予定の変更を受け入れることができないなど）によって診断される**発達障害**（developmental disorder）です（American Psychiatric Association, 2013）。診断には，アメリカ精神医学会が作成した，標準化，統一された診断基準である**精神疾患の診断・統計マニュアル**（Diagnostic and Statistical Manual of Mental Disorders: DSM）[2)] が使われることが多いです。

　発達障害として診断をすることは，その障害を持つ子どもが抱えている困難と能力を正確に捉えることによって，その子どもが自ら発達していくための効果的な支援を計画し，実行するための手がかりを得るために必要です（郷式, 2005）。

(2) 自閉症と関連した発達障害[3)]

　広汎性発達障害（Pervasive Developmental Disorder: PDD）[4)] とは，自閉症を中心とし，アスペル

---

1) 注意欠如・多動症／注意欠如・多動性障害，限局性学習症／限局性学習障害も発達障害ですが，本章では自閉症を対象にします。
2) 現在使われているものは，2013年5月に発表されたDSM-5です。
3) DSM-5から，広汎性発達障害，アスペルガー障害（Asperger's disorder），アスペルガー症候群（Asperger's syndrome）という診断名はなくなり，**自閉スペクトラム症／自閉症スペクトラム障害**（Autism Spectrum Disorder: ASD）として統一されましたが，現在でも通称として使われることが多いので説明します。本章で言及する「自閉症」という用語の中にも，DSM-5に従って，総称としての「自閉症」については「自閉スペクトラム症／自閉症スペクトラム障害」と表記したほうが適切な個所もありますが，以前の診断基準における表記も残したほうが理解しやすいと考えるため，「自閉症」表記を使います。
4) DSM-5から「自閉スペクトラム症／自閉スペクトラム障害」と変更されました。

図 8-1　自閉症スペクトラム

ガー障害（Asperger's Disorder），特定不能の広汎性発達障害（Pervasive Developmental Disorder not Otherwise Specified: PDD-NOS）を含めたものの総称です。アスペルガー障害は，自閉症と似た特徴を示しますが，**定型発達者**（typically developing individuals）と同様に言語能力が高い発達障害です。ただ，言語性の**知能指数**（Intelligence Quotient, IQ; Wechsler, 1997 参照）は定型発達者と同程度であっても，言語が持つ含意を読み取るのが苦手なことが多く，文字通りでない言葉，つまり，皮肉や比喩，冗談，抽象的な言葉，いやみなどの理解に困難を示します（Baron-Cohen, 2008/ 水野ら訳, 2011; Frith, 2003, 冨田ら訳, 2009; Ozonoff & Miller, 1996）。

　特定不能の広汎性発達障害は，自閉症と同質の障害が認められるにもかかわらず，DSM の基準を満たさない場合に診断されます。例えば，自閉症よりも重篤度が軽度ですが，アスペルガー障害には合致しない場合や，幼児期の情報が乏しくて明確な診断がなされにくい場合が考えられます（杉山・辻井, 1999）。

　自閉症とアスペルガー障害，特定不能の広汎性発達障害，定型発達がスペクトラム（連続するもの）であるという考え方が，バロン・コーエンによって提唱されました（図 8-1）。自閉症をスペクトラムとして考えることによって，自閉症の程度を測定することが可能になります（例えば，Autism-Spectrum Quotient, AQ; Baron-Cohen et al., 2001）。

　言語能力が比較的高い（言語性 IQ が定型発達者と同程度に高い）自閉症については，**高機能自閉症**（high-functioning autism）と呼ばれることがありますが，「高機能」とは，認知機能が他者より優れているということではなく，定型的に発達した人と比較して，劣っていないということを意味します。映画「レインマン（Rain Man, 1988）」で，ダスティン・ホフマンが演じる自閉症を抱えた主人公が，並外れた記憶能力を示しますが，その主人公は「サヴァン症候群（savant syndrome）」を併発した自閉症者であると考えられます。サヴァン症候群とは，IQ で測定される知能指数が定型発達の人よりも低いにもかかわらず，音楽，美術，計算，カレンダー記憶などの面で並外れた能力を示すことをいいます（子安, 2005）。自閉症や脳性まひなどの原因により発症すると考えられていますが，その原因はまだ明らかになっていません。

2.　自閉症者の言語理解

(1) 皮肉と比喩の理解

　言葉を使う際に，文字通りの意味とは異なった意味を伝えることがあります。例えば，子どもの散らかっている部屋を見た親が，「すごく片付いている部屋だね」と文字通りの意味と反対の発話をすることで，皮肉を言うことがあります。皮肉を理解するためには，言葉の文字通りの意味を理解するだけではなく，その言葉を言った人（この例では，親）の意図あるいは気持ちを理解する必要があります。この例でしたら，すごく散らかっている部屋を見た親が，「お部屋を片付けなさい」という意図で子どもに言

ったと考えられます。こうした文字通りでない言葉の意味を理解することが，自閉症児者にとって，難しいことがあります（Wang et al., 2006）。

　比喩もまた，文字通りの意味とは異なった意味を伝える表現技法です。例えば，「私のクラスメートは，いつもいじめから僕を守ってくれる。彼は兵士だ」という文を例にとると，クラスメートの勇敢さをたとえるのに，「兵士」という語を使っています。実際には，そのクラスメートは兵士ではないので，「兵士」は「いじめる人に立ち向かって僕を守ってくれる，勇敢な友達」ということをたとえる比喩になります。自閉症の子どもは，このような比喩を理解するのも難しいことがあります（Norbury, 2005）。

　自閉症児者が，皮肉や比喩を理解するのが困難な原因の1つとして，その単語が置かれた文脈を考慮して意味を考えることが得意ではないことが考えられます。先の皮肉の例では，定型発達の子どもあるいは大人であれば，子どもと親が散らかっている部屋を一緒に見る場合に「片付いている部屋だね」と発話することは，文脈に矛盾していることに気付き，そのことを考慮に入れて，その発話が皮肉であると解釈できます。比喩の例でも，もし戦争の話をしているのでなければ，「クラスメートが兵士」という発話は，不自然です。自閉症児者は，文脈に応じて，すばやく適切な意味を推測することが苦手であると考えられます（Happé, 1994/ 石坂ら訳, 1997）。

(2)「心の理論」と物語の理解

　小説や絵本などの物語を理解するには，登場人物の意図を理解する必要があります。物語に書かれた登場人物の意図を推測することが，自閉症児者にとって難しいことがあります（**研究①**参照）。登場人物の意図を理解するには，「心の理論（theory of mind）」（Premack & Woodruff, 1978; **第7章**参照）と呼ばれる能力が必要で，定型発達の子どもと同じくらい知能指数が高い自閉症の人（高機能自閉症やアスペルガー障害の人など）であっても，誤信念課題（false belief task）（**第7章**参照）に正答することは難しいといわれています。4歳の定型発達児であれば，大多数が誤信念課題に正答するのに対し，高機能自閉症の子どもは，10歳あるいはそれ以上になって誤信念課題に正答するようになるという報告があります（Baron-Cohen et al., 1985; Happé, 1995）。近年さかんになってきている，脳機能画像イメージングを用いた研究でも，高機能自閉症の大人は，心の理論に関連した物語を読む際に，心の理論に関連する複数の脳部位間の機能的連結が，定型発達者と比べて弱くなっていることが分かってきました（Mason et al., 2008）。

　自閉症という発達障害を説明するのに，心の理論の不全を原因とするマインドブラインドネス（mindblindness）という考えがあります（Baron-Cohen, et al., 1985）。心の理論の欠如仮説によって，自閉症児者の特徴の一部を説明することができます。例えば，自閉症の人が皮肉を理解できないのは，皮肉を言っている人の**心の状態（mental states）**を理解することが難しいからとも考えられます。また，ものに興味を持つにもかかわらず，他人に興味を示さないように見えるのも，他人の行動の原因を心に求める，難しい言い方をすれば，心的表象を帰属させる（心の理論を持つ）ことが苦手だからかもしれません。

　しかし，心の理論欠如仮説にも問題点があります。自閉症を抱える人の問題は，対人的な問題に限られません。心の理論欠如仮説では，自閉症者の，限られた興味を持つという特徴や，反復的な行動パタンを示すといった，対人的ではない場面での自閉症者の行動を説明してくれません。また，自閉症を抱えるすべての人が誤信念課題に失敗する訳ではないということからも，心の理論欠如仮説だけで，自閉症の特徴を説明することは難しいということが分かります。

心理学研究の紹介①

　ハッペは，自閉症の大人と子ども，知能に遅れのある大人と子ども，定型発達の大人と子どもを対象に，文脈を持った複雑な社会的状況下における他者の心の理解が求められる物語課題を考案し，実施しました（Happé, 1994）。実験参加者は，物語を聞いた後に，登場人物の発言の理由を聞きました（表8-1）。主人公のヘレンは，自分の欲しかったものとは違うプレゼントをもらうのですが，自分を喜ばせようという両親の気持ちを考えて（心の理論），自分の本当の気持ちとは違うことを言ってしまいます。このように，心の理論を必要とする物語では，自分以外の他人である両親の気持ちを推測する必要があります。それに対して，心の理論を必要としない物語では，他人の気持ちを推測する必要がありません。

　実験の結果，自閉症の子どもは，知能に遅れのある子どもと定型発達の子どもと比べて，心の理論を必要とする物語の理由質問に対する正答が有意に少ないことが分かりました。誤答の例として，「ヘレンは冗談を言っている」あるいは「ヘレンは間違った」と答えたり，「ヘレンは，自分が百科事典を欲しくないということが分からなかった」と心の状態について理解していないと考えられる解釈が見られました。

　さらに，二次の誤信念課題（「Aさんは『Bさんが…と思っている』と誤って思っている」といった複雑な心の状態を理解できるかを調べる課題）を通過していても正解できない場合があることが分かりました。誤信念課題を通過して心の理論を獲得しているように見える自閉症の子どもであっても，物語の登場人物の意図や考えを理解することが難しいことが分かりました。

表8-1　心の理論を必要とする物語と必要としない物語の例（Happé, 1994を改変）

心の理論を必要とする物語[注]

ヘレンは一年中ずっとクリスマスを待っていました。なぜなら，クリスマスには両親にうさぎが欲しいとお願いをすることができると知っていたからです。ヘレンは，うさぎが欲しくてたまりませんでした。クリスマスの日となり，ヘレンは両親からもらった大きな箱を開けました。かごに入った小さなうさぎが中に入っていると期待していました。ところが，家族みんなの前で箱を開けてみて，プレゼントは，ヘレンが全く欲しくない退屈な古い百科事典であることが分かったのです。それでもヘレンは，両親からクリスマスプレゼントがどれくらい気に入ったかたずねられると，「すばらしいわ，どうもありがとう。欲しいと思っていたの」と答えました。
（物語を聞いた後に聞かれる理由質問：彼女はどうして，両親にこんなことを言ったのですか？）

「心の理論」を必要としない物語

サリーは庭にいます。来年には，庭にたくさんの野菜が収穫できるように，サリーは種をまいています。サリーは，にんじん，レタス，さやえんどうの種をまいています。サリーは上手に種をまきますが，種まきが終わって家に入ると，鳥が飛んできて，サリーの種をみんなたいらげてしまいます。かわいそうなサリー，種は一つも残っていません。
（物語を聞いた後に聞かれる理由質問：彼女はどうして，庭で野菜をとれなくなるのでしょうか。）

注）ハッペによる物語の原題は，罪のないうそ（white-lie）でした。

3. 自閉症者の記憶

(1) エピソード記憶（episodic memory）

　記憶の研究で，**処理水準効果**（levels-of-processing effect）という現象が知られています（Craik & Tulving, 1975）。処理水準効果とは，記憶をする際に，単純な処理（例えば，単語の音に注目して覚える）よりも，複雑な処理（例えば，単語の意味や語源に注目して覚える）をするほうが記憶テストの成

績が良くなる現象のことです。

　十一らは，高機能自閉症の実験参加者と，年齢，性別，知能指数をそろえた定型発達の実験参加者を対象に，**学習段階**（learning phase）では後で記憶テストをすることを教示しない**偶発記憶課題**（incidental memory task）を用いて，自閉症の人による，単語の記憶における処理水準の効果を検討しました（Toichi et al., 2002）。学習の段階で，音韻的な処理（その単語は○○の音で始まりますか），意味的な処理（その単語の意味は○○と似ていますか），自己と関連した処理（その単語の意味はあなたに当てはまりますか）を促しました。実験の結果，高機能自閉症の実験参加者と定型発達の実験参加者ともに，意味的な処理のほうが音韻的な処理をした場合よりも，再認成績が良いことが分かり，処理水準の効果が認められました。しかしながら，定型発達の実験参加者においてのみ，自己と関連した処理をした場合のほうが意味的な処理をした場合よりも再認成績が良く，高機能自閉症の人においては，自己と関連した処理において記憶の成績が良くなるという現象は認められませんでした。この結果から，知能指数が，定型発達者と同程度に高い自閉症者であっても，**自己意識**（self-awareness）[5]を伴う記憶のメカニズムは，定型発達者と異なっていることが示唆されます。

　バウラーらの実験（**研究**②参照）や最近の研究成果（Komeda et al., 2013a）から，自閉症を抱える実験参加者は，定型発達の実験参加者と，特に**エピソード記憶**（episodic memory）（第1章参照）において違いが見られることが示されました。エピソード記憶の中でも，特に，個人的な記憶の想起，自分と関わる記憶において違いが見られるようです。次の項で，自閉症の人にとっての，自己の記憶について見ていきます。

(2) 特別ではない「私」の記憶？

　自伝的記憶（autobiographical memory）とは，自分自身のことについてのエピソード記憶です。例えば，自分の応援しているサッカーチームの試合を，生まれて初めてスタジアムで生観戦した際の記憶などです。自伝的記憶は，自分のことについてのエピソード記憶ですから，エピソード記憶の中の**自己概念**（self-concept）[6]が，重要な成分となります（Lind, 2010）。

　心理学研究の紹介②の表8-2にもあるように，自閉症の人は，単語を思い出すときに，自伝的記憶を使って記憶を検索することが不得意であると考えられます。また，定型発達者の場合，記憶をする際に，**自己参照効果**（self-reference effect）といって，自分と関連した処理をしたほうが，記憶成績が良くなることが知られていますが，自閉症の人の場合は，自己参照効果が見られません（Lombardo et al., 2007）。それでは，自閉症の人にとって，「私」の記憶は特別ではないのでしょうか。現在考えられているのは，自閉症の人は，自己意識が，定型発達の人よりも弱いという可能性です（Lombardo et al., 2007; Toichi et al., 2002）。つまり，自閉症の人は，自己と他者を相対するものとして捉え，他者の視点を通して自己を考えるという能力が高くないと考えられます。

---

[5] 自分自身について考え，自分のことを深く見つめる意識のことです。
[6] 自分について自分で思うことや，自分自身についての評価のことです。

心理学研究の紹介②

バウラーらは（Bowler et al., 2000），アスペルガー障害の成人と，同程度の知能指数を持つ定型発達の成人を対象に，**Remember-Know** 手続き（Gardiner, 1988; Tulving, 1985）を用いて，両群における単語の再認[注]の違いを検討しました。Remember-Know 手続きとは，実験参加者が「見た」と判断をした項目に対して，さらに，Remember（非知識的な記憶を問う）か Know（知識的な記憶を問う）かの判断を求めることによって，再認の異なった側面を検討するために考案された実験手続きです。Remember 判断は，単語などの項目を覚えたときのこと（そのとき何を考えていたかなど）を測定し，エピソード記憶の指標と考えられています。それに対して，Know 判断は，再認はできるのですが，覚えたときのことを回想できないことから，意味記憶の指標として考えられています（Tulving, 1985）。

再認課題は，単語が，先に提示された（見た）単語かどうかを実験参加者に聞きました。その後で，実験参加者が覚えていた単語について，どのように記憶していたのかを聞きました。実験の結果，単語の記憶数においては，両群に差がなかったにもかかわらず，アスペルガー障害の実験参加者は，定型発達の実験参加者よりも，Remember 判断における反応が少なく，Know 判断を多くすることが分かりました。つまり，アスペルガー障害の実験参加者は，再認自体は定型発達の実験参加者と同程度に優れていますが，エピソードとして記憶を思い出すことが難しいことが分かりました。

表 8-2 のように，Remember 反応における内容が，実験に参加した両群において，大きく異なることが分かります。アスペルガー障害の実験参加者は，記憶の意味的な側面を報告するのに対し，定型発達の参加者は，個人的なエピソードとして，記憶を定着させようとしていることが分かります。

表 8-2 Remember 反応における，実験参加者の反応の違いの例 （Bowler et al., 2000 を改変）

単語	アスペルガーの参加者	定型発達の参加者
クラリネット	誰かがクラリネットを演奏していると考えた。	クラリネットを演奏したことがあって，その単語を思い出した。
教会	誰かが私に見せてくれた教会について考えた。	King's cross の教会について考えた。
馬	「A Man Called Horse」（映画のタイトル）を思い出す。	私が馬に乗ったときのことを思い出していた。

注）過去に経験あるいは学習したことを，手がかりによって思い出すことです。

4. 自閉症児者のための支援

(1)「自己」と「他者」の障害

以上のことから，自閉症の人は，定型発達の人とは異なった言語理解メカニズム，**記憶方略**（memory strategy）を持っていることが考えられます。それでは，なぜ，このような特徴を持っているのでしょうか。そして，どのような支援が考えられるでしょうか。ここでは，今まで見てきた自閉症の人を対象とした認知心理学的研究を踏まえ，自閉症児者にどのような点で困難があるのか，どのようにすれば効果的な支援が可能になるのかを考えてみたいと思います。ここでは，2つの問題に対応するトレーニングについて紹介します。1つは，心の理論の問題，もう1つは，社会における暗黙のルールの学習の問題です。今まで見てきた，認知心理学的実験から明らかになってきた，「自己」と「他者」の問題が共通しています。

(2) 心の理論スキルのトレーニング

心の理論課題を正しく答えるためには，自分ではない他者の視点に立って答えることが必要です。他者の視点に立つには，自分の視点とは異なった他者の視点を理解することが必要です。心の理論の不全だけが自閉症の問題のすべてではありませんが，心の理論の技能を訓練することができたら，自閉症児者の対人的な問題の多くは解決できるようになると考えられます。そこで，**社会的スキル**（social skills）のトレーニングとして，心の理論を教育するという**介入研究**（intervention research）[7] がなされています（White et al., 2007）。

オゾノフとミラーは，自閉症の7歳児から13歳児と，定型発達の子どもを対象として，社会的スキルを教える前後で，心の理論課題の成績を比較しました（Ozonoff & Miller, 1995）。その結果，定型発達の子どもでは，心の理論課題の成績の向上は見られませんでしたが，自閉症の子どもにおいて，成績の向上が見られました。この介入研究の問題点は，介入で用いたシナリオと別のシナリオを用いた，心の理論課題を行なっても，成績の向上が**般化**（generalization）[8] しないという問題があります。つまり，介入によって，心の理論を獲得できたというよりも，練習した課題の解答を覚えただけに過ぎず，類似した他の課題に応用することについては大きな問題が残ります。

心の理論技能向上のプログラムとして，他者の考えを視覚化するために，マンガの吹き出しを使ったり，他者の視点が明示できるように，マネキンと写真を使うなど工夫されているものがあります（Howlin et al., 1998）。心の理論だけでなく，感情理解を支援する近年の教材においては，自閉症の子どもにおける感情認識について有意に改善を示し，他の課題における般化も認められています（Baron-Cohen, 2004）。

一方で，アバター（avatar）[9] を用いた支援も注目を集めています（Mintz et al., 2012; Wainer & Ingersoll, 2011）。コンピュータを使った介入は，自閉症児が興味を持ち，学習の意欲が高まることから，今後はさらなる発展が期待されています。

(3) 暗黙のルールの言語化

社会における暗黙のルールは，ときにやっかいです。地域が違えば異なりますし（例えば，関東で受け入れられた冗談が，関西では通用しないことがあります），時代によっても異なります（例えば，祖父母と親とでは，子育てに対する暗黙の了解が違うことがあります）。定型発達の人でも，社会における明示されていない規範に従うことは，ストレスを感じることがありますが，自閉症児者では，そのストレスがより大きく，生活に支障をきたすことがあります。そこで，暗黙のルールを言語化して共有し，支援に役立てるという考え方が生まれました。

最も有名なものの1つとして，キャロル・グレイによるソーシャルストーリーがあります。これは，様々な場面で，子どもが社会的状況を予測し対応できるように，日常生活でよく起こる状況を示し，自分の意志で適切な言葉遣いや行動ができるように導くためのものです。例えば，「話を聞くときは，相手を見ること」の項では，「だれかがわたしにお話ししているときは，がんばってきくようにしています。（中略）私はお話をきくとき，その人のかおを見るようにしています。そうすれば，わたしがその人の話

---

[7] あるタイプの教育法を介入前後で比較したり，別のタイプの教育法と比較をすることで効果を検討する研究のことです。
[8] ある特定の刺激と結びついた反応が，別の刺激に対しても見られることです。例えば，ある課題でうまくいったやり方を，別の課題でも使ってみることがあります。
[9] 仮想空間において，参加者の代理となるキャラクターのことです。

をきいているとわかるからです．話しかけてくる人は，そうしてもらうとうれしいのです」と書かれています（Grey, 2000/ 服巻監訳, 2005）。ソーシャルストーリーの成人版には，「対人関係上達のコツ」という，魅力的な副題がついています（Grey, 2007）。

ソーシャルストーリーは，自閉症の専門家，養育者，親や教師によって書かれるものですが，自閉症の当事者自身によって明文化された，社会関係の暗黙のルールと，それに基づく対応の方法も出版されています（Grandin & Barron, 2005）。自閉症を抱える著者の視点で書かれた，社会的状況へ対応するためのルールを学ぶことは，自閉症を抱える人だけではなく，定型発達の人にとっても，自閉症の人が持つ困難さを理解し，社会的スキルを考える上で大いに参考になります。

5. まとめと今後の展望

(1) 認知心理学的証拠に基づく支援

自閉症児者は，他者に対して共感的な反応を示しにくいといわれています（Baron-Cohen & Wheelwright, 2004）。しかし，共感を持つことができないのか，それとも共感的な反応を表出するのが難しいのかについては明らかになっていません。

定型発達の大人を対象とした研究で，自分と似ている物語の登場人物に対する共感が検討されています。その結果，自分と似た行動を示す登場人物の物語を理解しやすく（Komeda et al., 2009），自分と似た登場人物に対して選択的に共感をすることが分かりました（Komeda et al., 2013b）。これらの認知心理学的研究から，従来いわれている「共感性」の高さだけが問題なのではなく，共感をする人とされる人との関係性，相性があった上で，共感が生まれるということが重要であることが示唆されます。この結果を考慮に入れますと，自閉症の人が，他者に関心を示さないように見えるのは，自分と似ていないと感じているからかもしれません。つまり，自閉症の人も，自分と似ている性格を持った自閉症の人に対しては，よりよく理解し，共感を示すのかもしれません（Komeda et al., 2015）。

視覚や聴覚など知覚処理の認知心理学的研究に基づいた，発達障害支援を抱える人に対して支援を行なう研究は増えてきましたが（Tanaka et al., 2010），言語理解，記憶，思考，推論など高次認知機能を対象とした認知心理学的証拠に基づいた効果的な介入研究はまだ多くありません。1つの例として，物語理解研究の分野で得られた知見を，**特別支援教育** [10]（special needs education）に適用した研究が行なわれています（**研究③参照**）。今後は，自閉症などの発達障害を抱える人を対象に，物語やシナリオ，スクリプトを用いて現実場面への問題解決を養う介入研究や，自伝的記憶をトレーニングすることで自己意識への気づきを支援するといった，実践的検討が必要になってくると考えられます。

(2) 得意なことと苦手なことを知る

私たちは，誰でも得意なことと苦手なことを持っています。ある人は，日本の歴史の年号を覚えることが得意ですが，理科の実験をすることが苦手かもしれません。またある人は，理科の実験をすることが得意ですが，日本の歴史の年号を覚えることが苦手かもしれません。その場合，日本史の成績が良い人のほうが，理科の成績が良い人よりも優れているということや，理科の成績が良い人のほうが，日本

---

[10] 障害のある幼児児童生徒の自立や社会参加を支援するという視点に立ち，一人一人の特性を理解することで生活や学習上の困難を改善するために，適切な指導や必要な支援を行うことを目的とした教育です。

心理学研究の紹介③

　オスバーグとサンドバーグは，10歳から15歳までの12名の自閉症の子どもに，教室で介入研究を行ないました（Åsberg & Sandberg, 2010）。図8-2は，この研究で用いられた物語と質問の例です。質問のタイプは3種類で，物語に書かれていることをそのまま答える「明示質問」，異なった文に答えがある（図8-2の例ですと，質問文は1文目についてですが，2文目に書かれてあることを手がかりに答える必要があります）「探索質問」，物語に書かれていないことを，自身が持つ**世界知識**（world knowledge）^{注)}を使って推論する「推論質問」が用意されました。子どもは，1週間に2，3日この課題に取り組み，それが4週間続きました。一回のセッションは，20分から30分ほど続きました。物語は13個で，それぞれの物語につき明示質問，探索質問，推論質問が1つずつ用意されていて，すべての生徒は4週間ですべての物語と質問を，教師と一緒に終えました。介入の前と後で，物語理解テストの成績を比較した結果，自閉症の子どもにおいて，有意な改善が見られました。この介入研究は，統制群が不十分，介入の効果が非単語の読みテストに般化しなかったなどの問題点はありますが，4週間という比較的短い時間で，自閉症の子どもを対象に物語理解の成績を改善することに成功した，重要な介入研究の1つといえるでしょう。

鳥のむれが，木にとまってさえずっていました。
ひとりの人が木を通り過ぎました。
鳥はみんな，飛び立ってしまいました。

質問1（明示質問）　鳥は，どこにとまっていましたか？
　　（正答）　　　　鳥は，木にとまっていました。
質問2（探索質問）　鳥がさえずっていると，何が起こりましたか？
　　（正答）　　　　ひとりの人が，通り過ぎました。
質問3（推論質問）　どうして，鳥は木からいなくなってしまいましたか？
　　（正答）　　　　人が通ったのに驚いて，鳥は逃げてしまいました。

図8-2　オスバーグとサンドバーグで用いられた物語と質問の例（Åsberg & Sandberg, 2010 を改変）

注）私たちが持つ，世界についての知識のまとまりのことです。例えば，「太陽は東からのぼり，西にしずむ」「動物は驚き，危険を感じると，逃げる」などです。

史の成績が良い人よりも優れているということはありません。発達障害の場合にも，似たことがいえます。他の人の心を読むことを好む人のほうが，決まった手順に従い反復することを好む人よりも優れているということはないのです。重要なのは，他の人の心を読むことが自動的に（無意識的に）できる人もいれば，方略を教えてもらうことでできるようになる人もいるということを理解し，人間の多様性を受け入れることだと考えられます。自閉症児者の苦手なことだけでなく得意なことを見出すことによって，自閉症を抱える人の自尊心を高める支援を考えることが重要になってくると思います（別府, 2009; 別府・小島, 2010）。

　本章で述べてきたように，自閉症児者は，定型発達の人と異なった方法で言語を理解，使用し，定型発達の人とは異なった手がかりを使って記憶しています。認知心理学の知見はまだ不十分ではありますが，少しずつ着実に蓄積されてきており，自閉症の人が，他者とのやりとりを円滑にできるような支援の方法も考えられるようになってきました。今後は，認知心理学的研究がさらに進み，より効果的な介

入方法が確立されることが期待されます。効果的な介入方法を考案する過程で，認知心理学研究のさらなる発展は不可欠ですし，教育現場や医療現場における実践や臨床応用なくしては，発達障害の認知心理学研究を先に進めることはできないでしょう。両者の緊密な連携のもと，互いの立場を尊重して理解しあうことが，これからの認知心理学，教育実践にはますます必要になってくると思います。

☞ 読書ガイド

別府　哲 (2009). 自閉症児者の発達と生活──共感的自己肯定感を育むために　全障研出版部
　豊富な事例を紹介しながら，自閉症児者を理解，支援する上で共感の重要性を説明する好著です。著者の別府氏は，自閉症児者を対象とした優れた心理学研究，教育現場における発達支援を行なってきました。認知心理学で得られた知見を自閉症児者の支援に役立てることを考える上で，多くの有益な示唆が得られます。

フリス, U. (著) 冨田真紀・清水康夫・鈴木玲子 (訳) (2009). 新訂　自閉症の謎を解き明かす　東京書籍
　自閉症研究の第一人者による，実験的，科学的手法を用いた研究を中心に紹介した基本的文献です。近年さかんになってきている，脳機能画像法を用いた研究も多く紹介されています。

子安増生 (編著) (2005). よくわかる認知発達とその支援　ミネルヴァ書房
　著名な発達心理学者たちが，発達心理学研究の着実な成果に基づいて支援の可能性について述べています。専門用語の解説と索引が充実しており，専門書を読む際に辞書的に使うのにも適しています。

引用文献

American Psychiatric Association. (2013). *Diagnostic and statistical manual of mental disorders*. 5th ed. Washington, D.C.: American Psychiatric Association.

Åsberg, J., & Sandberg, A. D. (2010). Discourse comprehension intervention for high-functioning students with autism spectrum disorders: Preliminary findings from a school-based study. *Journal of Research in Special Educational Needs*, **10**, 91-98.

Baron-Cohen, S. (2004). *Mind reading: The interactive guide to emotions*. Jessica Kingsley Pub.

Baron-Cohen, S. (2008). *Autism and Asperger syndrome(the facts)*. Oxford University Press.（水野　薫・鳥居深雪・岡田　智 (訳) (2011). 自閉症スペクトラム入門──脳・心理から教育・治療までの最新知識　中央法規）

Baron-Cohen, S., Leslie, A. M., & Frith, U. (1985). Does the autistic child have a "theory of mind"? *Cognition*, **21**, 37-46.

Baron-Cohen, S., & Wheelwright, S. (2004). The empathy quotient: An investigation of adults with Asperger's syndrome or high-functioning autism, and normal sex differences. *Journal of Autism and Developmental Disorders*, **34**, 163-175.

Baron-Cohen, S., Wheelwright, S., Skinner, R., Martin, J., & Clubley, E. (2001). The autism-spectrum quotient (AQ): Evidence from Asperger syndrome/high-functioning autism, males and females, scientists and mathematicians. *Journal of Autism and Developmental Disorders*, **31**, 5-17.

別府　哲 (2009). 自閉症児者の発達と生活　共感的自己肯定感を育むために　全障研出版部

別府　哲・小島道生 (2010).「自尊心」を大切にした高機能自閉症の理解と支援　有斐閣

Bowler, D. M., Gardiner, J. M., & Grice, S. J. (2000). Episodic memory and remembering in adults with Asperger syndrome. *Journal of Autism and Developmental Disorders*, **30**, 295-304.

Craik, F. I. M., & Tulving, E. (1975). Depth of processing and retention of words in episodic memory. *Journal of Experimental Psychology: General*, **104**, 268-294.

Frith, U. (2003). *Autism: Explaining the enigma*. 2nd ed. Oxford: Blackwell.（冨田真紀・清水康夫・鈴木玲子 (訳) (2009). 新訂　自閉症の謎を解き明かす　東京書籍）

Gardiner, J. M. (1988). Functional aspects of recollective experience. *Memory & Cognition*, **16**, 309-313.

郷式　徹 (2005). 診断：発達障害の発見　子安増生 (編著) (2005). よくわかる認知発達とその支援　ミネルヴァ書房

Grandin, T., & Barron, S. (2005). *The unwritten rules of social relationships: Decoding social mysteries through the unique perspectives of autism*. Future Horizons.

Grey, C. (2000). The new social story book (Illustrated Edition). (服巻智子（監訳）大阪自閉症研究会（編訳）(2005). ソーシャル・ストーリー・ブック―書き方と文例　クリエイツかもがわ)

Grey, C. (2007). 服巻智子（訳・解説）(2007). 大人のアスペルガー症候群のためのソーシャルストーリー　褒め方ガイド　対人関係上達のコツ　ヴィレッジ出版

Happé, F. G. E. (1994). An advanced test of theory of mind: Understanding of story characters' thoughts and feelings by able autistic, mentally handicapped, and normal children and adults. *Journal of Autism and Developmental Disorders*, **24**, 129-154.

Happé, F. G. E. (1994). *Autism: An introduction to psychological theory*. London: UCL Press. (石坂好樹・田中浩一郎・神尾陽子・幸田　史（訳）(1997). 自閉症の心の世界―認知心理学からのアプローチ　星和書店)

Happé, F. G. E. (1995). The role of age and verbal ability in the theory of mind task performance of subjects with autism. *Child Development*, **66**, 843-855.

Howlin, P., Baron-Cohen, S., & Hadwin, J. A. (1998). *Teaching children with autism to mind-read: A practical guide for teachers and parents*. Wiley.

Komeda, H., Kawasaki, M., Tsunemi, K., & Kusumi, T. (2009). Differences between estimating protagonists' emotions and evaluating readers' emotions in narrative comprehension. *Cognition and Emotion*, **23**, 135-151.

Komeda, H., Kosaka, H., Saito, D. N., Inohara, K., Munesue, T., Ishitobi, M., Sato, M., & Okazawa, H. (2013a). Episodic memory retrieval for story characters in high-functioning autism. *Molecular Autism*, **4**, 20.

Komeda, H., Kosaka, H., Saito, D. N., Mano, Y., Jung., Fujii, T., & Okazawa, H. (2015). Austistic empathy toward autistic others. *Social Cognitive and Affective Neuroscience*, **10**, 145-152.

Komeda, H., Tsunemi, K., Inohara, K., Kusumi, T., & Rapp, D. N. (2013b). Beyond disposition: The processing consequences of explicit and implicit invocations of empathy. *Acta Psychologica*, **142**, 349-355.

子安増生（編著）(2005). よくわかる認知発達とその支援　ミネルヴァ書房

Lind, S. E. (2010). Memory and the self in autism: A review and theoretical framework. *Autism*, **14**, 430-456.

Lombardo, M. V., Barnes, J. L., Wheelwright, S. J., & Baron-Cohen, S. (2007). Self-referential cognition and empathy in autism. *PloS One*, **2**, e883.

Mason, R. A., Williams, D. L., Kana, R. K., Minshew, N., & Just, M. A. (2008). Theory of mind disruption and recruitment of the right hemisphere during narrative comprehension in autism. *Neuropsychologia*, **46**, 269-280.

Mintz, J., Branch, C., March, C., & Lerman, S. (2012). Key factors mediating the use of a mobile technology tool designed to develop social and life skills in children with Autistic Spectrum Disorders. *Computers & Education*, **58**, 53-62.

Norbury, C. F. (2005). The relationship between theory of mind and metaphor: Evidence from children with language impairment and autistic spectrum disorder. *British Journal of Developmental Psychology*, **23**, 383-399.

Ozonoff, S., & Miller, J. N. (1995). Teaching theory of mind: A new approach to social skills training for individuals with autism. *Journal of Autism and Developmental Disorders*, **25**, 415-433.

Ozonoff, S., & Miller, J. (1996). An exploration of right-hemisphere contributions to the pragmatic impairments of autism. *Brain and Language*, **52**, 411-434.

Premack, D. G., & Woodruff, G. (1978). Does the chimpanzee have a theory of mind? *Behavioral and Brain Sciences*, **1**, 515-526.

杉山登志郎・辻井正次（編著）(1999). 高機能広汎性発達障害―アスペルガー症候群と高機能自閉症　ブレーン出版

Tanaka, J. W., Wolf, J. M., Klaiman, C., Koenig, K., Cockburn, J., Herlihy, L., Brown, C., Stahl, S., Kaiser, M. D., & Schultz, R. T. (2010). Using computerized games to teach face recognition skills to children with autism spectrum disorder: The Let's Face It! program. *Journal of Child Psychology & Psychiatry*, **51**, 944-995.

Toichi, M., Kamio, Y., Okada, T., Sakihama, M., Youngstrom, E., Findling, R., & Yamamoto, K. (2002). A lack of self-consciousness in autism. *The American Journal of Psychiatry*, **159**, 1422-1424.

Tulving, E. (1995). Memory and consciousness. *Canadian Psychology*, **26**, 1-12.

Wainer, A. L., & Ingersoll, R. (2011). The use of innovative computer technology for teaching social communication to individuals with autism spectrum disorders. *Research in Autism Spectrum Disorders*, **5**, 96-107.

Wang, A. T., Lee, S. S., Sigman, M., & Dapretto, M. (2006). Neural basis of irony comprehension in children with autism: The role of prosody and context. *Brain*, **129**, 932-943.

Wechsler, D. (1997). Wechsler Adult Intelligence Scale-III. San Antonio, TX: The Psychological Corporation.

White, S. W., Koenig, K., & Scahill, L. (2007). Social skills development in children with autism spectrum disorders: A review of the intervention research. *Journal of Autism and Developmental Disorders*, **37**, 1858-1868.

社　会
対人認知と言語コミュニケーション

　ここまでの章では，主に，個人の認知を扱ってきました。しかしながら，第5章で，「協同」という他者との関わりを扱ったように，個人と個人，個人と集団，あるいは，集団と集団といったような「社会」という視点を抜きにしては，現実世界での認知を語ることはできません。そこで，本章では，「対人認知」と呼ばれる他者に対する認知に焦点を当て，行動から性格などの内的な特性を推論する過程と，さらに，それが言語コミュニケーションにも反映されることを示した研究を紹介します。

1. 行動から特性を推論する過程

(1) 自発的特性推論

　みなさんの周りには，授業中ずっと寝ているという人はいませんか？このような行動を見たり聞いたりした場合，つい「不真面目な人だ」とか「あの人は，やる気がない」と思ってしまうのではないでしょうか。その人物が授業中に寝てしまっていることの背景には，「急病の友人の代わりに夜勤のアルバイトに行っていた」とか「昨晩，腹痛がひどくて眠れなかった」など，様々な状況の要因が考えられるにもかかわらず，そのような要因よりも，性格や能力，態度といった行為者の内的で安定的な特性を第一に推論する傾向が私たちにはあります。このような推論が，しばしば意図せずして行なわれていることが多くの研究によって明らかにされています（Uleman et al., 2008）。

　行動に関する情報を手がかりにして，行為者の内的な特性を推論する過程は，多くの場合，無意図的であることから，**自発的特性推論**（Spontaneous Trait Inference, 略称 STI）と呼ばれています。この過程は，記憶の**手がかり再生**（cued recall）など，様々な認知心理学的実験手法を用いて確かめられています（**研究**①参照）。ここでは，ユルマンら（Uleman et al., 1996）による，プローブ課題を用いた実験を紹介します。プローブ課題とは，文や文字列の刺激を提示した直後に，単語（プローブ語）を提示し，その単語が先に見た刺激の中にあったか，なかったかの判断を求める方法で，一般的には，その判断にかかった反応時間が測定されます。プローブ語が，実際には刺激の中に含まれていなかったにもかかわらず，それが「なかった」と正しく判断するのに時間がかかるならば，そのプローブ語が刺激とともに符号化されていた可能性が高いということになります（プローブ課題については McKoon & Ratcliff, 1986 参照）。

　実験では，「彼は，出発する前に，全員のシートベルトを確認した（He checked everyone's seat belts before starting off.）」のように，「注意深い（cautious）」という特性を暗示する文と，それに対応する

心理学研究の紹介①

ウィンターとユルマン（Winter & Uleman, 1984）は，記憶の手がかり再生（cued recall）を用いて，自発的特性推論の検証を行ないました。実験の参加者は，「秘書は，本を半分読んだところで，謎を解く」といった簡単な行動文を 18 文提示された後，先ほど提示された 18 文をできるだけ多く，そして正確に再生して記述するよう求められました。このとき，行動文を思い出すための手がかりとして，文の主語や述部との意味的な関連が強い語，または，「賢い」のように，行動文から暗示される特性語が与えられる条件がありました。これらに加え，手がかり語が与えられない条件も設けられていました。行動文をどの程度思い出せていたかを分析してみると，手がかりがない条件に比べ，手がかりが与えられた条件の再生成績が良かっただけでなく，主語や述部との意味的な関連の強い語より，特性語が手がかりとして与えられたほうが，再生成績が高いことが分かりました。つまり，意味的な関連語より，特性語のほうが，行動文を再生する手がかりとして有効であったといえます。これは，参加者が行動文を与えられた際に，自発的に特性を推論し，特性語と行動文を一緒に符号化していたためであると考えられています。しかし，ワイヤーとスルル（Wyer & Srull, 1989）は，これが符号化によるものではなく，参加者が再生時に手がかりとして与えられた特性語からその典型的な行動を連想し，それに基づいて，最初に提示された行動文を思い出して記述したという可能性を指摘しました。本文で紹介したユルマンらのプローブ課題による研究は，この指摘に対する反証を行なったものです。

統制条件として「シートベルトを確認する前に，全員出発した（Everyone started off before checking their seat belts.）」のように，特性を暗示しない文が 24 組用意されました。この例の場合，プローブ語として提示された特性語の「注意深い（cautious）」が，直前に与えられた刺激文の中に「なかった」という判断を行なうまでにかかった時間を測定すると，統制のための文よりも，特性を暗示する文の提示後のほうが，反応に長く時間がかかることが分かりました。ユルマンらは，綿密な実験と分析を行ない，行動文の符号化の際に自発的な特性推論が行なわれていることを主張しました。

(2) ステレオタイプの影響

1-(1) では，行動に関する情報から，他者の内的な特性を推論する過程について述べましたが，行動以外にも，他者の特性を推論するのに役立つ情報があります。例えば，「女性」といえば「家庭的」とか，「関西人」といえば「明るい」といったように，その人物がどのような「カテゴリー」に所属しているかという情報によっても，私たちは，他者の特性を推論することができます。このように，特定のカテゴリーあるいは集団に対する固定化されたイメージのことを，社会心理学では，**ステレオタイプ (stereotype)** と呼んでいます。多くの社会的認知研究の成果により，ステレオタイプが，対人認知に関する情報の注意，符号化，貯蔵，検索，判断といった様々な情報処理過程に影響を与えることが明らかになっています（池上, 2001 参照）。

では，自発的特性推論にも，ステレオタイプが影響する場合はあるのでしょうか？　ウィグボルダスらの研究（Wigboldus et al., 2003）が，この疑問に対する回答を示しています。彼らは，実験で提示する行動文として，あるカテゴリーのステレオタイプには一致し，別のカテゴリーのステレオタイプには不一致なものを用意し，プローブ課題を行ないました。例えば「X は女性店員を殴る（X hits the saleswoman.）」は，「スキンヘッド（The skinhead）」に対する「攻撃的（aggressive）」というステレオタイプとは一致する一方，「少女（The girl）」に対する「優しい（sweet）」というステレオタイプとは不一致な刺激として用意されました。実験では，「X」を主語の位置に入れた文を複数提示し，特性語をプロ

ーブ語として提示しました。また，各行動文の提示直前に，「スキンヘッド」または「少女」などのカテゴリーを示す単語をごく短時間提示していました。その結果，「X は女性店員を殴る」の直前に，「少女」が提示された場合のように，直前に提示されるカテゴリーのステレオタイプと行動文が一致しない場合には，プローブ語がもとの行動文になかったという判断が素早くなることが分かりました。これは，自発的特性推論が抑制され，特性が行動文とともに符号化されなかったためだと考えられます。また，カテゴリーを示す単語が，行動文の直前ではなく，直後に提示された場合には，ステレオタイプとの一致・不一致にかかわらず，反応時間に差が見られなかったことから，ステレオタイプは，情報の検索時ではなく符号化時に影響をしていたということができます。

　以上の結果から，自発的特性推論は，どのような場合でも常に行なわれる訳ではないことが明らかになりました。すなわち，行為者のカテゴリーに関する情報が与えられた直後に，そのステレオタイプと一致しない行動を観察すると，本来その行動から暗示される特性が推論されにくくなる場合があるといえます。

2. 言語表現に現れる対人認知

　ウィグボルダスらの実験で見たように，「店員を殴る」という行為をした人が，スキンヘッドの人だった場合には，「攻撃的」とか「乱暴」だと思われ，それが少女だった場合には，そのように思われにくいとしたら，少し不公平ではないでしょうか？　逆の例でいえば，少女が電車でおばあさんに席を譲ると「優しい」と思われるのに対し，スキンヘッドの人が同じ行為をしても「優しい」と思われないなら，それも不公平だと思いませんか？

　自発的特性推論は，私たち自身にとって，ほぼ無意図的に行なわれる情報処理であると考えられるため，上記のような推論の結果を，私たちが自分の胸のうちにおさめておくだけなら，問題はないのかもしれません。しかし，実際には，私たちが行なった推論の結果は，しばしば私たちの様々な言動に現れてしまいます。それがやがて，偏見や差別といった社会問題へと発展してしまう可能性があります。そこで，第 2 節では，ウィグボルダスらの実験で示されたような推論の結果が，言語コミュニケーションに反映される現象について述べていきます。

(1) 言語カテゴリー・モデル

　対人認知と言語コミュニケーションの関係を理解するにあたって，まずは，後で紹介する実験でも必ず適用されている言語指標を知っておく必要があります。それが，セミンとフィードラー（Semin & Fiedler, 1988）によって開発された**言語カテゴリー・モデル**（Linguistic Category Model, 略称 LCM）です。彼らは，言語表現の述部を抽象度という次元に基づいて分類するモデルを構築しました。そして，表 9-1 に示す基準を適用することにより，行為者の特性に関する推論の程度を測定することができると主張しました。

　彼らは，まず，述部に用いられる表現を大きく形容詞と動詞に分け，さらに動詞を 3 つのカテゴリーに分けました。最も抽象度の高いカテゴリーである形容詞（Adjectives; ADJ）は，時や状況を越えて安定した特性を明確に表すものです。動詞は，行為者の持続的な内的状態に言及する状態動詞（State Verbs; SV），一時的な行為を記述し，評価的な区別を伴う解釈的行為動詞（Interpretive Action Verbs; IAV），そして，単純に行為自体を記述するだけにとどまる記述的行為動詞（Descriptive Action Verbs; DAV）に分類されます。状態動詞から記述的行為動詞に至るにつれて，状況に言及する，より「具体

表 9-1　言語カテゴリー・モデル (Semin & Fiedler, 1988 を改変)

抽象度	カテゴリー	例	分類基準
高	形容詞	優しい 乱暴だ	個人の特性を示し，行為の対象や状況，文脈に関する言及を必要としない。解釈の可能性が最も高い。
やや高	状態動詞	思いやる 憎む	主に，行為者の心的・感情的な状態を示すもの。行動の始めと終わりが明確でない。
やや低	解釈的行為動詞	助ける 攻撃する	単一の行動であるが，解釈を含むもの。ポジティブ・ネガティブの評価的区別を伴うことが多い。
低	記述的行為動詞	手を引く 叩く	単一の行動で，行動の物理的な特徴を表現するもの。行動の始めと終わりが明確である。ポジティブ・ネガティブの評価的な区別がない。

表 9-2　言語カテゴリー・モデルを日本語に適用するために設定した基準 (菅・唐沢, 2006 を改変)

カテゴリー	分類基準
形容詞	・叙述の形容動詞はすべて形容詞として分類する ・特性を表す形容詞もしくは形容動詞が名詞を修飾している場合は述部でなくとも形容詞として分類する（例：優しい性格→優しい） ・特性を表す形容詞が副詞的に働いている場合は形容詞として分類する（例：積極的に参加する→積極的だ） ・文末が名詞の場合でも，「だ」を付ければ形容動詞的な意味を得るものは形容詞として分類する（例：不真面目→不真面目だ）
状態動詞	・「特性を表す名詞＋がある（を持つ）」という表現は状態動詞として分類する（例：まじめさがある）

的」な動詞であると定義されます。近年の研究では，形容詞よりも名詞のほうがより抽象度の高いカテゴリーとして位置づけられるということも明らかにされつつあります（**研究②**参照）。

このモデルは，従来主にイタリアやドイツ，イギリスなどの欧米語圏で適用されてしました。しかし，これをそのまま日本語に適用する際には，いくつかの問題が生じます。例えば，もともとの言語カテゴリー・モデルでは，形容詞と動詞の分類しか行なわれておらず，その分類基準のままでは，形容動詞などの日本語に特有ないくつかの特性表現を分析に反映させることができません。そこで，菅・唐沢

心理学研究の紹介②

カルナギら（Carnaghi et al., 2008）は，名詞による記述が対人認知に及ぼす影響を検証しました。実験では，「彼は，芸術的だ」のような形容詞による記述と，「彼は，芸術家だ」のような名詞による記述を用意し，いずれか一方を参加者に提示しました。参加者は，与えられた記述を読み，「その人物は，1週間にどれくらい絵を描くか」といったように，主語にあたる人物が，記述から推論される典型的な行為をどれくらい行なっているかを推測しました。また，どのくらいそのカテゴリーにとって典型的な人物であるかについても，評定を行ないました。実験の結果，形容詞で記述された場合に比べ，名詞によって記述された場合のほうが，典型的な行動の頻度も多く，典型的な人物であるという判断が行なわれていることが分かりました。すなわち，形容詞に比べ，名詞のほうが，他者に対する強い特性推論を促すことから，言語カテゴリー・モデルの分類でいうと，最も抽象度の高いカテゴリーであるということができます。カルナギらの研究結果は，イタリア語とドイツ語で確かめられており，少なくともこれらの言語では，名詞の抽象度の高さが示されたといえます。日本語でも，人物の特性を名詞で表現することがありますが，「泣き虫」や「努力家」のように動詞表現から派生したものも多いため，形容詞と名詞を直接比較して議論を行なうためには，注意を払う必要があります（唐沢, 2007 参照）。

(2006)は，このモデルを日本語に適用する際の問題点を指摘し，新たな分類基準を加えました（表9-2）。この基準を適用することによって，日本語においても，言語表現から推論の程度を測定することが可能であることが確かめられています（Karasawa & Suga, 2008; 菅・唐沢, 2006）。

(2) 言語集団間バイアスと言語期待バイアス

　行動から特性を理解する過程と言語表現の関係を明らかにするための代表的な研究を行なったのは，マースら（Maass et al., 1989）の研究グループでした。彼女の研究グループは，イタリアのパリオと呼ばれる競馬に参加する地区同士の敵対状況を利用して実験を行ないました。パリオが開催される前の週に，ライバル関係にある2つの地区に実験者が出向き，それぞれの地区の人々に対し，図9-1のように，ある人物が望ましい行為をしている状況を描写した絵と，それとは逆に望ましくない行為をしている絵を見せました。半数の実験参加者には，絵の主人公がライバル地区のメンバーであると告げる一方，もう半分の参加者には，それが自分たちと同じ地区のメンバーであると告げました。そして，絵に描かれた状況を説明するものとして最もふさわしい文を，4つの選択肢の中から選ぶよう求めました。4つの選択肢は，言語カテゴリー・モデルの形容詞，状態動詞，解釈的行為動詞，記述的行為動詞のそれぞれを含む文章で構成されていました。

　実験の結果，望ましい行動をしているのが，ライバル地区のメンバーであった場合には，解釈的行為動詞や記述的行為動詞などの具体的な行動を表す文が選択されやすく，自分と同じ地区のメンバーであった場合には形容詞や状態動詞など，抽象度の高い文が説明に選ばれやすいことが分かりました。その反対に，自分と同じ地区のメンバーが望ましくない行為をしている絵に対しては，解釈的行為動詞や記述的行為動詞などの具体的な行動を表す文が選択されやすく，敵対するメンバーの望ましくない行為に対しては，形容詞や状態動詞が選択される傾向が見られました。このように，自分が所属する内集団のメンバーの望ましい行為と，外集団のメンバーの望ましくない行為に対しては，内的で安定的な状態や特性による説明が行なわれ，内集団メンバーの望ましくない行為と，外集団メンバーの望ましい行為については，その場限りの行動による説明が行なわれる現象をマースらは，**言語集団間バイアス（Linguistic Intergroup Bias, 略称LIB）**と名付けました。内集団と外集団という集団同士の対立が明白な状況において，内集団に対する望ましいイメージと，外集団に対する望ましくないイメージを維持するために，言語集団間バイアスが生じると考えられています。

図9-1　マースらの実験で使われたイラストのイメージ
(左は望ましい行為の例，右は望ましくない行為の例。実験で実際に使われたものとは異なります。)

心理学の研究紹介③

　唐沢と菅（Karasawa & Suga, 2008）は，新製品に対するポジティブな期待がその製品に関する記述に与える影響を調べました。実験では，新製品のパソコンに関するユーザーレビューと称して，パソコンに関するポジティブな情報とネガティブな情報を同数含んだ文章を参加者に提示しました。それらの情報はすべて，具体的な動詞によって記述されていました。参加者には，そのユーザーレビューを読み，パソコンの印象について記述するよう教示を行ないました。この時，自分のためのメモ書きとして記述する条件と，ある1名の人物に伝える情報として記述する条件，そして，別室に待機している15名の人々に伝える情報として記述する条件が設けられていました。参加者の書いた記述を言語カテゴリー・モデルに基づいて分析したところ，自分のメモ書きとして記述した場合には，言語期待バイアスが見られなかったのに対し，他者に伝えるために記述した場合には，ネガティブな情報に比べ，ポジティブな情報がより抽象的に記述されていました。これは，人が新製品に対するポジティブな期待を維持しようとしたために生じた結果であると考えられます。また，この実験では，情報の受け手の規模が大きくなるほど，言語期待バイアスが顕著になることも分かりました。抽象度の高い言語表現は，情報の受け手が話題の対象に関する理解をする際に有用であることを考えると，大勢の受け手を想定したコミュニケーション場面において，製品に関するポジティブな情報をより抽象的な言語表現で伝えることは，製品の販売促進といった現実場面においても，理に適っているのではないでしょうか。

　しかし，マースらが行ったその後の研究（Maass et al., 1995）では，たとえ内集団のメンバーが望ましい行為をした場合であっても，それが集団のステレオタイプと一致しないものであれば，特性に言及した説明が行なわれる訳ではないことが示されました。反対に，外集団メンバーの望ましい行為が，その集団のステレオタイプに一致する場合には，特性による説明が行なわれることが分かりました。マースらは，このような現象の背景に，集団や個人に対して既に持っているイメージを維持しようとする心のはたらきがあると考えました。集団や個人に対するイメージおよび先入観のことを，心理学では，**期待（expectancy）** といい，期待に一致した行為を観察した場合には，内的で安定的な特性による説明を行なうことで，既存の期待を維持し，期待に一致しない行為を観察した場合には，その場限りの行動として解釈し，説明を行なうことで，もともと持っていた期待からその行動を切り離しているのだと考えられます。このような心のはたらきに基づいた現象であることから，期待に一致することは抽象的な言語表現で説明し，期待に一致しないことは具体的な言語表現で説明する現象を，**言語期待バイアス（Linguistic Expectancy Bias, 略称LEB）** といいます。

　集団や個人に対する期待は，望ましさの次元に関するものばかりではなく，内集団や外集団といった集団間の敵対状況も，私たちの周囲に常に存在するとは限りません。こういったことを踏まえると，言語期待バイアスは，様々な期待を維持しようとする心のはたらきを反映しているという意味において，言語集団間バイアスよりも包括的な現象であるといえます。よって，言語集団間バイアスは，集団間の敵対状況が明白な場合に生じる，言語期待バイアスの一種として位置付けるのが適切だと考えられます（唐沢, 2007）。

　また，近年の研究では，言語期待バイアスが，人物に限らず，商品に関する口コミや情報の伝達にも現れることが分かっており，販売の促進や，風評被害といった経済場面における認知の理解にも，言語カテゴリー・モデルの枠組みを適用して分析することが可能であると考えられます（**研究③**およびSchellekens et al., 2010 参照）。

（3）コミュニケーションに関する諸要因の影響

　言語期待バイアスは，人が期待を維持しようとする心のはたらきに基づいて他者を理解した結果が，言語表現に反映されたものだと考えられます。しかし，期待の維持に関わる認知的な要因のみが，言語期待バイアスに影響を与える訳ではありません。言語期待バイアスが「言語」を指標とした現象であるからには，コミュニケーションに関する様々な要因も言語期待バイアスの出現に影響を与えます（Wenneker & Wigboldus, 2008; Wigboldus & Douglas, 2007）。

　例えば，一般的なコミュニケーション場面には，情報の送り手と，受け手，そして話題の対象となる物や人の3者が存在しています。この3者の関係が，言語期待バイアスの出現パタンに影響を与えることが分かっています（Freytag, 2008）。ウィグボルダスら（Wigboldus et al., 2005）は，参加者の性別や，所属する大学といったカテゴリーを利用して実験を実施し，情報の受け手と話題の対象の両者が，情報の送り手にとって内集団のメンバーである場合には，言語期待バイアスが見られないのに対し，話題の対象のみが外集団のメンバーである状況では，言語期待バイアスが見られることを示しました。また，菅・唐沢（2006）も日本人を参加者とした実験で同様の結果を示しています。具体的には，情報の受け手と話題の対象が参加者と同じ日本人大学生である場合には，言語期待バイアスが見られず，外集団のメンバーである中国人留学生の情報を伝える条件でのみ，言語期待バイアスが出現することが明らかになりました。情報の受け手と話題の対象の両者が内集団のメンバーである場合には，集団のステレオタイプがはっきりと意識されず，むしろ，内集団成員の多様さが意識される一方，話題の対象が外集団である場合には，内集団と外集団の対比が浮き彫りになり，外集団のステレオタイプが意識されやすくなります。そのために，話題の対象が外集団である場合には，言語期待バイアスが生じやすくなると考えられます。

　このような情報の送り手，受け手，話題の対象の3者の関係という状況的な要因に加えて，話題の対象に関する受け手の理解を促進しようとする動機的な観点からも，言語期待バイアスが助長される可能性が考えられます（Karasawa & Suga, 2008; 菅・唐沢, 2006）。言語カテゴリー・モデルで分類される抽象度の高い表現は，そこから主語に該当する人物の情報を多く推論することができるため，人物を理解する際には有用な表現であると考えられています（Semin & Fiedler, 1988）。だからといって，ステレオタイプに一致する情報と一致しない情報の両者を抽象度の高い表現で伝えてしまっては，情報の受け手はかえって混乱してしまうでしょう。情報の受け手が内集団の人物である場合，情報の送り手である自分と，様々な集団に対するステレオタイプを共有しているという予測が行なわれやすくなります（Clark & Kashima, 2007）。そこで，ステレオタイプに一致することのみ抽象度の高い表現で伝えると，情報の受け手は，話題の対象について，スムーズに印象を形成し，理解をすることができるため，言語期待バイアスが助長されることになります。

　上述のように，自分が持っている情報を受け手に対して分かりやすく伝えようとすることは，コミュニケーション場面における基本的で純粋な動機であると考えられます（Grice, 1975; Sperber & Wilson, 1995）。しかし，自分の意見や考えをストレートに伝えることだけが伝達の目標であるとは限りません。しばしば人は，様々な伝達目標を持って他者に情報を伝えます。例えば，芸能記者は，読者や視聴者の関心をひくために，政治家やタレントの行動を過度に脚色して伝えることがあります。また，大学の指導教官が就職活動をする学生のために推薦文を書くならば，その学生の良いところをアピールするために，事実を少し誇張することもあるでしょう。ダグラスとサットン（Douglas & Sutton, 2003）は，そのような意識的な伝達目標が言語期待バイアスに及ぼす影響を検証しました。実験（study4）では，参加

者に対し，知人を1人思い浮かべるように教示しました。その際，半数の参加者には，知人が最近とった行動の中で，その人らしい行動を思い出し，残りの参加者には，その人らしくない行動を思い出すように指示しました。すべての参加者は，その知人に関する情報を他者に伝達することになっていましたが，半数の参加者にのみ，その情報を受け取った人が，知人に対して事実とは違った印象を持つよう誘導するようにと教示しました。例えば，知人らしい行動を思い浮かべる条件の参加者の場合，その行動が，知人の印象とは一致しない行動であるかのように記述することを求められました。分析の結果，思い浮かべた内容をそのまま伝達する場合は，知人らしい行動は，知人らしくない行動に比べ，より抽象的な表現で記述されるという言語期待バイアスが認められました。しかし，情報の受け手が，事実とは反対の印象を持つように教示された条件では，知人らしい行動は具体的な動詞で記述され，知人らしくない行動は抽象的に記述されるという，言語期待バイアスとは逆の現象が見られました。このようにダグラスとサットンは，話題の対象に対する情報の受け手の印象を意図的に操作するような伝達目標がある場合，その伝達目標に応じて，言語表現に現れるバイアスのパタンが変化することを示しました。

3. 言語表現から分かること

　ここまでは，対人認知が言語コミュニケーションに反映される現象について見てきました。しかし，言語が，文字や音声によって，人から人へと伝達されていくものであるならば，それを受け取る人に対して言語が与える影響についても考える必要があります。では，情報の受け手は，言語表現から，何を理解しているのでしょうか？

(1) 話題の対象に関する理解

　ウィグボルダスら（Wigboldus et al., 2000; 2006）は，コミュニケーションに用いられる言語表現の微妙な違いが，話題の対象に関する受け手の理解に影響を与えることを示しています。彼らはまず，ダグラスらの実験のように，参加者に対し，友人を思い浮かべるように教示し，その友人の性別のステレオタイプに一致するエピソードと，ステレオタイプに一致しないエピソードを記述するよう求めました。例えば，男性の友人を思い浮かべた参加者は，その友人の男性らしいエピソードと男性らしくないエピソードを記述しました。このようにして，ステレオタイプに一致するエピソードと一致しないエピソードを集め，今度はそれらのエピソードを別の参加者に提示しました。このとき，実験参加者は，そのエピソードに書かれている行為が，どの程度，その人物の特性によって行なわれたものであるかを判断するよう求められました。

　実験の前半で得られたエピソードの言語表現を言語カテゴリー・モデルの基準に基づいて分析したところ，やはり，従来の研究と同様に，ステレオタイプに一致する行為は，より抽象的な表現で記述され，一致しない行為は具体的な表現で記述されるという言語期待バイアスが確認されました。そして，そのエピソードを受け取った参加者が，エピソードを読んで行なった判断について分析したところ，ステレオタイプに一致するエピソードは，一致しないエピソードに比べ，行為者自身の特性によって引き起こされたと判断されていたことが明らかになりました。また，このような判断が，エピソードの記述に用いられた言語表現の抽象度の違いによるものであることを検証した結果，受け取ったエピソードの記述に用いられた言語表現の抽象度が高いほど，その行為が行為者自身の特性によって引き起こされたという判断が行なわれていたことが示されました。

(2) 情報の送り手に関する理解

　情報の伝達に用いられる言語表現から分かるのは，話題の対象に関することだけではありません。ダグラスとサットン（Douglas & Sutton, 2006）は，情報の送り手と話題の対象との関係性や態度が，言語表現の違いから受け手に分かってしまうことを明らかにしています。実験では，参加者に対し，ある人が望ましい行為を行なっている絵と望ましくない行為を行なっている絵を4枚ずつ見せました。各4枚の絵には，言語カテゴリー・モデルの4分類のうち1つのカテゴリーを用いた文章が添えられていました。参加者は，合計8枚の絵と文章を見て，それぞれの文章が，絵の中の主人公の友人，ライバル，そして単にその行為を観察していた人によって記述された可能性を評定しました。これと同時に，その記述を行なった人物が，主人公に対して，ネガティブな態度を持っているかポジティブな態度を持っているかについても評定を行ないました。

　実験の結果，ポジティブな行為が抽象度の高い表現で記述されている場合には，その記述を行なっているのが友人であると判断されやすく，抽象度の低い表現で記述されている場合には，それがライバルや観察者による記述であると判断されやすいことが分かりました。ネガティブな行為についはその反対に，抽象度が高い記述はライバルによるものである可能性が高いと判断され，抽象度が低い記述ほど友人や観察者によるものである可能性が高いと判断されていました。また，どちらの種類の行為についても，抽象度の高い表現で記述されているほど，情報の送り手が主人公に対して偏った態度を持っているという判断が行なわれていました。この他にも，情報の記述に用いられている言語表現に応じて，情報の送り手自身の特性が推論されることを示す研究結果も報告されています（Douglas & Sutton, 2010）。

4. まとめと今後の展望

　この章では，対人認知の1つである自発的特性推論について述べ，それが言語コミュニケーションに反映された言語期待バイアスに関する様々な研究を紹介してきました。ここで紹介した研究結果から分かるのは，私たちは他者の行動から特性を自発的に推論しており，さらに，その結果として，しばしば無自覚的に，期待に一致することは抽象的な表現で伝え，一致しないことは具体的な表現で伝えているということです。また，受け取った情報の言語表現が，私たちにどのような影響を与えているのかについても，多くの場合，無自覚であるといえます。このような一連の過程には，いじめや偏見・差別の解消を困難にする原因の一端があると考えることができます。

　例えば，ウィグボルダスら（Wigboldus et al., 2000）の研究結果は，情報の記述に用いられた言語表現から，情報の受け手が，情報の送り手と話題の対象に関する理解を共有していることを示しています。仮に，スキンヘッドの人々に対して，「乱暴だ」とか「短気だ」といったステレオタイプを持っている人物が，スキンヘッドの人が，道端に落ちている空き缶を蹴ったのを見かけたとしましょう。このエピソードを伝える際に，「空き缶を蹴っていた」と言うよりも，「スキンヘッドの人が，道でイライラしていた」といった表現を使うと，イライラしているという状態が，まさにその人物の特性によって引き起こされたという解釈が受け手によって行なわれることになります。このとき，情報の送り手は，言語表現にバイアスを生じさせることで，自分の持っている期待を維持しているという事実に無自覚であることが多いと考えられますが，情報の受け手もまた，言語コミュニケーションを通して，情報の送り手の持つ期待を共有しているということに気づくことは少ないでしょう（Wigboldus & Douglas, 2007）。また，ダグラスとサットンの研究（Douglas & Sutton, 2003）では，伝達目標に応じて，人は言語期待バイア

スの出現パタンを変化させられることが分かりましたが，この場合でもなお，人々は，言語表現の抽象度自体が持つ機能や影響力には，気づいていないと考えられます。つまり，私たちは，「何を伝えるか」については，意識することができ，どのような言語表現で伝えるかを自分である程度コントロールすることはできますが，実際に用いている言語表現が，どのような機能を持っており，受け手にどのような影響を与えているかまでは意識できないことが多いといえます。

このようにして，他者や特定の集団に対するネガティブなステレオタイプが，言語コミュニケーションを通して，人から人へと共有されていくことで，いじめ，偏見，差別が蔓延していくと考えられます。また，いったん共有された情報は，コミュニケーションの中で繰り返し使われることが多くなるため，ますます，問題の解消が困難になってしまいます（Kashima et al., 2007）。

パソコンや携帯電話，スマートフォン，タブレットなどを使ったコミュニケーションツールの開発が急激に進み，私たちの周りには，常に大量の情報が溢れています。私たちがそれらの情報に用いられている言語表現の機能や影響力に気付かないままでいるならば，偏見や差別の蔓延を助長するばかりで，その予防や解消に寄与することはできません。近年，日本においても，特にインターネット上で情報を発信したり受け取ったりする際の情報リテラシーの教育や，その基礎となる批判的思考の育成の重要性が認識されるようになってきています（第6章参照）。自己や他者が行なうコミュニケーションの内容すべてに意識を払うことは困難ですが，本章で紹介したような現象や心のはたらきを知っておくことで，私たち一人一人が，言語を介して生じるいじめや差別などの問題を発見したり予防したりする力を日々養うことができるのではないでしょうか。

☞ 読書ガイド

池田謙一・唐沢 穣・工藤恵理子・村本由紀子（著）(2010).社会心理学　有斐閣
　「社会心理学」とひと口にいっても，その研究領域は多岐にわたります。本書は，自己といった個人のレベルから，社会・文化といったマクロなレベルに至るまで，人間の行動および心理過程に関する幅広い研究をカバーした教科書的な1冊です。

岡本真一郎（編）(2007).ことばのコミュニケーション―対人関係のレトリック　ナカニシヤ出版
　対人認知と言語コミュニケーションに関する様々な研究知見が紹介されています。認知が言語に及ぼす影響や，言語が認知に及ぼす影響について関心があり，実験をしてみたいと思う方は，是非一度読んでみてください。

引用文献

Carnaghi, A., Maass, A., Gresta, S., Bianchi, M., Cadinu, M., & Arcuri, L. (2008). Nomina sunt omina: On the inductive potential of nouns and adjectives in person perception. *Journal of Personality and Social Psychology*, **94**, 839-859.

Clark, A. E., & Kashima, Y. (2007). Stereotypes help people connect with others in the community: A situated functional analysis of the stereotype consistency bias in communication. *Journal of Personality and Social Psychology*, **93**, 1028-1039.

Douglas, K. M., & Sutton, R. M. (2003). Effects of communication goals and expectancies on language abstraction. *Journal of Personality and Social Psychology*, **84**, 682-696.

Douglas, K. M., & Sutton, R. M. (2006). When what you say about others says something about you: Language abstraction and inferences about describers' attitudes and goals. *Journal of Experimental Social Psychology*, **42**, 500-508.

Douglas, K. M., & Sutton, R. M. (2010). By their words ye shall know them: Language abstraction and the likeability of describers. *European Journal of Social Psychology*, **40**, 366-374.

Freytag, P. (2008). Sender-receiver constellations as a moderator of linguistic abstraction biases. In Kashima, Y., Fiedler, K., & Freytag, P. (Eds.), *Stereotype dynamics: Language-based approaches to the formation, maintenance, and transformation of stereotypes* (pp.213-237). New York: Lawrence Erlbaum Associates.

Grice, H. P. (1975). Logic and Conversation. In P. Cole & J. Morgan (Eds.), *Syntax and semantics 3: Speech acts* (pp.41-58). New York: Academic Press.

池上知子 (2001). 対人認知の心理機構 唐沢 穣・池上知子・唐沢かおり・大平英樹 (著) 社会的認知の心理学—社会を描く心のはたらき ナカニシヤ出版 pp.14-45.

唐沢 穣 (2007). 対人関係と述語 岡本真一郎 (編) ことばのコミュニケーション—対人関係のレトリック ナカニシヤ出版 pp.2-15.

Karasawa, M., & Suga, S. (2008). Retention and transmission of socially shared beliefs: The role of linguistic abstraction in stereotypic communication. In Y. Kashima, K. Fiedler, & P. Freytag (Eds.), *Stereotype dynamics: Language-based approaches to the formation, maintenance, and transformation of stereotypes* (pp.241-262). New York: Lawrence Erlbaum Associates.

Kashima, Y., Klein, O., & Clark, A. (2007). Grounding: Sharing information in social interaction. In K. Fiedler (Ed.), *Social communication* (pp.27-77). New York: Psychology Press.

Maass, A., Milesi, A., Zabbini, S., & Stahlberg, D. (1995). Linguistic intergroup bias: Differential expectancies or in-group protection? *Journal of Personality and Social Psychology*, **68**, 116-126.

Maass, A., Salvi, D., Arcuri, L., & Semin, G. (1989). Language use in intergroup contexts: The linguistic intergroup bias. *Journal of Personality and Social Psychology*, **57**, 981-993.

McKoon, G., & Ratcliff, R. (1986). Inferences about predictable events. *Journal of Experimental Psychology: Learning, Memory, and Cognition*, **12**, 82-91.

Schellekens, G. A. C., Verlegh, P. W. J., & Smidts, A. (2010). Language abstraction in word of mouth. *Journal of Consumer Research*, **37**, 207-223.

Semin, G. R., & Fiedler, K. (1988). The cognitive functions of linguistic categories in describing persons: Social cognition and language. *Journal of Personality and Social Psychology*, **54**, 558-568.

Sperber, D., & Wilson, D. (1995). *Relevance: Communication and cognition.* 2nd ed. Oxford: Blackwell. (内田聖二・宋南先・中逵俊明・田中圭子 (訳) (1999). 関連性理論—伝達と認知— (第2版) 研究社)

菅 さやか・唐沢 穣 (2006). 人物の属性表現にみられる社会的ステレオタイプの影響 社会心理学研究, **22**, 180-188.

Uleman, J. S., Hon, A., Roman, R. J., & Moskowitz, G. B. (1996). On-line evidence for spontaneous trait inferences at encoding. *Personality and Social Psychology Bulletin*, **22**, 377-394.

Uleman, J. S., Saribay, S. A., & Gonzalez, C. M. (2008). Spontaneous inferences, implicit impressions, and implicit theories. *Annual Review of Psychology*, **59**, 329-360.

Wenneker, C. P. J., & Wigboldus, D. H. J. (2008). A model of biased language use. In Y. Kashima, K. Fiedler, & P. Freytag (Eds.), *Stereotype dynamics: Language-based approaches to the formation, maintenance, and transformation of stereotypes* (pp.165-188). New York: Lawrence Erlbaum Associates.

Wigboldus, D. H. J., Dijksterhuis, A., & van Knippenberg, A. (2003). When stereotypes get in the way: Stereotypes obstruct stereotype-inconsistent trait inferences. *Journal of Personality and Social Psychology*, **84**, 470-484.

Wigboldus, D., & Douglas, K. (2007). Language, stereotypes, and intergroup relations. In K. Fiedler (Ed.), *Social communication* (pp.79-106). New York: Psychology Press.

Wigboldus, D. H. J., Semin, G. R., & Spears, R. (2000). How do we communicate stereotypes? Linguistic bases and inferential consequences. *Journal of Personality and Social Psychology*, **78**, 5-18.

Wigboldus, D. H. J., Semin G. R., & Spears, R. (2006). Communicating expectancies about others. *European Journal of Social Psychology*, **36**, 815-824.

Wigboldus, D. H. J., Spears, R., & Semin, G. R. (2005). When do we communicate stereotypes? Influence of the social context on the linguistic expectancy bias. *Group Processes and Intergroup Relations*, **8**, 215-230.

Winter, L., & Uleman, J. S. (1984). When are social judgments made? Evidence for the spontaneousness of trait inferences. *Journal of Personality and Social Psychology*, **47**, 237-252.

Wyer, R. S., Jr., & Srull, T. K. (1989). *Memory and cognition in its social context.* NJ: Lawrence Erlbaum.

10 進 化
思考の偏りは適応的か？

　ここまでの章で明らかとなってきた「心のしくみ」は何のために存在するのでしょうか？　人間の体には，肺や腸，心臓など様々なしくみ（器官）があり，それぞれに人間の成長と生存に欠かせない役割を果たしています。同じように，人間の心のしくみにも，何らかの役割があるのでしょうか。自然淘汰による進化の理論を用いることで，「心のしくみ」の役割を考えるのが進化心理学です。本章では，思考について，利他行動の進化理論から行なわれてきた研究を紹介してみましょう。

1. 思考におけるバイアスと主題内容効果

(1) 思考と推論

　認知心理学における研究テーマの1つに**思考**（thinking）や**推論**（reasoning）と呼ばれるものがあります（第6章参照）。人間が様々な情報をもとに，どのように考え，結論を導き出すのか研究するのがこの分野です。例えば次のような**三段論法**（syllogism）について聞いたことのある方も多いのではないでしょうか。

　　すべての人間は，いずれ死ぬ。
　　アリストテレスは人間である。
　　ゆえに，アリストテレスはいずれ死ぬ。

　初めに与えられた2つの前提から，3つ目の結論が論理的に推論されています。このように既知の情報から未知の情報を導くことを推論と呼びます。人間がどのようにして推論をするのか，これまでに多くの研究が行なわれてきました。なぜなら，人間は必ずしも常に"論理的"に推論することができないからです。次の三段論法を考えてみて下さい。

　　すべてのカーカーは鳥ではない。
　　あるカラスはカーカーである。

　この2つの前提から，どのような結論を論理的に導くことができるでしょうか。

　　1）あるカラスは鳥である
　　2）すべてのカラスは鳥である
　　3）あるカラスは鳥でない
　　4）どのカラスも鳥でない
　　5）どれでもない

論理的な正解は3です。カラスの中にはカーカーであるものがいて、カーカーだったら鳥でないのですから、あるカラスはカーカーでないことになります。もちろん事実とは異なりますが、問題となっているのはあくまで、前提が正しいことを認めたときに論理的に導かれる結論だからです。しかし多くの方は、正解にたどり着くまでに、少し考えこむ時間があったのではないでしょうか。このように、どうやら人間にとって難しい推論が世の中にはあるようです。どのような推論が易しく、どのようなものが難しいのか。そしてそれはなぜなのか、思考と推論の研究分野では探ってきました。

(2) 4枚カード問題

推論研究分野において、特に難しい推論として知られている問題を紹介しましょう。**4枚カード問題 (four card problem)**、もしくは考案者の名前をとって**ウェイソンの選択課題（Wason selection task）**と呼ばれるものです（Wason, 1968）。図10-1は4枚のカードを描いたものだと考えてください。すべてのカードは、一面に数字、もう一面にはアルファベットが書いてあります。これら4枚のカードについての「一面がKならば、もう一面は3である」というルールが正しいか間違っているか確認するためには、どのカードをめくって裏を調べる必要があるでしょうか？

ここで示したルールのように「もしPならばQである」という形で表せるものを**条件文 (conditional)** と呼びます。4枚のカードは、条件文の前半部分（前件、antecedent）に当てはまるケース（K）と当てはまらないケース（D）、後半部分（後件、consequence）に当てはまるケース（3）と当てはまらないケース（5）を網羅していることが分かります。条件文について説明するときには、前件をP、後件をQとして書くことが多いので、本章でもこれに従うことにしましょう。

まず「K」をめくって裏が3ではなかったら条件文は誤りと分かりますからK、つまりPのカードを選ぶのは論理的に正しい回答です。もう一つ、「5」（非Q）のカードも選ぶ必要があります。5の裏がKだったら、ルールが誤っていたことになるからです。ところが実際には5（非Q）を選ぶ人は少なく、完全な正解である「Pと非Qの2枚」を選べる回答者は、全体の10〜40％ということが知られています。

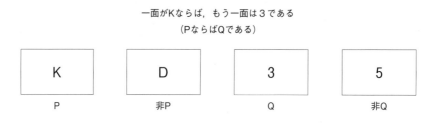

図10-1 4枚カード問題
条件文が正しいか間違っているか確認するためには、どのカードをめくって裏を調べる必要があるでしょうか。

(3) 主題内容効果

先ほどの4枚カード問題では抽象的な条件文が用いられていましたが、これを変えると正解率が高くなることがあります。例えば「酒を飲むのならば、20歳以上でなければならない」という条件文についての4枚カード問題を考えてみましょう（図10-2）。4枚のカードはレストランにいる4名の人物を表し、一面にその人の年齢、もう一面にその人が飲んでいるものが書いてあるとします。4人がルールを守っているか確かめるためには、どのカードをめくって裏を確認する必要があるでしょうか（Griggs &

図10-2 4枚カード問題における主題内容効果
4人がルールを守っているか確認するためには、どのカードをめくる必要があるだろうか。

Cox, 1982)。

多くの方がビールを飲んでいる人（P）と、そして18歳の未成年（非Q）を選ぶことと思います。つまり論理的な正解が容易になったわけです。このように条件文の内容によって正答率が上昇することを**主題内容効果（thematic content effect）**と呼びます。主題内容効果はなぜ生じるのでしょうか。次節で進化心理学による研究を紹介しましょう。

2. 進化心理学と4枚カード問題研究

(1) ダーウィン的アルゴリズム

ここまで紹介してきたように、人間の心は必ずしも論理学に従って思考するようには作られていないようです。それでは人間の心はどのように作られているのでしょうか。**進化心理学（evolutionary psychology）**では、心は進化において重要であった課題を、適応的な形で解決するように作られていると考えます。しかし適応的とはいったいどのような意味でしょうか。まずは**自然淘汰による進化（evolution by natural selection）**について説明しましょう。

ダーウィン（Darwin, C.）が提唱した自然淘汰による進化とは、ある環境において、ある個体の姿や行動面の特徴（形質）がたまたま生存や繁殖に有利であると、その個体のほうが生き延びて子孫を残す確率（適応度）が高いので、世代交代を繰り返すうちに、いずれはその個体の子孫ばかりになるというプロセスです（図10-3）。

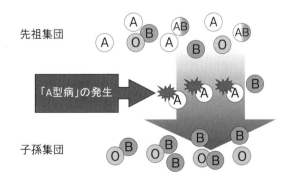

図10-3 自然淘汰による進化の仮想例
血液型がA型の人だけが罹患し、致死性の高い「A型病」が発生すると、B型やO型の人のほうが生存確率が高く子孫を残すので、世代交代を経るにつれ、B型とO型の人ばかりになる。つまりB型とO型だけからなる子孫集団が進化する。

何が生存と繁殖に有利になるかは，その場の文脈によって変わってきます。例えば他の動物を見つけたときに，捕まえて食べるべきなのか，逃げるべきなのか，求愛するのか，慈しみ育てるのか，それとも助け合うのかは相手によって変わってきます。そして，その場において生存と繁殖につながる心のはたらき（情報処理プロセス）も異なってくるでしょう。捕食対象ならその身体的弱点を，求愛対象ならその性的魅力を適切に評価することが適応的です。進化心理学では，そうした適応的な情報処理プロセスを**ダーウィン的アルゴリズム**（Darwinian algorithms）と呼んでいます（Cosmides & Tooby, 1992）。そして，肺や腸，心臓といったように身体器官が様々な役割ごとに分かれているのと同じように，異なる行動上の課題（採餌，求愛，育児など）それぞれに，専用のダーウィン的アルゴリズムが進化して備わっていると考えます。

(2) 互恵的利他主義の進化と裏切り者検知のダーウィン的アルゴリズム

推論はどのような役割を果たすダーウィン的アルゴリズムなのでしょうか。コスミデス（Cosmides, 1989）は，推論の役割の1つは**協力**（cooperation），より具体的には**互恵的利他主義**（reciprocal altruism）と呼ばれる助け合いのための情報処理を行なうことではないかと提唱しました。

自分の適応度を下げて，他者の適応度を上げる行動を**利他行動**（altruistic behavior）と呼びます。例えば溺れている子どもを助けるために川に飛び込むことも，交通機関で席を譲ることも利他行動です。人間社会では利他行動は普通に見られますが，自然淘汰理論から考えると不思議な現象です。自分の適応度を下げる利他行動は，進化によっていずれ淘汰され消えてしまうはずだからです。それにもかかわらず，なぜ利他行動が見られるのか，様々な理論が提唱され，検討されてきました。コスミデスはその中でも，トリヴァース（Trivers, 1971）の提唱した互恵的利他主義の理論に注目しました。

互恵的利他主義理論は，今日はAさんがBさんを助け，翌日はBさんがAさんを助けるといった形で利他行動が交換されるならば，ある日の負担を翌日以降に取り戻すことによって合計の適応度がプラスとなるので，進化できるとするものです。ただしそのためには条件があります。すなわち，1) 助ける側の負担より，助けられる側の利益のほうが大きい，2) 互恵的な関係が長期間にわたって継続する，3) 助けてもらいながら返報しない裏切り者への対処，の3つです。コスミデスはそこから転じて，互恵的利他行動を行なう人間には，その進化を可能にするダーウィン的アルゴリズムが備わっているはずだと考えました。具体的には，トリヴァースの挙げた条件の3番目，裏切り者への対処を取り上げ，人間は裏切り者を敏感に見つけ出すダーウィン的アルゴリズムを備えていると主張したのです（**研究①参照**）。

(3) 社会的交換の4枚カード問題

互恵的利他主義の場面では「もしAがBから利益を得るのであれば，AはBに代償を払わねばならない」というルールが成立していると考えられます。これは先述した条件文（もしPならばQ）の形になっています。ここである人が利益を得ていながら（P），代償を払っていなければ（非Q），その人を裏切り者と考えることができます。**社会契約**（social contract）と呼ばれるこの条件文を用いた4枚カード問題を作成するとどうなるでしょうか（図10-4）。4枚のカードは，4人の行動を示していて，一面にはその人が利益を得たか，他方の面にその人が代償を払ったかどうかが書いてあるものとします。もし人間が裏切り者を検知するダーウィン的アルゴリズムを備えているのならば，裏切りをはたらいている人を見つけ出そうとして，Pと非Qのカードを選択するのではないでしょうか。つまり，社会契約の条件文を用いたときに，4枚カード問題で主題内容効果が生じるのではないか。これがコスミデスの**社会**

心理学研究の紹介①

　第2節(2)で紹介した互恵的利他主義理論によれば，裏切り者を見つけ出した上で，その相手に処罰を与えることが求められます。例えば裏切り者を記憶しておき，その人には助けを与えないといったことが必要になるでしょう。そこでミーリーら（Mealey et al., 1996）は，裏切り者の顔はよく記憶されるか再認実験を行ない，肯定的な結果を得ました。その後の追試では，肯定的な結果（Oda, 1996）も否定的な結果（Mehl & Buchner, 2008）も報告もされています。ここでは，それら顔の記憶に関する研究の中から山岸ら（Yamagishi et al., 2003）の実験3を紹介しましょう。

　山岸らはまず，**囚人のジレンマ・ゲーム**（prisoner's dilemma game）を行ないました。これは2人1組で金銭的報酬をめぐってやりとりするゲームで，互いに協力すれば二人の合計金額は大きくなるが，自分だけ非協力を選べば抜け駆けできるという性質を持っています。匿名でゲームを行なっている際の顔写真を撮ることで，非協力的だった15人と，協力的だった15人の写真を用意しました。それら30枚の写真を記憶実験の参加者に1枚ずつ，後で再認実験があることを伝えた上で提示しました。それから，新たに加えた30枚と合わせた合計60枚の顔写真について，前に現れたか顔かどうかを判断するよう求めました。その結果，非協力者写真での正答率（ヒット率）は86%，協力者写真では83%でした。小さくはありますが統計的に意味のある差でした。興味深いのは，記憶実験の参加者は，顔写真の人物が協力的だったのか非協力的だったのか全く知らなかったことです。協力性に関する何らかの顔の造りまたは表情の特徴があることが示唆されます。

契約仮説（social contract hypothesis）です。

　コスミデスは様々な4枚カード問題を作成して仮説を検証しました。研究が行なわれた当時，ルールの内容が馴染みのものだと主題内容効果が生じるとする**馴染み仮説**（availability hypothesis）があったため，まず馴染みがないが社会契約になっている「ある男がキャッサバを食べるのならば，顔に刺青がなければならない」という条件文の問題を作りました。キャッサバは美味で貴重な食糧であり，顔の刺青は既婚者の証であるという文脈を与えることで，この条件文が社会契約となるようにしたのです。そして，回答者にとって馴染みはあるが社会契約になっていない「ボストンに行くのならば，地下鉄を使う」という条件文の問題と比較したのです。さらに念を入れて，馴染みのない条件文が何らかの理由で主題内容効果をもたらした可能性を排除するために，「ある男がキャッサバを食べるのならば，顔に刺青があるに違いない」という条件文に，顔に刺青をする部族の近くでキャッサバが自生しているという文脈を与えた問題も用意しました。統制条件となる抽象的なルールを用いた問題も含め4枚カード問題を実施したところ，予測通り馴染みがない社会契約問題において最も強い主題内容効果が生じました（図10-5）（**研究②**参照）。

　注意すべきことに，社会契約仮説が正しいのならば，この結果は「論理的な正答の増加」ではありま

利益を得たならば，代償を払わねばならない
（PならばQである）

利益を得た	利益を得てない	代償を払った	代償を払わない
P	非P	Q	非Q

図10-4　社会契約を用いた4枚カード問題
4人がルールを守っているか確認するためには，どのカードをめくる必要があるだろうか。

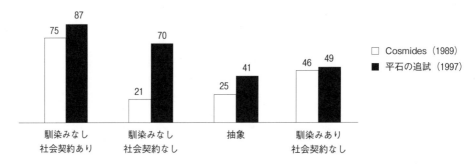

図 10-5 Cosmides（1989）の実験 1 とその追試（平石, 1997）における論理的正答率
Cosmides（1989）の実験 1 における論理的正解（P と非 Q の選択）率を，平石（1997）による日本での追試結果と並べて提示した。日本では入学直後の理系大学生を対象としたためか全体的な正答率が高くなっているが，パタンはコスミデスの米国データと相似している。

せん。裏切り者を見つけようとしたら，たまたま論理的正答に至ったに過ぎないはずです。そこでコスミデスは「ある男の顔に刺青があるのならば，キャッサバを食べる」という前件と後件を入れ替えた条件文を用いた実験を行ないました。この場合でも論理的な正答は P と非 Q となりますが，裏切り者を

心理学研究の紹介②

　図10-5, 7で示したコスミデス（1989）の4枚カード問題研究の実験参加者は，その後の追試研究も含め，ほとんどが大学生，つまり「紙と鉛筆課題」（paper and pencil task）と呼ばれる，紙に文字で書かれた，「正解」が存在する問題を解くことを得意としている人々でした。しかし裏切り者検知というダーウィン的アルゴリズムが存在するなら，それはヒトに普遍的なもののはずです。

　スギヤマら（Sugiyama et al., 2002）は，紙と鉛筆課題から最もかけ離れた社会でも裏切り者検知の回答が見られるか，南米アマゾンのシウィアー（Shiwiar）という部族の人々を対象に実験をしました。彼らの社会には文字がないので，シウィアー語に訳した問題文をテープに録音し，表裏のあるカードなどというものに慣れていない回答者への負担を軽くするために，カードの上下に写真を貼って片方を隠すという工夫もされました。結果は仮説を支持するもので，通常型の社会契約問題での非Qカード選択率は80％を超え，反転型の問題での非Pカード選択率も70％以上と高くなっていました。

　一方で大学生との違いも見られました。シウィアーの人々は裏切り者検知とは無関係なカード，例えば通常型の社会契約問題における非Pカードなども選ぶ傾向があったのです（選択率は40％弱）。彼らは，学校のテストで問題となるような，問われていることだけに答え無関係なことは無視するという訓練を積んでないために，こうした結果がでたのだろうと，スギヤマらは推測しています（図10-6）。

図 10-6　Sugiyama et al.（2002）で用いたカード
無文字社会で，いわゆる学校制度のないシウィアーの人々にとって，カードの裏面と表面を同時に記憶・想起することの認知的負担は，いわゆる産業国の人々にとってのそれより遥かに大きいことが予測された。そのためカードの上下に情報を絵で示し，一方を隠すという形で実験が行なわれた。

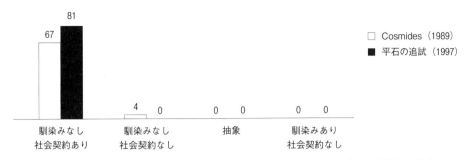

図 10-7　Cosmides（1989）の実験 3 とその追試（平石，1997）における裏切り者検知回答率
Cosmides（1989）の実験 3 における裏切り者検知回答（非 P と Q 選択）率を，平石（1997）による日本での追試結果と並べて提示した。抽象条件では「K ならば 3」といった抽象的条件文を用いた。

検知しようとするなら「顔に刺青がない」（非 P）と「キャッサバを食べている」（Q）を選ぶことになるはずです。結果は，論理的正解ではなく，裏切り者検知回答が増加しました（図 10-7）。それまでの 4 枚カード問題研究の歴史の中で「非 P と Q」という論理的正解の真逆の回答パタンが報告されたことはほとんどなかったので，それを理論的に予測し導いた結果はおどろくべきものでした。

3. 進化心理学的説明への批判とそれへの回答

(1) 領域一般な主張からの批判

コスミデスが論文を発表したところ賛否両論，大きな反響がありました。万物の霊長たる人類の高い知性を代表するものとして思考と推論を捉えてきた人々にとって，それが進化で説明できるとする主張は衝撃的だったのかもしれません。本節ではいくつかの対立理論を紹介してみましょう。

はじめに**領域一般な主張（domain general views）**とまとめることができる理論群を紹介しましょう。これらは，4 枚カード問題における主題内容効果は，すべて一つの単純な心のしくみによって説明できると主張するものです。

スペルベルら（Sperber et al., 1995）は，コミュニケーションに関する理論である**関連性理論**（relevance theory; Sperber & Wilson, 1995）に基づき，「P ならば Q」という条件文が与えられたときに，「P かつ非 Q」という例を想起することが容易であり，かつ，そうした例を見つけ出すことの認知的な効果が大きければ，人々は P と非 Q を選択すると論じました。社会契約問題における裏切り者（P かつ非 Q の人物）は，まさにそうした例になっているから主題内容効果が生じるというのです。

アーンとグラハム（Ahn & Graham, 1999）は，条件文から，P が Q の必要条件ではなく，かつ十分条件であると理解されれば，P と非 Q 選択率が上がるのだと論じました。社会契約問題はたまたまそのような理解を導くから主題内容効果を生じさせるのであって，社会契約問題でなくても主題内容効果を生じさせることは可能であるというのが彼らの主張です（図 10-8）。

これら領域一般な主張は，条件文をある特定の形で理解した場合には主題内容効果が生じると論じるところに特徴があります。その一方で，どのような内容の条件文なら，そうした形の理解が導かれるのかについては沈黙を守ります。あたかも，社会契約の下では裏切り者検知が重要なのは当然で，それがなぜ重要なのか考えることは自分たちの仕事ではないとでも思っているかのようです。しかし進化心理学が扱うのはまさに，なぜ裏切り者検知が重要なのかという点なのですから，領域一般な主張による批

某国の諜報機関が英語を暗号化しています。はじめにアルファベットを数字と対応づけます。つまり，A=1, B=2, C=3, D=4, E=5… Z=26 という対応表を作ります。彼らはカードを用意して，一面にアルファベットを，他方の面に対応する数字を書きました。この暗号作成の手順に従えば，母音の裏はすべて奇数になります（A=1, E=5, I=9, O=15, U=21）。しかしいくつかの子音の裏にも奇数があります。そこで彼らはカードを作るときに，次のルールに従いました。

「もしカードの一面が母音ならば，他方の面は奇数である。」
（P ならば Q）

規則が破られていないか確かめるためにめくる必要のあるカードはどれでしょうか。

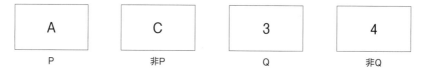

図10-8　アーンとグラハム（Ahn & Graham, 1999）で用いた4枚カード問題（改変）
この問題では回答者の50%が論理的正答をした。これは通常の抽象型4枚カード問題を解いたコントロール条件での18%よりも有意に高かった。

判は的を外している感があります。しかし，こうしたずれが生じることには理由があります。

条件文に基づいて推論が行なわれる過程には，入力（条件文の理解），情報処理（推論），出力（回答）というステップが含まれます。コスミデスは，入力から出力に至る手続き（アルゴリズム）全体が，裏切り者検知という適応的な目的のためにデザインされていると論じました。これに対して，領域一般な主張では，情報処理を担う部分（推論）に焦点を当て，そこでは何ら特別なダーウィン的情報処理は行なわれていないと論じているのです。その前の入力段階では何か特別な処理が行なわれているかもしれないが，それは推論という研究テーマとは別のものであると捉えているわけです。

このように考えると，領域一般な主張は，必ずしも進化的アプローチを否定しているのではなく，心が実際にどのようなしくみをしているのか，より詳細な議論の必要性を指摘しているものといえるでしょう。たとえてみれば，血液の循環に「心臓」という専用の器官があるとする主張に対して，心臓の筋肉のはたらきは，体の他の部分となんら変わりがないことを指摘しているのかもしれません。

(2) 領域特殊な主張からの批判

領域特殊な主張（domain specific views）では，特定の文脈では，それ専用の特別な推論が行なわれるために主題内容効果が生じるとされます。進化心理学による4枚カード問題研究の多くもこの立場に含めることができます。

マンクテロウとオーヴァー（Manktelow & Over, 1991; 1995）は，規則や規範について述べた**義務論的条件文**（deontic conditional）を用いたときに主題内容効果が生じると論じています。事実について述べた直接法的条件文（indicative conditional）である「カラスならば黒い」は，白いカラスが見つかった瞬間に偽（間違い）となります。しかし義務論的条件文である「アルコールを飲むならば成人である」は，未成年がアルコールを飲んでいても偽とはなりません。それは従うべき規則であって，真偽判断の対象ではないからです。それゆえ4枚カード問題で義務論的条件文が提示されたとき，回答者は条件文の真偽を確かめようと推論するのではなく，最も**主観的期待効用**（subjective expected utility）[1]

[1) ある選択肢を選んだときの結果の望ましさを効用と呼びます。A社製品のほうが，B社製品よりも好みであるとすると，A社製品購入のほうが効用が大きいことになります。雨が降るかどうかなど，結果に不確実性が含まれる場合，傘を持って出かけることの効用は，雨が降る確率と濡れないことの効用の積（期待効用）になります。雨が降る確率が主観的なものであるとき，それを主観的期待効用と呼びます。

の大きいケースを見つけるカードを選ぶという**意思決定**（decision making）を行なうのであると，マンクテロウとオーヴァーは論じています。この立場からは，社会契約は義務論的条件文の一種であるに過ぎず，それだけが主題内容効果を生じさせるような特別なものではないことなります。

義務論的条件文の中でも「義務」と「許可」は異なると主張したのがチェンとホリオーク（Cheng & Holyoak, 1985）です。「前提条件が満たされたならば，ある行動をとっても良い」という許可ルールや，「前提条件が満たされたら，ある行動が行なわれなければならない」という義務ルールが示されると，それぞれについて推論を進めるための**スキーマ**（schema，知識構造）がはたらき主題内容効果が生じるとしたのです[2]。社会契約問題における主題内容効果も，これら推論スキーマのはたらきによるとされました。

実はコスミデスは，最初の論文からチェンとホリオークの仮説への反論を行なっていました（Cosmides, 1989）。推論スキーマ仮説が正しければ，許可の条件文でさえあれば，社会契約でなくても主題内容効果が生じるはずです。そこで教員数と学生数のバランスを取るために「グローバー高校に入学するならば，グローバー市民でなければならない」というルールがあるという文脈の4枚カード問題を行なったのですが「Pと非Q」回答率は30%でした。一方，グローバー市では多額の税金を教育に使っているという社会契約の文脈を与えると「Pと非Q」回答率は75%まで高まりました。日本での追試でも，それぞれ17%と57%と明白な違いが見られました（平石，1997）。これらの結果は，単なる「許可」ではなく，社会契約の構造を持った許可であることが重要なことを示唆しています。

しかしチェンとホリオークはコスミデスに反論し，社会契約でない許可ルールでも主題内容効果が生じることを示してみせました（Cheng & Holyoak, 1989）。それは「血を拭くならば，手袋をする」というルールで，血液からの病気感染の危険性があるという文脈が添えられていました。この結果は，社会契約という狭い括りではなく，許可というより広いカテゴリーのほうが適切であることを示しています。すると今度はコスミデスが，手袋についてのルールでは，危険予防（precaution）という，社会契約とは異なる適応課題のための別のダーウィン的アルゴリズムがはたらいていると反論しました（Cosmides & Tooby, 1992; Fiddick et al., 2000）。

つまり領域特殊な主張の中には，義務論的推論を一括りにするもの，その中で許可と義務の区別をするもの，より細かく適応問題ごとに分ける必要があるとするものがあることになります。いずれが正しいのか，必ずしも決着はついていません。しかし論争を通じて明らかになってきた事実も多くあります。いくつか紹介しましょう。

(3) 批判が生んだ発展

ギガレンツァーとハグは，互恵的利他行動での「利益」と「代償」は，立場によって変化することに着目しました（Gigerenzer & Hug, 1992）。AさんがBさんを助けることは，Aさんにとっては代償ですが，Bさんにとっては利益となるからです。彼らは「週末に働いたら，平日に休みを取る」という工場のルールについて，工場長の立場で従業員がルール違反をしていないか確認するように求める条件と（工場長視点），従業員の立場で工場長が違反していないか確認するように求める条件（従業員視点）で推論するよう求めたのです。すると工場長視点では，「週末に働いていない」（非P）と「平日に休む」（Q）を選ぶ回答者が多く，従業員視点では「週末に働いた」（P）と「平日に休まない」（非Q）を選ぶ回答者が多くなったのです。この視点効果は，工場長にとっては従業員が休暇を取り過ぎることが裏切りであ

---

[2] チェンとホリオークは，これらのスキーマを実用的推論スキーマ（pragmatic reasoning schema）と呼んでいます。

り，従業員にとっては工場長が休暇を取らせないことが裏切りであると考えれば納得のいくものです。

また筆者は，人間社会での集団による協力行動に着目して，「仲間ならば利益を分ける」と言って利益分配が行なわれている文脈を用いた「分配ルール4枚カード問題」を実施しました（Hiraishi & Hasegawa, 2001）。利益を配っている側の視点から回答すると「仲間でない」（非P）と「利益を受け取る」（Q）の選択が多いのに対し，利益を受け取っている側の視点だと，4枚すべてを選ぶ回答が増えました。回答者は，仲間でないものに利益を与えてしまうことと，仲間に利益を与えないことという2つルール違反をチェックしていたと解釈できます。

様々な4枚カード問題における推論が，それぞれ別のダーウィン的アルゴリズムがはたらいた結果であるかも検討されています。小田ら（Oda et al., 2006）は，社会契約問題，予防措置問題，分配ルール問題，そして利他者検知問題（Brown & Moore, 2005）という4種類の問題を同一の回答者に実施しました。もし義務論的推論がすべて同じなら，社会契約問題で正答した人は予防措置問題や分配ルール問題でも正答するといった相関関係が予測されますが，結果はそのようではありませんでした。

他にもコスミデスの社会契約仮説をめぐっては多くの論争が行なわれてきました。これらの論争は決して無意味なものではなく，また避けるべきものでもありません。予防措置問題を始めとし，コスミデスの最初の論文では見落とされていた重要な視点が，批判と論争を通じて見出されてきたことは事実です。論争の渦中に巻き込まれることは研究者にとって大きな負担となることは筆者自身も体験したことではありますが（高野ら，2001；平石ら，2001），それは科学の発展にとって不可欠なものなのです。

4. まとめと今後の展望

(1) 立場と論理

本章で示してきた研究から，日常生活について，どのような意味や展望が描けるでしょうか。まず1つには，思考において「立場」や「視点」の重要性が明らかになったことが挙げられるでしょう。ギガレンツァーや筆者の実験が示しているように，全く同じルールを見ていても，見る人の視点が変われば，その捉え方や推論は変わります。視点や立場による違いがなぜ，そしてどのように生じるのか分析がなされることで，立場の異なる人の「論理」を理解する手助けが得られてきたといえるでしょう。

(2) 合理的であるとはどういうことか

日常生活ではしばしば「冷静になってよく考えろ」と言われることがあります。本章で紹介してきた研究はしかし，冷静に考えることの難しさと，そして冷静になって考えたことが果たして「正解」なのかという問いを突きつけるものです。冒頭に紹介した三段論法には正解が存在しました。しかし反転型の社会契約（「代償を払うのならば，利益を得る」）を用いた4枚カード問題に正解はあるでしょうか。論理学的な正解は「Pと非Q」です。しかし裏切り者検知を考えれば正解は「非PとQ」です。このどちらが正解なのでしょうか。実験で多数派だったからといって後者を正解としてよいのでしょうか。さりとて論理的であるというだけの理由で少数派を正解とすることにも違和感がないわけではありません。

(3) 進化的アプローチの意味

4枚カード問題に代表されるように，見た目は単純ながら難しいという問題が思考研究の分野では多く開発されてきました。これらの結果はすべからく，人間の思考に様々な偏り（バイアス，bias）が存

在することを示しています（**第6章**参照）。それらのバイアスはなぜ存在するのでしょうか。進化的アプローチは，そうした疑問にとらわれた人に，回答に至る手助けを与えるものといえるでしょう。

進化的アプローチを取ることのメリットは他に，様々に異なった研究領域をつなぐ視点が得られることにあります。オーソドックスな心理学では，「思考」「感情」「言語」「記憶」など，心が行なう情報処理の種類によって研究領域が分類されることが一般的です。しかし扱われている情報の種類や内容によって研究分野を分けることも可能なはずです。進化心理学の視点を持つことで，例えば互恵的利他行動という共通点から，推論だけでなく，記憶や感情について研究をすることが可能となります（**研究①**参照）。また，そこでの知見は人間だけに限定されるものではありません。むしろ，そうした幅広い分野との連結がなければ，ある心のしくみが進化の産物であると主張することはできないでしょう（**研究③**参照）。

心理学研究の紹介③

第4節（3）で述べたように，進化心理学の知見はヒト以外の種の知見とも連結されることが期待されます。例えば互恵的利他主義について，瀧本と藤田（Takimoto & Fujita, 2011）は，南米に住むカプチンモンキーを対象に，彼らが相手の払った負担に敏感であるか検討しています。

瀧本らは2頭のカプチンモンキーを対面したケージに入れ，2頭が協力しないと2頭とも餌を手に入れられない条件（平等労働条件）と，1頭が働くだけで2頭とも餌を手に入れられる条件（不平等労働条件）を設けました。箱を手元に引っ張ると，引出しを開けて餌を取り出せるような装置を作り，一方のサル（サルA）が箱を引っ張り，もう一方（サルB）が引出しを開けるようにセットしたのです（平等条件，図10-9左）。不平等条件では，サルBがすべての操作をしなければなりませんでした（図10-9右）。サルBは2つある箱のうちの一方しか開けられないのですが，どちらの箱を選んでもサルBはピーナッツ（好物）が手に入りました。しかしサルAは箱によってピーナッツ（好物）もしくはパセリ（好物でない）のいずれかしか得られないようになっていました。もしサルBが相手の労働（負担）に敏感であるなら，平等条件の時には，相手もピーナッツをもらえる箱（好物箱）を選ぶのではないかと予測されたのです。

実験を行なったところ，サルBが好物箱を選んだ回数は，不平等労働条件では10回中，平均5回程度でした。つまりサルBはどちらの箱を選ぶかに無関心であったことがうかがえます。しかし平等労働条件では，その回数は平均6〜7回に増えていました。ここから，カプチンモンキーもまた，互恵的利他行動が進化する上で重要となる，パートナーが払った負担への敏感さを持っていることが示されたといえるでしょう。

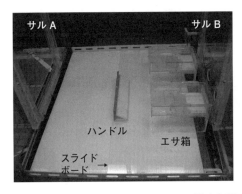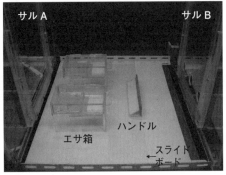

図10-9 瀧本と藤田（2011）の実験装置
平等条件（左）では，左側にいるサルAがボードを手前（左方向）に引っ張ると，右側のサルBの目前のガラスと引出しに隙間が生まれ，開けることができるようになる。不平等条件では，右側のサルBがボードを自分の方（右方向）に引っ張ることで，引出しに手が届き開けることができるようになる。

📖 読書ガイド

長谷川寿一・長谷川眞理子（2000）. 進化と人間行動　東京大学出版会
　進化心理学だけでなく，進化的視点からの人間行動研究（人間行動進化学）全般への教科書。発行年は古いものの，様々な領域をバランスよく紹介したものとして，幅広く学びたい人にお勧めします。

五百部裕・小田　亮（編）（2013）. 心と行動の進化を探る　朝倉書店
　こちらも人間行動進化学の教科書。「恋愛」「助け合い」「個人差」などの個別テーマについて，それぞれを専門とする研究者がより深く紹介したものです。ヒト進化の歴史や認知考古学からの近年の知見や，人間行動研究法についての章も含まれます。より深く学びたい方に。

引用文献

Ahn, W., & Graham, L. M. (1999). The impact of necessity and sufficiency in the Wason four-card selection task. *Psychological Science*, **10**, 237-242.

Brown, W. M., & Moore, C. (2000). Is prospective altruist-detection an evolved solution to the adaptive problem of subtle cheating in cooperative ventures? Supportive evidence using the Wason selection task. *Evolution and Human Behavior*, **21**, 25-37.

Cheng, P. W., & Holyoak, K. J. (1985). Pragmatic reasoning schemas. *Cognitive Psychology*, **17**, 391-416.

Cheng, P. W., & Holyoak, K. J. (1989). On the natural selection of reasoning theories. *Cognition*, **33**, 285-313.

Cosmides, L. (1989). The logic of social exchange: Has natural selection shaped how humans reason? Studies with the Wason selection task. *Cognition*, **31**, 187-276.

Cosmides, L., & Tooby, J. (1992). Cognitive adaptations for social exchange. In J. H. Barkow, L. Cosmides, & J. Tooby (Eds.), *The adapted mind: Evolutionary psychology and the generation of culture* (pp.161-228). New York Oxford: Oxford University Press.

Fiddick, L., Cosmides, L., & Tooby, J. (2000). No interpretation without representation: The role of domain-specific representations in the Wason selection task. *Cognition*, **77**, 1-79.

Gigerenzer, G., & Hug, K. (1992). Domain-specific reasoning: Social contrats, cheating, and perspective change. *Cognition*, **43**, 127-171.

Griggs, R. A., & Cox, J. R. (1982). The elusive thematic-materials effect in Wason's selection task. *British Journal of Psychology*, **73**, 407-420.

平石　界（1997）. 推論過程研究への適応論的アプローチ：四枚カード問題における裏切り者発見メカニズムの効果　東京大学教養学部卒業論文（未公刊）

Hiraishi, K., & Hasegawa, T. (2001). Sharing-rule and detection of free-riders in cooperative groups: Evolutionarily important deontic reasoning in the Wason Selection task. *Thinking & Reasoning*, **7**(3), 255-294.

平石　界・長谷川寿一・長谷川眞理子（2001）. Wason 選択課題への社会契約仮説および進化生物学的人間研究に関する大きな誤解—高野ら（2001）へのコメント—　認知科学，**9**, 580-585.

Manktelow, K. I., & Over, D. E. (1991). Social roles and utilities in reasoning with deontic conditions. *Cognition*, **39**, 85-105.

Manktelow, K. I., & Over, D. E. (1995). Deontic reasoning. In S. E. Newstead, & J. St. B. T. Evans (Eds.), *Perspectives on thinking and reasoning: Essays in honour of Peter Wason* (pp.91-114). Hove: Lawrence Erlbaum.

Mealey, L., Daood, C., & Krage, M. (1996). Enhanced memory for faces of cheaters. *Ethology and Sociobiology*, **17**, 119-128.

Mehl, B., & Buchner, A. (2008). No enhanced memory for faces of cheaters. *Evolution and Human Behavior*, **29**, 35-41.

Oda, R. (1996). Biased face recognition in the Prisoner's Dilemma game. *Ethology and Sociobiology*, **18**, 309-315.

Oda, R., Hiraishi, K., & Matsumoto-Oda, A. (2006). Does an altruist-detection cognitive mechanism function independently of a cheater-detection cognitive mechanism? Studies using Wason selection tasks. *Evolution and Human Behavior*, **27**, 366-380.

Sperber, D., Cara, F., & Girotto, V. (1995). Relevance theory explains the selection task. *Cognition*, **57**, 31-95.

Sperber, D., & Wilson, D. (1995). *Relevance: Communication and cognition.* 2nd ed. Oxford: Blackwell.（内田聖二・中逵俊明・宋　南先・田中圭子（訳）（1999）. 関連性理論—伝達と認知—（第2版）　研究社出版）

Sugiyama, L., Tooby, J., & Cosmides, L. (2002). Cross-cultural evidence of cognitive adaptations for social exchange among the Shiwiar of Ecuadorian Amazonia. *Proceedings of the National Academy of Sciences*, **99**, 11537-11542.

高野陽太郎・大久保街亜・石川　淳・藤井大毅 (2001). 推論能力は遺伝するか？―Wason 選択課題における Cosmides 説の検討― 認知科学, **8**, 287-300.

Takimoto, A., & Fujita, K. (2011). I acknowledge your help: Capuchin monkeys' sensitivity to others' labor. *Animal Cognition*, **14**, 715-725.

Trivers, R. J. (1971). The evolution of reciprocal altruism. *Quarterly Review of Biology*, **46**, 35-57.

Wason, P. C. (1968). Reasoning about a rule. *Quarterly Journal of Experimental Psychology*, **20**, 273-281.

Yamagishi, T., Tanida, S., Mashima, R., Shimoma, E., & Kanazawa, C. (2003). You can judge a book by its cover: Evidence that cheaters may look different from cooperators. *Evolution and Human Behavior*, **24**, 290-301.

11 文 化
ものの見方の文化差

第10章で学んだように，ヒトは，進化の過程において様々な適応課題，具体的には食料を得たり，配偶相手を獲得したり，捕食者から回避したりといった子孫を残す上で解決しなければならない課題に直面し，それを解決してきました。そしてその結果として，シンボルを操作し，言語的コミュニケーションを可能にする複雑で精巧な認知システムを獲得するに至りました。こうした人間特有の普遍的な認知のメカニズムに加えて，異なる社会・文化における人々はそこにおける規範や慣習に対応した異なったものの見方をすることが分かってきています。そこで，本章ではものの見方の文化差に焦点を当てて，研究を紹介します。

1. はじめに：文化心理学とは

私たちの日常は，様々な人間関係から成り立っています。さらに，これら人間関係は，それぞれの社会や文化の慣習や規範によって，調整されています。では，そういった規範や慣習は，人の心のはたらきに影響を与えるのでしょうか。ここではまず，シェリフが行なった**自動運動現象**（autokinetic effect）に関する古典的研究（Sherif, 1935）を紹介し，その点について考えてみます。

この研究において参加者は，暗闇の中である光点を観察し，その動いた距離を見積もり，回答しました。最初の日はこの課題を1人で100回行ないました。次の日，参加者は再度この課題を行ないました。その際，1人ではなく，3人組になって行ない，互いが互いの回答を聞くことができるようになっていました。なお，他の2人も前日に同様にこの課題をやった人たちでした。ただし，前日における回答パタンが大きく異なっていた人たちが同じ組になるように割り当てられていました。そしてこの3人組で3日間，この課題に取り組みました。大きく異なっていた3人の回答パタンは，この3日間でどう変化したと思いますか？

図11-1は，あるグループにおける回答パタンの変化を示しています。最初，大きく異なっていた3人の反応は，何回も何日も同じ判断を繰り返すことによって，似たようなものになります。つまり，グループ内で値に関する何らかのルールができるわけです。ただし自動運動現象とは，暗闇で固定された光点を見ると，それがあたかも動いているように見える現象です。そのため，この課題における正答は実際のところ0です。しかし図11-1に例を示した通り，値に関する何らかのルールができたとしても，そこでの値は必ずしも正答と一致するわけではありません。

では，今度は，再度この組をばらばらにして，個人ごとで同じ判断をした場合にどうなると思いますか？　興味深いことに，参加者の判断は，最初に個人で判断したときのやり方に戻ってしまうのではなく，グループ内で形成された値のルールに依存していました。よって，互いが互いの反応を参考にする

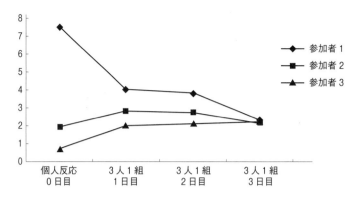

図11-1 回答パタンの変化の一例（シェリフ［1935］における値をもとに作成）
縦軸は，光点の動いた距離に関する参加者の回答（単位はインチ）を示しています。

ことで，3人の集団の中に値に関する何らかのルールが形成され，そのルールに影響を受けたものの見方は持続しやすいといえます。

　私たちの日々の生活は，自身を取り巻く社会・文化環境における規範や慣習に従っていくことで成り立っています。実験を通じて作られた「値に関する何らかのルール」を社会・文化環境における規範や慣習と置き換えてみると，このシェリフの研究は，人々は自分が生きている社会・文化環境における規範や慣習による影響を受け，対応したものの見方を身に付けるという可能性を示しているでしょう。

　本章では，**文化心理学**（cultural psychology）の考え方に基づいて，ものの見方の文化差に関する研究を紹介していきます。文化心理学は，1）人間の心の性質が文化によって構成されていること，2）さらにそのような心の性質を持った人間によって当該の文化が維持されていること，この2点を理論化した学問分野です（北山，1998）。先程紹介したシェリフの研究を踏まえた上で，文化心理学には以下の2つの特色があります。

　1つは，規範や慣習による影響を表面的なものとしては考えずに，むしろ規範や慣習がある心の性質を作り出す可能性を認めている点です。/l/ の音と /r/ の音の弁別能力を例にして説明していきましょう。人の赤ちゃんは，/l/ の音と /r/ の音を弁別できる能力を持って生まれてきます。しかし，この能力は，この2つの音を区別する言語（例えば英語）で育てられるとますます向上するのに対して，この区別のない言語（例えば日本語）で育てられると大人になるまでにほとんど脱落してしまいます。それゆえ，バイリンガル環境で育っていない限り，英語を使うときには /l/ の音と /r/ の音の弁別ができるといったスイッチングは，日本語話者にとってほぼ不可能といえます。これは，言語習慣による表面的ではない影響を示唆する好例です。

　もう1つは，規範や慣習による影響は，その規範や慣習に対して各人が意識的に賛成するのか反対するのかにかかわらず生じ得るという点です。そもそも規範や慣習そのものに，その社会・文化が歴史的に蓄えてきた価値や意味が根付いています。そして私たちは，社会・文化環境で生きることを通じ，その規範や慣習に含まれている価値や意味を自らのふるまいや考え方として実践します。それゆえ，その価値や意味を明示的に理解しようとしなくても，またそれに対して意識的に賛同しなくても，その価値や意味を用い，それに合わせて自他を含む様々な人間関係を理解することそのものが対応したものの見方を生み出すといえます。例えば，日常の挨拶言葉として，日本語の「こんにちは」と英語の「How are you?」を比較してみましょう。前者は，話者に対して「今日」という状況に注意を促すのに対して，後者は，話者に対して「あなたの心の状態」に注意を促します。これらは何気なく日常使っている言葉で

すが，こういったことですら，後に紹介する自己観に対応した価値や意味を反映しているといえるでしょう。

この20年近く，文化心理学の研究は，人の心の性質が洋の東西において歴史的に培われてきた文化の慣習や規範に応じて異なっていることを明らかにしてきました。特に，重要なのは，自己概念や価値観といった人々に共有されている信念のみならず，人々の知覚や認知に代表される「ものの見方」といった，通常は社会とは直接関係しないと見なされる領域でも文化差が見られていることです。本章では，文化心理学の理論的枠組みについて述べたのち，ものの見方に関する文化心理学の実証研究を紹介し，今後の展望を記します。

2. 理論的枠組み

(1) 文化的自己観

人を行動の主体とみなすと，人々が生きる文化には，何らかの主体についてのモデルがあると考えられます。マーカスと北山（Markus & Kitayama, 1991）は，主体の文化的モデル，具体的には文化において歴史的に共有されている自己についての信念や考え方を**文化的自己観**（cultural views of self）と呼びました。自己観は，単に個人個人が意識したり，その価値を肯定したり否定したりするものだけでなく，歴史的・社会的に共有された文化内の慣習や規範，言語的用法などにも反映されています。文化的自己観は，物事に意味を与え，それらについて感じ，考え，あるいはそれらに対して実際に行動をする際の基準となる枠組みをその文化に生きる人々に提供します（北山，1998）。

マーカスと北山（1991）によれば，文化的自己観は，**相互独立的自己観**（independent view of self）と**相互協調的自己観**（interdependent view of self）に大別されます。相互独立的自己観は，欧米圏（特に北米中流階級）で一般的な信念とされている「自己＝他から切り離されたもの」を反映しています。このような文化に存在する人のモデルに自らを合わせ，順応するには，自分自身の中に誇るべき属性を見出し，それを外に表現することを通じて自分自身で常にその存在を確認していく作業が必要です。また「自己＝他から切り離されたもの」というモデルに合わせていくことで，自己のあり方のみならず，それに従った人間観を持つようにもなります。そして，他者や事物の認識にもそうした人間観が反映されるでしょう。一方，相互協調的自己観は，東アジア文化で一般的な信念とされている「自己＝他と根元的に結びついているもの」を表しています。このような文化では，意味ある社会的関係の中でどのような位置を占めるかが重要であり，その中で他と相互協調的な関係を持つことで自己を確認し，自己実現を図ります。そして同様に，こうした過程を経ることで「自己＝他と根元的に結びついているもの」に従った人間観を持つ結果，それに基づいた他者や事物に対する認識を得るでしょう。

(2) コミュニケーションの慣習

実際のところ，コミュニケーションの形態や機能において，それぞれの文化的自己観に対応する違いがあることが分かっています（石井・北山，2004）。ホール（Hall, 1976）は，英語，ドイツ語など西洋の言語では，情報伝達の主な経路が言語そのものであるのに対し，日本語，中国語など東洋の言語では，その経路として文脈的手がかりの果たす役割が相対的に高いことを指摘し，前者を低コンテクスト（文脈独立）の言語，後者を高コンテクスト（文脈依存）の言語と呼びました。例えば，英語ではYesはYesというように，言語は発話意図を直接的に表すことが多いのに対し，日本語での「はい」は，文脈

次第でいかようにもとれる場合が多いです。低コンテクスト言語のコミュニケーションにおいては，基本的に個人が所持しているものとして「情報」が位置づけられています。というのも，正確に他者に情報を伝達しない限り，それを他者と共有することはできない，つまり，発話意図の伝達は発話者の責任であるという前提が隠されているからです。一方，高コンテクスト言語のコミュニケーションにおいては，基本的に他者と共有されているものとして「情報」が位置づけられています。そこには，話者は正確に他者に情報を伝達する必要はなく，むしろコミュニケーションの受け手が文脈的な情報に注意を向け，そこから発話意図を察するべきであるという前提が隠されているからです。

このホール（1976）の分析は，文化圏によって言語が担う機能に差異があるとしたスコロンとスコロン（Scollon & Scollon, 1995）の分析とも一致します。彼らは，言葉のやりとりには，1) 情報を伝えるという機能と，2) 参加している人々に関係性をもたらすという機能があるものの，そのどちらを重視するかは文化により異なると指摘しました。西洋文化では，情報伝達機能が重視されます。よって，重要な事柄を言語的に明瞭に伝えることが重要であり，それが達成されていないものは注意に値しないと考えられます。これに対して，中国や韓国，日本などの東洋文化では，関係性維持機能が重視されています。さらに，関係性が既に存在しているという文化的前提のために，情報伝達は，明示的なコミュニケーションがなくても達成されるという考えが一般的です。この点は，「以心伝心」という言葉にも示されているといえます（**研究**①**参照**）。

(3) ものの見方

このように他者に情報を伝達する様式において文化間の相違があるとしたら，情報を理解したり，情報を用いて物事を考えたりする様式にも差異があると予測できます。ニスベットら（Nisbett et al., 2001）は，西洋人の思考様式は**分析的**（analytic）であると主張しました。これは，対象やその要素を同定し，それらの間の論理的，かつ直線的関係を定式化する傾向に代表されます。一方，彼らは，東洋人の思考様式は**包括的**（holistic）であると主張しました。これは，対象やその要素そのものに注目するのではなく，それらの間の相互関係や全体的な布置を非直線的，かつ弁証法的に定式化する傾向に代表されます。彼らは，このような文化間のものの見方の差異は，それぞれの文化の社会関係のあり方を反映してきていると指摘しています。西洋文明には，個の自立を中心にして自然を理解，征服しようとしてきた歴史があり，それゆえ，最も重要な対象を文脈から抜き出し，それに焦点を当てて操作するという分析的態度が顕著になったと考えられます。これに対し，東洋文明には，個と社会や自然との調和を重視し，個を社会や自然の一部として理解，制御しようとしてきた歴史があり，それゆえ，いかなる個物も全体の中に埋め込まれたものであるとする包括的態度が顕著になったと考えられます。

文化的自己観，コミュニケーションの慣習，ものの見方の文化間の差異は互いに関係しあっているといえるでしょう。互いに独立した自己という相互独立的自己観は，文脈独立的な，伝達機能重視のコミュニケーションを促し，さらにそういったコミュニケーション様式は，分析的かつ論理的なものの見方をも促します。これらの文化における人々は，中心的な事物に注意を向けるといった反応傾向を示しやすいでしょう。これに対して，互いに結びついた自己という相互協調的自己観は，文脈依存的な，関係性維持機能重視のコミュニケーションを促し，さらにそういったコミュニケーション様式は，包括的かつ非直線的なものの見方をも促します。これらの文化における人々は，事物そのものよりもそれらを取り巻く文脈や背景に注意を向けるといった反応傾向を示しやすいでしょう。

心理学研究の紹介①

　石井ら（Ishii et al., 2003）は，日本語と英語の感情的発話を作成し，コミュニケーション様式の性質が発話の情報処理様式に反映されている可能性を検討しました。この感情的発話は，**ストループ効果（Stroop effect）（第7章参照）**を応用したもので，快もしくは不快な意味を持った単語を，快もしくは不快の語調で読むことで作成されました。その際，1）バイリンガルの話者を用いて声の性質を言語間で可能な限り均質にし，2）語調の快・不快の強さが単語の意味の快・不快および言語にかかわらず同程度になるよう統制されました。日米の参加者は，母国語の感情的発話を聞き，単語の意味を無視して語調の快・不快を素早く判断するか（語調判断条件），語調を無視して単語の意味の快・不快を素早く判断するか（意味判断条件）のいずれかを行ないました。

　コミュニケーション様式が低コンテクストであり，情報伝達を重視するアメリカ人は，そのような感情的発話を聞いたとき，その意味情報に対して自動的に注意を向けやすいと考えられます。一方，コミュニケーション様式が高コンテクストであり，関係性維持を重視する日本人は，そのような感情的発話を聞いたとき，文脈的手がかりの1つである語調情報に自動的な注意を向けやすいと考えられます。この感情的発話を用いた判断課題では，無視すべき情報を無視するのが難しいほど，その情報による干渉効果が大きくなります。そうであれば，日本人の場合，語調情報に対して自動的に注意を向けやすく，それを無視するのが難しい訳ですから，特に意味判断条件において無視すべき語調による干渉効果が大きくなるでしょう。一方，アメリカ人の場合，意味情報に対して自動的に注意を向けやすく，それを無視するのが難しい訳ですから，特に語調判断条件において無視すべき意味による干渉効果が大きくなるでしょう。図11-2は，その結果です。無視すべき情報による干渉効果は，日本では意味判断条件において，アメリカでは語調判断条件において，特に大きく見られました。よって予測と一致し，アメリカ人における意味情報の優位性と日本人における語調情報の優位性が示唆されました。

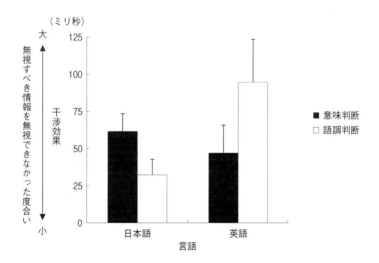

図 11-2　感情的発話に対する判断における干渉効果

縦軸は，意味と語調が不一致のときの反応時間から一致のときの反応時間を引いて求めた干渉効果（ミリ秒）であり，無視すべき情報を無視できなかった度合いを示します。黒色のバーは，意味判断課題における無視すべき語調による干渉効果を示し，白色のバーは，語調判断課題における無視すべき意味による干渉効果を示します。

3. 実証研究の紹介

前述のように，西洋における人々のものの見方は，「分析的」，つまり事物の中心的な属性に対し専ら注意を向けやすいのに対し，東洋における人々のものの見方は，「包括的」，つまり中心的な属性のみならず，その背景情報やそれとの関係性にも注意を向けやすいと考えられます。実際，このことと一貫した証拠が多くの研究で得られています。以下では，1) **注意**（attention），2) **推論**（inference），3) **カテゴリー化**（categorization）の3点に注目し，それぞれの文化差について検討した研究を紹介します。

(1) 注　意

アベルとシュー（Abel & Hsu, 1949）は，ものの見方に関する洋の東西の差異を先駆的に示しました。彼らは，精神分析の分野で用いるロールシャッハ図形をヨーロッパ系と中国系のアメリカ人に見せ，その反応を比較しました。そうしたところ，まず，反応の仕方が2つの参加者群の間で大きく異なっていました。具体的には，ヨーロッパ系アメリカ人は，ロールシャッハ図形のより細かい部分に注目した反応をしがちであったのに対し，中国系アメリカ人は刺激の全体的な布置に注目した，いわゆる全体反応を多くしがちでした。次に，その反応の内容を見ても対比的な文化差が見られました。例えば，人体を想定した反応であった場合，ヨーロッパ系アメリカ人の多くは，それを人体の一部とみなしたのに対し，中国系アメリカ人の多くは，それを人の全体像とみなしがちでした。

アベルとシュー（1949）と同様の証拠は，近年，増田とニスベット（Masuda & Nisbett, 2001）によっても明らかにされています。増田とニスベット（2001）は，事象を知覚する際，どの程度状況的な要因に注意を向けるかに関して文化差があることを，魚の絵を用いた記憶課題により，実験的に検討しました。実験では，日本人とアメリカ人の参加者に対し，水中の様子を描いた動画（図11-3）を提示し，何を見たかを説明するように求めました。その後，予告なしに，動画に登場した事物を思い出すよう求め，その再認率を調べました。この再認課題では，1) その事物を背景なしで見せられるか，2) 初めに見たのと同じ背景で見せられるか，3) 初めと異なる背景で見せられるかの3条件が用意されました。まず，動画の内容の説明に関しては，その動画の中心となっていた魚に言及した回答数に文化差は見られませんでしたが，海藻などの背景情報に注目した回答の数は，日本人により多く見られました。また，動画の中心にいた魚と背景情報との間の関係について触れた回答も，日本人において顕著に見られました。次に再認に関して，日本人の成績は，最初と同じ背景で提示されたときに高く，異なる背景で提示された場合に最も低くなっていました。これは，日本人がある事物を処理する際に，その背景と結びつけて知覚する傾向が強いことを示しています。一方，アメリカ人の再認成績は，その3条件間で差があ

図11-3　増田とニスベット（2001）で用いられた動画の一シーン
（増田貴彦氏のサイト［http://www.ualberta.ca/~tmasuda/stimuli.htm］より）

りませんでした。これは、アメリカ人が、対象となる事物をその背景と切り離して知覚する傾向が強いことを示しています。

これに加えて、増田とニスベット（Masuda & Nisbett, 2006）は、20秒程度の短い動画とそれにいくつか変化をつけた動画を見せ、それらの間の差異を答えさせるような課題において、動画の中心にある間違いおよび背景にある間違いを見つけ出す個数に文化差があることを報告しています。増田とニスベット（2001）によれば、アメリカ人は中心の事物に対し相対的に注意を向けやすいのに対し、日本人は背景情報に対し相対的に注意を向けやすいわけですが、これを踏まえると、アメリカ人は中心にある間違いを発見しやすいのに対し、日本人は背景にある間違いを発見しやすいと予測できます。日米で行なった実験の結果は、実際にこの予測と一致するものでした（注意の向け方に関する文化差として**研究②**

心理学研究の紹介②

　北山ら（Kitayama et al., 2003）は、「線と枠課題」を開発し、言語を用いない非常にシンプルな課題であっても、注意の向け方に関する文化的差異が検出されることを示しました。線と枠課題では、参加者は、ある大きさの正方形の上部中央から垂直に線が引かれている図形を見せられた後、次に大きさの違う正方形の紙を提示され、そこに最初に見たものと同じ長さの線を引くか（絶対課題）、もしくは最初の図形のときと、正方形の一辺に対する比率が同じになるような線を引く（相対課題）ように求められました（図11-4）。2つの課題のうち絶対課題では、文脈情報を無視する能力が必要とされるのに対して、相対課題では文脈情報を考慮に入れる能力が必要とされます。この課題には正答が存在するので、参加者の反応と正答との差を求め、その誤差の大きさを分析したところ、日本に在住する日本人は絶対課題より相対課題における誤差が小さかった（つまり成績がよかった）のに対し、アメリカ在住のアメリカ人は相対課題より絶対課題における誤差が小さく（つまり成績がよく）なっていました。このことは、ある事物を処理する際にその背景と結びつけて知覚する傾向の強い日本人は、線という中心的な事物の判断において背景情報である枠の大きさを考慮しなければならない相対課題が得意であるのに対し、ある事物を処理する際にその背景と切り離して知覚する傾向の強いアメリカ人は、線の判断において背景情報である枠の大きさを考慮しなくてもいい絶対課題が得意であることを示唆します。

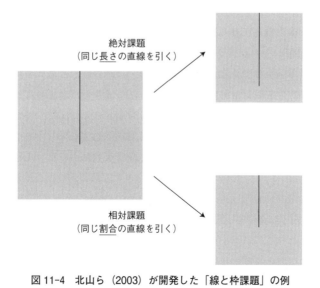

図11-4　北山ら（2003）が開発した「線と枠課題」の例

図11-5 石井ら（2009）で用いられた刺激例
実験ではこの図のように2種類のパーツ課題が存在していましたが、それらの間で正答率に差がなかったために、本文ではこれらをまとめてパーツ課題と表記しました。

も参照されたい）。

(2) 推 論

　アベルとシュー（1949）が示したように、西洋人は刺激の部分的な情報に、東洋人は刺激の全体的な布置により注目するのであれば、逆に刺激の部分的な情報や全体的な布置を手がかりとして対象について推測させる場合にも、それらの手がかりがどの程度有効かについて対比的な文化差が見られるかもしれません。特に、ものの見方が分析的な西洋人は刺激の部分的要素から、また包括的な東洋人は刺激の全体的布置から、より効率的な判断をすると考えられます。石井ら（Ishii et al., 2009）は、知覚的推論課題を用いてこの点を検証しました。知覚的推論課題では、参加者は、ある物体や動物の画像の部分的な情報のみを抽出した刺激を提示され、その本来の画像が指すものは何かを同定する課題（パーツ課題）と、画像の全体的布置は分かるもののモザイク処理が施されて細部が曖昧な刺激を提示され、その本来の画像が指すものは何かを同定する課題（モザイク課題）の両方に答えるよう求められました（図11-5）。この2つの課題における正答率を日本人と日本に短期留学しているアメリカ人参加者の間で比較したところ、とりわけパーツ課題において大きな文化差が見られ、アメリカ人の方が日本人よりも正答率が高くなりました。さらに同様の傾向は、実験場所および装置を1箇所に固定し、ヨーロッパ系のアメリカ人とアジア系のアメリカ人参加者を対象とした実験においても見られました。このような結果は、認知様式における文化差を反映し、ある事物が一体何であるかを推論する際に用いられる手がかりとして、部分的な情報はアジア人よりもアメリカ人にとってより有効であることを示唆します。

　また、別の研究では、過去および現在のトレンドを考慮して未来を予測する際、直線的な変化を期待するのか、それとも循環的な変化を期待するのかについての文化的差異が示されています。ジら（Ji et al., 2001）は、ヨーロッパ系アメリカ人および中国人参加者に対して、ある社会的事象（例えば、地球温暖化）に関する過去数年のトレンドを見せ、今後、その現象が増加すると思うか、減少すると思うか、さらには同程度と思うかを予測するよう求めました。そうしたところ、ヨーロッパ系アメリカ人は、中国人と比較し、将来もそのトレンドと同じ傾向が続くと予測した（つまりこれまで増加傾向にあれば、今後も増加すると考え、一方減少傾向にあれば、今後も減少すると考えた）のに対し、中国人は、ヨーロッパ系アメリカ人と比較し、そのトレンドと逆のパタンを示しがちでした（つまりこれまで増加傾向にあれば、今後はむしろ減少傾向に転じると考え、一方減少傾向にあれば、今後はむしろ増加傾向に転じると考えがちでした）。ここでの中国人の考え方は、まさに「塞翁が馬」の故事と同様であるといえるでしょう。

(3) カテゴリー化

　ものの見方の文化差は、カテゴリー化においても同様に検出されると考えられます。つまり、カテゴリー化にあたって、西洋人はカテゴリーを支配する共通の属性・規則を重視するのに対し、東洋人は事物間の関係性や類似性を重視するでしょう。ノレンザヤンら（Norenzayan et al., 2002）は、東洋人・

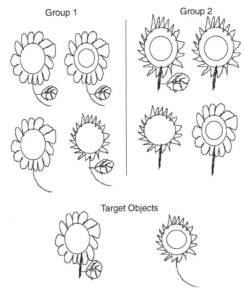

図 11-6 ノレンザヤンら（2002）で用いられた刺激例

まず 2 つのターゲット（Target object）のうち左側のターゲットに注目すると，Group 1 は，そのターゲットと完全に共有している属性はないものの，その他の特徴に関する類似度は高い事物から成り立っているのに対し，Group 2 は，ターゲットとある 1 つの属性（茎）を共有しているものの，その他の特徴に関する類似度は低い事物から成り立っています。一方，右側のターゲットに注目した場合も同様に，Group 2 は，そのターゲットと完全に共有している属性はないものの，その他の特徴に関する類似度は高い事物から成り立っているのに対し，Group 1 は，ターゲットとある 1 つの属性（茎）を共有しているものの，その他の特徴に関する類似度は低い事物から成り立っています。

アジア系アメリカ人・ヨーロッパ系アメリカ人を対象にした比較文化実験を行ない，この予測を検討しました。参加者は，ある事物（例えば花や家）の 4 個の例からなる 2 つのグループと 1 つのターゲット（判断対象）を提示され，そのターゲットがどちらのグループとより似ているかを判断するように求められました。なお，片方のグループには 4 個すべてにおいて，ターゲットとある 1 つの属性を共有しているものの，その他の特徴に関する類似度は低い事物が置かれ，もう一方のグループにはターゲットと完全に共有している属性はないものの，その他の特徴に関する類似度は高いものが置かれていました（図 11-6）。このとき，東洋人は類似性の高さをより重視した判断をしがちでした。一方，ヨーロッパ系アメリカ人は，より似ているほうを選ぶように教示されたにもかかわらず，類似性は低いながらも 1 つの属性を共有しているグループをより選択する傾向を示しました。また，興味深いことに，アジア系アメリカ人は東洋人とヨーロッパ系アメリカ人の中間の傾向を示していました。

同様の知見は，チュー（Chiu, 1972）でも示されています。チューは，3 つ組の写真セット（例えば男性，女性，子ども）をアメリカ人の子どもと中国人の子どもの参加者に提示し，その中から相伴うような 2 つを選ぶよう求めました。その結果は，アメリカ人の子どもは，共有する特性やカテゴリーに基づいた選択（男性と女性の選択。理由：ともに大人だから）をしがちであったのに対し，中国人の子どもは，二者の関係性の中で捉えられるものを選択しやすいといったものでした（女性と子どもの選択。理由：母親［女性］は子どもを世話するから）。

4. まとめと今後の展望

この章では，文化的自己観や，コミュニケーション様式等の文化的慣習に対応し，ものの見方が文化

間で異なっているという可能性に焦点を当てました。この可能性は，様々な実験的技法を用いた研究によって検討されてきています。この章では，注意，推論，カテゴリー化の3点に注目し，その可能性を支持する実証研究を紹介しました。実際のところ，ここで示したようなものの見方の差異は，私たちが内省して「ああ，そうか，やっぱり私は，日本人的な思考様式をしている」といったように自己観察できるような内容ではありません。文化の慣習と心のはたらきは，魚と水の関係と似たようなものであり，あまりに当たり前すぎて，文化に埋め込まれている限り，その慣習や規範による影響になかなか気付くことはできません。それゆえに，綿密な実験心理学の技法を駆使し，文化の慣習や規範が心の性質にどのような影響を与えるのかを明らかにしていく意義と必要性があると考えられます。このような方法を従来の民族誌的研究と組み合わせることによって初めて見えてくることは少なからずあるでしょう。

　また，ものの見方の文化差を明らかにしていくことは，心と文化についての学問的理解に貢献するばかりでなく，異文化間コミュニケーションや異文化の理解とその受容といった今後重要性を増す多くの実用的分野にも貢献することができるでしょう（ものの見方の文化差が，文化的産物に与える影響を調べた研究があります：**研究③参照**）。この章での知見をもとにすると，異文化間コミュニケーションの訓練は，他文化のコミュニケーション慣習に慣れ親しむのに加えて，その文化で特に必要とされる認知能力（例えば，アメリカにおいては，中心情報に対して選択的に注意を向け，その情報をいかに正確に伝えるかを重視した能力，一方，日本においては，中心情報と背景情報を組み合わせ，文脈を考慮することを重視する能力など）に焦点を当てた訓練が有効であるといえるでしょう。

　今後の展望として，まず，本章では洋の東西といった2つの文化圏に注目した研究を紹介しましたが，他の文化圏や，さらにはそれぞれの文化圏内の差異なども併せて検討していくことが望まれます。特に，それぞれの文化圏内の差異に注目した研究は，文化の慣習や規範のどういった側面がその文化特有の心の性質を促すのに至ったかといった理解につながるゆえ，非常に重要だといえるでしょう。実際，文化心理学においても，ものの見方に関する文化内の分散を検討した研究が増えてきています（例えば，北山ら [Kitayama et al., 2006]，クラウスら [Kraus et al., 2009]，ウスクルら [Uskul et al., 2008] を参照のこと）。例えば，経済的に動機づけられた自発的移民という歴史的事実が認められる地域においては，相互独立的自己観が優勢であり（Kitayama et al, 2006），注意配分に関する課題をアメリカ，イギリス，ドイツ，日本で行なうと，自発的移民の歴史を持たないイギリスやドイツにおける人々は，自発的移民のルーツを持つアメリカ人と比較し，中心事物に注意を向け，周辺情報を考慮しない傾向が弱く，その傾向に関してアメリカ人と日本人の中間を示すことが北山らの研究（Kitayama et al., 2009）で分かっています。また，クラウスらの研究（Kraus et al., 2009）は，アメリカにおいても，人々の所得や教育水準を指標とした社会経済的地位によって，ものの見方が異なり，その地位が上位の人と比較し，下位の人は，ある人の社会的な行動を説明する際，それを取り巻く背景情報に注意を向け，考慮しやすいことを示しています。さらに，生業による差異も示唆されています。ウスクルら（Uskul et al., 2008）は，トルコの黒海沿岸に住む農民，漁民，牧畜民に対して注意配分に関する認知課題を実施し，その傾向を調べたところ，背景に注意を向け，それを考慮する傾向は牧畜民において最も弱いことが分かりました。牧畜の生業形態は，農業や漁業と比較し，相互協力や協調をあまり必要としないことがその差異に関与していると考えられます。

　次に，社会化の過程に注目し，分析的・包括的なものの見方は，発達の過程においていつ頃から生じ，それは他の認知発達（例えば**心の理論** [theory of mind]：**第7章参照**）とどのように関係しているのかを明らかにしていくことも，今後の研究において必要です。最近になって，ものの見方の文化差を検討するために開発された課題を子どもたちに対して使用した研究も現れてきていますが（例えば，ダフ

心理学研究の紹介③

　最近の文化心理学の研究は，ある文化の成員が生み出す物語や芸術作品，マスメディアによる報道，企業の広告といった媒体にもその文化で優勢な価値や意味が根付いていることを示しています。モーリングとラモレークス（Morling & Lamoreaux, 2008）は，そのような媒体を文化的産物と総称しています。もしも，人間の心の性質が文化によって構成され，さらにそのような心の性質を持った人間によって当該の文化が維持されているのであれば，慣習や規範とともに文化的産物は人の心の性質に影響を与え，さらにその影響を受けた人々が自文化の価値や意味を内包した文化的産物を生み出す可能性が予測できます（Ishii et al., 2014）。

　増田ら（Masuda et al., 2008）は，東洋において優勢な包括的なものの見方と西洋において優勢な分析的なものの見方が文化的産物にどの程度反映されているかを検討しました。包括的なものの見方の場合，中心事物のみならず，それを取り巻く文脈や背景情報との関係性も重要であるため，それらの情報をすべて含めた形での表現方法が用いられるかもしれません。例えば，ある人物の肖像画や写真を例にすると，その人物のみに焦点を当てるというよりは，その背景の情報も含めようとするため，肖像画や写真において相対的にその人物が占める割合は小さくなるでしょう。また風景画においては，文脈や背景情報を多く含めようとするために，地平線を高く書こうとするでしょう。一方，分析的なものの見方では，このような傾向は弱いと考えられます。増田らは，美術館に所蔵されている洋の東西における肖像画を収集し，それぞれにつき，その絵全体に占める人物の顔の大きさの割合を測定しました。また，日米の大学生に依頼し，いくつかの要素（例えば，家や川）を固定した上で，自由に風景画を書いてもらった後，その地平線の高さについても調べました。さらに，別のアメリカ人大学生とアジアからの留学生に依頼し，ある人物の写真をとってもらい，肖像画と同様に，その写真全体に占める人物の顔の大きさの割合を測定しました。図11-7は，写真を撮る際に，どの程度背景を含めようとするのか，その差異を示した一例です。予測と一致し，増田らの研究は，ものの見方を反映した差異が文化的産物においても見られることを示しています。

図11-7　ある人物をターゲットにした写真の撮り方における文化的差異の一例
左側は，アメリカ人学生，右側はアジア人留学生によるものです。

ィーら［Duffy et al., 2009］，今田ら［Imada et al., 2013］，ジ［Ji, 2008］，桑原ら［Kuwabara et al., 2011］を参照のこと），そのような試みを継続して続けていき，社会化の過程における文化の影響を明らかにしていくことは，極めて重要でしょう。

　最後に，知覚や認知を支える脳内基盤の文化差に注目することで，果たして心の性質の文化依存性がどの程度「深い」ものなのか，そしてそのような文化依存性は人々に共通の脳内基盤の上に成り立って

いるものの，文化による影響が情報処理のどの段階でかつどのような様相で見られるのかを明らかにすることも今後の課題です。近年，一部の神経科学者や文化心理学者たちは，神経基盤における比較文化的な差異について研究を進め，文化神経科学という領域も生まれています。現在その証拠は極めて限られていますが，脳内基盤へと研究が進むことで，行動レベルでの文化による影響がどういったプロセスの結果として生じるのか，文化による影響は非意識的という前提と一致し情報処理のかなり早い段階で既に見られるのか等の問いが少しずつ明らかになっていくことが期待されます。そしてこうした取り組みは，社会的産物としての心の性質の理解に向けて，新たな可能性を指し示すに違いありません。

☞ **読書ガイド**

増田貴彦・山岸俊男（2010）．文化心理学（上）（下）　培風館
　　過去20年間の文化心理学の成果を紹介するとともに，その文化差はなぜ生じるのか，ある文化で生活することを通じ，どういった心が生み出され，それは維持・変容されるのか等，非常にスリリングな議論が展開されています。

増田貴彦（2010）．ボスだけを見る欧米人　みんなの顔まで見る日本人　講談社
　　著者らが行ってきたものの見方の文化差に関する研究が初学者向けに紹介されています。多民族国家であるカナダにおける日常生活の経験をもとにした著者の論考は，非常に興味深いです。

ニスベット，R. E.・コーエン，D.（著）石井敬子・結城雅樹（編訳）（2009）．名誉と暴力　北大路書房
　　実験室実験やアーカイブ分析等の様々な方法を用い，生業の差異を起源として，侮辱に対して暴力で応じる程度にアメリカの北部と南部で差異があることを示しています。ものの見方の文化差とは直接関係ありませんが，文化心理学の先駆的な研究です。

引用文献

Abel, T. M., & Hsu, F. L. K. (1949). Some aspects of personality and Chinese as revealed by the Rorschach Test. *Journal of Projective Techniques*, **13**, 285-301.

Chiu, L. H. (1972). A cross-cultural comparison of cognitive styles in Chinese and American children. *International Journal of Psychology*, **8**, 235-242.

Duffy, S., Toriyama, R., Itakura, S., & Kitayama, S. (2008). The development of culturally-contingent attention strategies in young children in the U.S. and Japan. *Journal of Experimental Child Psychology*, **102**, 351-359.

Hall, E. T. (1976). *Beyond culture*. New York: Doubleday.

Imada, T., Carlson, S. M., & Itakura, S. (2013). East-West cultural differences in context-sensitivity are evident in early childhood. *Developmental Science*, **16**, 198-208.

石井敬子・北山　忍（2004）．コミュニケーション様式と情報処理様式の対応関係：文化的視点による実証研究のレビュー　社会心理学研究，**19**, 241-254.

Ishii, K., Miyamoto, Y., Rule, N. O., & Toriyama, R. (2014). Physical objects as vehicles of cultural transmission: Maintaining harmony and uniqueness through colored geometric patterns. *Personality and Social Psychology Bulletin*, **40**, 175-188.

Ishii, K., Reyes, J. A., & Kitayama, S. (2003). Spontaneous attention to word content versus emotional tone: Differences among three cultures. *Psychological Science*, **14**, 39-46.

Ishii, K., Tsukasaki, T., & Kitayama, S. (2009). Culture and visual perception: Does perceptual inference depend on culture? *Japanese Psychological Research*, **51**, 103-109.

Ji, L. (2008). The leopard cannot change his spots, or can he? Culture and the development of lay theories of change. *Personality and Social Psychology Bulletin*, **34**, 613-622.

Ji, L., Nisbett, R. E., & Su, Y. (2001). Culture, change, and prediction. *Psychological Science*, **12**, 450-456.

北山　忍（1998）．自己と感情：文化心理学による問いかけ　共立出版

Kitayama, S., Duffy, S., Kawamura, T., & Larsen, J. (2003). Perceiving an object and its context in different cultures: A cultural look at New Look. *Psychological Science*, **14**, 201-206.

Kitayama, S., Ishii, K., Imada, T., Takemura, K., & Ramaswamy, J. (2006). Voluntary settlement and the spirit of independence: Evidence from Japan's "Northern frontier". *Journal of Personality and Social Psychology*, **91**, 369-384.

Kitayama, S., Park, H., Sevincer, A. T., Karasawa, M., & Uskul, A. K. (2009). A cultural task analysis of implicit independence: Comparing North America, Western Europe, and East Asia. *Journal of Personality and Social Psychology*, **97**, 236-255.

Kraus, M. W., Piff, P. K., & Keltner, D. (2009). Social class, sense of control, and social explanation. *Journal of Personality and Social Psychology*, **97**, 992-1004.

Kuwabara, M., Son, J. Y., & Smith, L. B. (2011). Attention to context: US and Japanese children's emotional judgments. *Journal of Cognition and Development*, **12**, 502-517.

Markus, H. R., & Kitayama, S. (1991). Culture and the self: Implications for cognition, emotion, and motivation. *Psychological Review*, **98**, 224-253.

Masuda, T., Gonzalez, R., Kwan, L., & Nisbett, R. E. (2008). Culture and aesthetic preference: Comparing the attention to context of East Asians and Americans. *Personality and Social Psychology Bulletin*, **34**, 1260-1275.

Masuda, T., & Nisbett, R. E. (2001). Attending holistically versus analytically: Comparing the context sensitivity of Japanese and Americans. *Journal of Personality and Social Psychology*, **81**, 922-934.

Masuda, T., & Nisbett, R. E. (2006). Culture and change blindness. *Cognitive Science*, **30**, 381-399.

Morling, B., & Lamoreaux, M. (2008). Measuring culture outside the head: A meta-analysis of individualism-collectivism in cultural products. *Personality and Social Psychology Review*, **12**, 199-221.

Nisbett, R. E., Peng, K., Choi, I., & Norenzayan, A. (2001). Culture and systems of thought: Holistic vs. analytic cognition. *Psychological Review*, **108**, 291-310.

Norenzayan, A., Smith, E. E., Kim, B. J., & Nisbett, R. E. (2002). Cultural preferences for formal versus intuitive reasoning. *Cognitive Science*, **26**, 653-684.

Scollon, R., & Scollon, S. W. (1995). *Intercultural communication: A discourse approach*. Cambridge, UK: Blackwell.

Sherif, M. (1935). A study of some social factors in perception. *Archives of Psychology*, **27**, No. 187.

Uskul, A. K., Kitayama, S., & Nisbett, R. E. (2008). Ecocultural basis of cognition: Farmers and fishermen are more holistic than herders. *Proceedings of the National Academic of Sciences of the Unite States of America*, **105**, 8552-8556.

12 言　　語
心理学と脳科学をつなぐ計算機アプローチ

　ここまでの章で扱われていた内容は「心的現象」に焦点を当てたものになっているのと比べ，本章は複数の研究手法の関連性に焦点を当てたものとなっています。そこで，本章では，実験心理学や神経科学などの領域の知見が相互作用するにあたって，計算機モデルという研究手法をもつ心理学者が欠かせないことを紹介します。特に，言語の研究ではこの手法が活躍してきました。初めの部分は研究手法間の関連性についての内容が多くなりますが，どのように他の研究領域と相互作用していけるか，ということを考えるきっかけになれば幸いです。

1. 認知神経科学という大きな枠組み

(1) 認知神経科学（Cognitive Neuroscience）

　神経科学（neuroscience）の発展はめざましく，そこから得られる知見を無視して人の心を理解することは段々難しくなってきています。しかし，脳科学技術を使いたくとも機会がないこともあります。心理学を専攻する学部生にとってはなおさらです。本章では，脳科学技術を使えずとも，神経科学の知見とともに心の理解を深めることは可能であることを強調し，認知神経科学と呼ばれる研究枠組みを通じて，そのような研究例を紹介していきます。認知神経科学においては，心・行動（mind/behaviour），認知メカニズム（cognitive mechanism），脳内基盤（brain）という3つのキーワードを軸として，研究が展開されます。まず，人はどういったときにどのように考え，ふるまうのか（心・行動）を研究し，それを支えている認知メカニズムを明らかにします。そして，その認知メカニズムの背後にはどういった脳内基盤があるのかを理解します。つまり，脳がどうやって（how）心・行動を生み出しているのか，なぜ（why）特定の脳部位の活動が特定の行動に至るのか，これを媒介する認知メカニズムを理解しようとします。このように，行動，認知メカニズム，脳内基盤の理解が三位一体となることは，健常者の心・行動を理解する際にはもちろん，脳損傷患者の理解，および言語・行動リハビリを考える際においても重要視されています（Frith, 2012; Patterson & Plaut, 2009）。それでは，個々の研究領域がどのように相互作用していくのかを，次から紹介します。

(2) 心理学・行動実験

　健常者を対象とした心理学・行動実験は，人がどういった状況でどのように考え，行動するかを理解することを試みます。そして，その背後にある認知メカニズムを探ります。しかし，人の行動は試行・個人によって異なる複雑なものですから，実証的に検証するためにはツール（例：実験課題・刺激な

ど）の発展が欠かせません。また，測定誤差を縮小するために試行数も増やさなければいけません。次に紹介する神経科学研究では，可能な検査時間・試行数という点から，比較的制約が多いことが挙げられます。一方，健常者を対象とした行動実験では，比較的長い検査時間を組むことが可能ですし，言い換えると操作できる要因数も比較的多くなり，より詳細な認知メカニズムの解明が可能になります。また，物的・人的コストが比較的低くて済みますので，ある研究結果からの反省をもとに，次の実験を実施することも相対的に容易です。こうして，研究者の興味のある行動を的確に測定するためのツールが発展し，ある行動に影響を与える要因，ある行動を支える認知メカニズムが明らかにされていきます。

(3) 神経科学（neuroscience）

神経科学の中でも**神経心理学**（neuropsychology）という分野では，主に脳に損傷・疾患を持つ患者の行動を理解することを試みます。患者は，検査にかけることのできる時間という点で，健常者より制約があります。また様々な症状が併発しますので，適切に能力を測る検査が必要になります。そこで，患者の検査の前に，健常者を対象とした研究において実験課題・刺激などのツールが洗練・発展されていることは重要になります。ここで，**構造的イメージング技術**（structural imaging technique）という手法を用いると，脳の構造（この文脈では，どの部位の神経細胞が壊死しているかなど）を可視化することができます。この技術を患者に用いることで，どの脳部位に損傷・疾患があるかが明らかになれば，ここで初めて脳内基盤と行動を関連付けることができます。言い換えると，ある心・行動についての**脳解剖モデル**（anatomical model）を描くことができます。この流れは，死後解剖という手法により，120年も前のウェルニッケ（Wernicke, C.），リヒトハイム（Lichtheim, L.）といった有名な神経学者たちにおいて，既に始まっていました（Shallice, 1988）。例えば，耳の近くの後部上側頭回という脳部位に損傷を持っていた患者は，耳から聞いた言葉の理解が難しくなることが当時から知られていました。

しかし，ある行動と脳内基盤を対応させるという目的のために，患者の脳画像に（のみ）頼ることには2つの問題があります。1つは，限局的な損傷・疾患を持つ患者は非常に少ないということです。大抵の患者は，脳の**広範囲にわたる損傷**（distributed damage）を持っているため，様々な合併症状を呈しています（Patterson & Plaut, 2009）。また，損傷の分布も患者それぞれです。よって，ある機能低下の原因を，特定の脳内基盤に帰属することは難しいのです。ごく稀に，非常に**限局した損傷**（focal damage）を持つ患者がいますが，後で紹介するように，単一症例には注意が必要です。もう1つの問題は，**脳の可塑性**（plasticity）に関連しています。ある脳部位が損傷しても，他の正常な部位が役割を変更して失われた機能が回復することがあります（Saur et al., 2006）。結果的に，脳損傷と行動変容の因果関係を見過ごしてしまうのです。

このような問題に対し，この20年で発達してきた**機能的イメージング技術**（functional imaging technique）の利用は，補完的かつ強力な効果を持っています。この手法によって，ある行動を行なっている際に活動している脳部位を推定することができます（Price, 2012）。健常者に対して行なえば，患者と比較して，より細かく脳内基盤と行動との関連を論じることができます。当然ながら，ここでも心理学が発展させてきたツールを用います。ほとんどのイメージング技術は脳活動を推定するもので，必ず誤差を持って推定されます。この誤差を縮小するためにも，目標とする行動・認知過程を的確かつ効率的に測るツールが求められます。

もちろん，すべての手法には固有の問題があります。例えばイメージング技術の場合，ある行動中にある脳部位が活動しているという事実は，その部位の活動がその行動に必須であることは保証しないということです。しかし，患者の脳損傷部位に関する情報のみから脳内基盤と行動の関係を議論すること

に比べて,より理解が進むのは間違いありません。

ここで,図12-1に示す**経頭蓋磁気刺激法**(transcranial magnetic stimulation: TMS)は補完的かつ強力な手法となります。これは,磁気を利用して脳のある部位を(外側から)刺激することにより,一時的にその活動を止め,その間に行動実験を実施するものです(Walsh & Cowey, 2000)。この手法には,ある部位が当該の行動に必須であれば,その脳部位の活動を止めれば行動に影響がでるはず,という考え方が背後にあります。当然ながら,ここでも心理学が発展させてきた課題が重用されます。

このような強力なツールにもまた,もちろん,固有の問題があります。1つは,安全性の確保のためにも,強すぎる・長すぎる刺激はできないということです。刺激強度を抑えれば,当然,行動に現れる効果は限定的となり,有意な効果が検出・追試されないということがあります(Walsh & Cowey, 2000)。しかし,それでも脳部位から行動への因果関係を論じることができるという点で,この手法は理論的に大きな意義を持っています。少し戻って脳損傷患者の場合,健常者との行動の違いは顕著に検査成績に表れる傾向があります。よって,患者から得られる情報と対応させることでより正確な理解が可能になります。

(4) 心・行動と脳との溝(mind-brain gap)

これまで紹介してきたように,神経科学には様々な手法があり,どの手法も,心理学によって発展されてきたツールに依拠しています。そして,それぞれの長所を活かしあって短所を補い合っていきます。そして,脳と行動への関係を示す詳細な脳モデルが神経学者によって提唱された際,次に現れる問いは,「なぜ,当該の脳部位がある行動を担うのか,なぜ,当該の脳部位の損傷がある行動の低下につながるのか」ということです(Patterson & Plaut, 2009)。脳解剖モデルとはいわば,研究者が期待した部位が期待したように情報処理・相互作用し,期待している行動を生み出すだろう,と期待されているに過ぎないものです。実際に,その脳解剖モデルが,期待されている認知メカニズムに基づいて期待したように「動く」のかどうかは分かりません。「本当に動くのかどうか」を検証する研究を志したいという方に,この章を勧めたいと思います。少し身近に感じていただくために,車の例を挙げましょう。車を作る際は,部品(脳部位)がどうつながれるかを示した図面(脳の処理経路)に従います。そして,モーターを動かすと,その物理作用が車輪に伝わり(物理メカニズム),車が前に動く(行動)ことが期待されます。この前に動くという行動が,部品と図面から実際に成立するか否かは(物理メカニズムがうまくはたらくか否かは),やってみないと分からないのです。もしかしたら,ある部品と部品(脳部位)

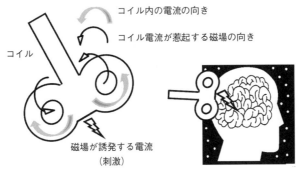

図12-1 経頭蓋磁気刺激法のイラスト
8の字型の電磁石(コイル)に電流を流すと,磁場が発生します。磁場は頭の表面・頭蓋骨を通り抜け,真下の脳部位に(ファラデーの法則により)微弱電流を誘発します。これにより,手術なしで脳の一部分を刺激することができます。

をつなぐもう一本の鉄の棒（脳の処理経路）が必要かもしれません。あるいは，前に動くという機能にとって必要の無い部品（脳部位）や，必要のない鉄の棒（処理経路）が図面に描かれているかもしれません。脳のどの部位がどの行動に重要か，を示した脳解剖モデルも同じです。心理学者である私たちが知りたいことの1つは，人間がなぜそのように考え，行動するかということです。ある脳部位において，どのような情報処理・表象形成が行なわれ，他の部位の情報とどのように相互作用し合って（あるいは相互作用せずに）ある行動に至るのか，その溝を埋める認知メカニズムを明らかにしたいという探究心を，みなさんと共有できるとうれしいです。

(5) 計算機モデル

　行動を支える認知メカニズムを解明することに適した手法は，**計算機モデル（computational modelling）**です。計算機モデルを用いた研究の背後には，「ある認知メカニズムがある行動を支えているなら，その認知メカニズムを（計算式として）搭載したコンピューターは，その行動を生み出すはずである」という考え方があります（Plaut & Behrmann, 2011）。先の車の例ですと，コンピューター上で部品を組み上げ，物理メカニズムを計算式に置き換えてコンピューターに伝えることによって，コンピューター上で車が前に動くかどうかを検証します。このようにして，図面モデルに描かれた部品や接続関係の妥当性・必要性を検証するのです。これを脳に置き換えましょう。脳解剖モデルに描かれている脳部位を，描かれている処理経路に従ってコンピューター上で組み合わせます。そして，神経の働きを計算式に置き換えてコンピューターに伝えることにより，研究者によって仮定された認知メカニズムに基づいて行動・機能が生み出されるのか否か，を明示的に検証するのです（Seidenberg & Plaut, 2006）。120年前のウェルニッケら黄金時代の神経学者と同じように脳解剖モデルを描き，そこから認知活動が生まれるだろうと期待して終わるのではなく（Shallice, 1988），現代だからこそできることがあるのです。

　計算機モデルによるアプローチは，新薬開発などの他の領域では当然のように行なわれています。研究者は，生体内で起こるであろうと期待される分子の物理メカニズムを，数学的にコンピューター上で表現し，計算します。そして，コンピューター上で確かに期待される結果や化合物が生まれることを実証し，臨床実験に移ります。ここで，心・脳は壮大なものであり，分かっていないことが多すぎるため，コンピューター上に表現するなんて無理と思う方もおられるかもしれません。しかし，直接観測しにくいものにおいてもコンピューターが役に立つことの例の1つが，宇宙の成り立ち（既に観測不可能）についての理論仮説です。2012年には，ヒッグス粒子である可能性の高い粒子の観測がニュースになりました。それまで，ヒッグス粒子は，その存在が仮定されているだけで，確認されていませんでした。それでも，ヒッグス氏が仮想した粒子のはたらきを物理メカニズムの1つとして計算式に表現すると，宇宙が実際に成り立つ可能性が計算式として成り立ち，それをもとに理論が発展してきました。そして2012年，ついにその可能性の高い粒子の発見に至ったのです。このように，計算機モデルが仮説理論を構築し，実証的研究を先導してきました。人の心・脳も同じです。たとえ目に見えない認知メカニズムでも，その仮定されたメカニズムをコンピューター上で表現して，実際に目標とする行動が起きるか否かを検討することには，目に見えないからこそ，その理論的な意義が宇宙科学と等しく存在するはずです。さて，次からは，神経科学研究によって脳に存在すると仮定・期待されてきた認知メカニズムの中でも一般性の高いものを挙げます。そして，その期待が計算機モデルによって洗練された例を紹介します。

2. 神経科学研究から提唱されるメカニズムと計算機モデルによる反証

(1) モジュール・二重乖離

　神経科学研究では，**モジュール（Module）**という概念がよく使われます。厳密な意味でのモジュールという概念は，例えば，フォーダー（Fodor, J. A.），チョムスキー（Chomsky, N.），ピンカー（Pinker, S.），マー（Marr, D.）といった研究者の理論に代表されます（Shallice, 1988）。例えば，マー（Marr, 1982）が「いかなる大きな計算も，互いにほぼ独立な下位部分の集合へと分けられ，実装[1]されるべきである」と述べているように，モジュールとは，「独立して」，ある活動・対象に特化した認知メカニズムです。では，脳にはモジュールと呼ぶべき認知メカニズムはあるのでしょうか。みなさんは神経科学の研究を読んだ際に，「課題 A の際には脳部位 A が，課題 B には脳部位 B が活動しているため（あるいは脳部位 A の損傷は課題 A のみに，脳部位 B の損傷は課題 B のみに影響するため[2]），課題 A と課題 B は，独立した別のシステムによって担われている」という議論を耳にされたことはないでしょうか。これは，神経科学で大変よく使われている議論の流れです。例えば，**視覚認識（visual object recognition）**が挙げられます。人間は，「いぬ」という文字を見て（視覚入力を受け取って），「これは四本足で歩いて，ワンと鳴く動物のこと」と認識できます。あるいは，「人の顔」をみて，「A さん」と認識することができます。また，「建物」をみて，これは「宮殿」だと認識することができます。この視覚認知を支える認知メカニズムとして，対象カテゴリーによって異なる認知プロセス，つまり**領域固有的（domain-specific）**[3]なシステムが神経科学では仮定されてきました（Kanwisher, 2000）。図 12-2 左を見てください。カンウィッシャーらがレビューしているように，脳右半球の**紡錘状回（fusiform gyrus）**と呼ばれる脳部位は人の顔に，左半球の同部位は文字に，そして両半球の少し内側にある**海馬傍回（parahippocampal gyrus）**という部位は建物などを認識している際に，それぞれ他のカテゴリー事物と比較して2倍ほどの脳活動

図 12-2　絵の認識に重要とされる脳部位（左，Plaut & Behrmann, 2011 より）
凡例（中央），および神経科学データのモジュラー的解釈に基づく認知モデル（右）。

---

1) コンピューター上に表現すること。
2) これは**二重乖離（double-dissociation）**と呼ばれます。例えば脳の一部分が損傷した際に，課題 A が低下する一方，課題 B は正常であったとします。これは単に乖離と呼ばれます。全く別の部位の損傷によって，真逆の結果（課題 B が低下する一方，課題 A は正常）も得られた場合，これらをまとめて二重乖離と呼びます。二重乖離は，別個のシステムが存在しており，それらが個別に損傷していると解釈されますが，単なる解釈の1つであり論理的にそれしかあり得ないということはありません。
3) ある特定の認知活動に使われるシステムのことです。身近な例は耳です。これは，聴覚という活動にしか使われません。味覚・視覚といった他の活動には使われず，聴覚に固有なシステムといえます。もし，犬の認識にしか使われず人の認識には使われない脳部位があれば，その脳部位は，「動物の認識」に固有なシステムである，と解釈されることがあります。

が推定されています。また，当該の部位を損傷することで特定カテゴリー対象の認識が選択的にできなくなった（selectively impaired）症例が報告されています。

これらは一見して，側注で紹介した**二重乖離**（double-dissociation），もっと正確には三重乖離を示しており，それぞれの活動に特化したモジュールという認知メカニズムが脳に存在している，という理論を支持しているように思われます。つまり，それぞれのカテゴリーの絵を視覚入力として受け取ったら，「選択的にそれぞれの脳部位に送られ，別個に処理される」という考えです（図12-2右）。しかし，プラウトとバーマン（Plaut & Behrmann, 2011）は，あるカテゴリー対象に特異的な認知メカニズムをコンピューター上に表現しなくとも，単一メカニズムを持つモデル（**研究①**参照）の中で，これらの「モジュールのように見える」データが得られることを，コンピューター上で実証しました。計算機モデルに関する詳細な説明は次ページに示し，ここではこの成功例から得られる示唆を述べます。それは，脳活動パタンや患者の成績として二重乖離を実証した神経科学論文が現れても，まだモジュールという独立した認知システムを神経学者・心理学者が仮定する必然性はないということです。脳の別の部位が活動しているからといって，別個の独立システムを仮定しなくても，計算機モデルを使用すれば代替仮説を目に見える形で提唱できるのです。

(2) 少数症例研究と個人差

神経心理学では，単一症例・少数症例の研究が強力なインパクトを持つことがあります（Blazely et al., 2005）。特に，前項でも紹介した乖離症例が挙げられます。まず，逆に乖離を示さない脳損傷患者を想像してみましょう。つまり，ある脳部位を損傷すると，一般的に課題 A の成績と課題 B の成績が連動して下がるとしましょう（連合：association，または**非乖離**）。例えば，側頭葉前部（図12-3左）が損傷すると，図12-3中央左の患者1のように，pintやsewといった，特別な発音をする単語[4]の読み成績が下がる一方，意味課題成績（絵の名前を発話など）の成績も相関して下がることが知られています（Woollams et al., 2007）[5]。このことから，単語を読むために必要な認知メカニズムの中に，**意味**（semantic）システムを仮定する理論が示唆されてきました（図12-3中央右）。これは，読み過程（＝文字の入力に対して音を出力する過程）で，その単語の指し示す意味がそのプロセスを助けるという仮説です。側頭葉前部の損傷はこの意味システムの損傷となり，意味課題成績と読み課題成績がどちらも相関して下がるとウーラムズらは説明します。

しかし，一方で，意味成績が低下しても読み成績が下がらない例，つまり図12-3中央左の患者2のよ

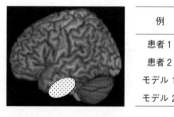

例	意味課題	読み課題
患者1	11.5%	43.6%
患者2	23.1%	94.9%
モデル1	15.0%	47.9%
モデル2	28.1%	89.4%

図12-3 典型的な意味認知症患者の損傷部位（左），患者と計算機モデルにおける意味課題成績と読み課題成績（中央左，Dilkina et al., 2008 より），患者1を解釈する認知モデル（中央右），および患者2を解釈する認知モデル（右）

---

[4] 高校英語で習ったように，綴りの一部を見た際によくある発音で発音してはいけません。例えば，pintはmintのように，sewはnew，のように発音してはいけません。

[5] 同年齢の健常者は，90-100%の正解率となる課題です。

心理学研究の紹介①

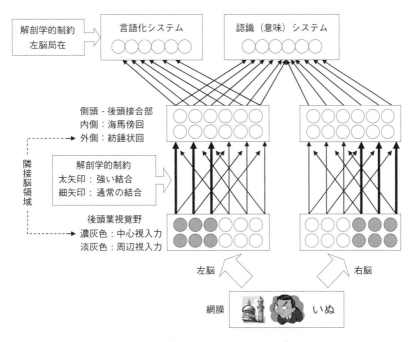

図 12-4　プラウトとバーマンのモデル

　図 12-4 は，本文でも紹介したプラウトらの視覚認識モデルです。すべてのカテゴリーの写真は，特定の部位へと選り好みされることなくすべての部位に送られ，処理されます。つまり，カテゴリーごとに（事前に）分けられた部分のない，単一メカニズムを持つモデルです。加えて，プラウトらは，文字カテゴリーは他の刺激より言語化しやすいことや，文字や顔カテゴリーは，目の中心窩で処理しなければ区別できない刺激が多いことに注目しました。そこで，モデルに 2 つのシステムを加え，その際に「解剖学的制約を組み込みました」。まず，加えられたシステムとは，視覚刺激の言語化をするシステムと視覚刺激の中心を処理するシステム（と周辺を処理するシステムの区別）です。そして，解剖学的制約とは，近くにある 2 つの脳領域は，遠く離れた 2 つに比べて，より密接に結合しあっているはずである，という制約です。言語は左脳で主に処理されていることが 120 年前から分かっていますので（Shallice, 1988），図 12-4 のように，言語システムと左脳の他のシステムが密接に接合されました。また，脳の視覚野において，中心視の入力に強く影響を受ける部位は，実は紡錘状回の文字領域や顔領域の隣（あるいは重なった領域）にあります（Hasson et al., 2002）。よって，この中心視情報の処理をしている部位と紡錘状回を，図 12-4 のように密接に接合しました。このようにして解剖学的制約を加えた単一メカニズムモデルは，**創発的特性（emergent property）**として（つまり，初めから送る部位を分けたからではなく），左の紡錘状回付近が文字に，右の紡錘状回付近が顔に，そして，海馬傍回の付近が建物に，相対的に重要になるように育ったのです。このようにして，モジュールメカニズムを表現せずとも，脳からの解剖学的制約を組み入れることで，単一システムモデル内に「モジュールのように見える」データが出てくることが実証されました。また，脳のどの部位の認知メカニズムについて計算機モデルが実証しているのか，ということがより明確になっています。

うな**乖離**（dissociation）を示す例が，ごく稀にですが，ブレイズリーらから報告されてきました。神経心理学では，このような乖離例は重要視され，上記のような相関に基づく理論への強力な反例とみなされます。そして，図12-3右のように，発音を助けるシステムは意味ではなく，**語彙**（lexicon）であると仮定します。読みに必要な語彙とは，辞書の見出し語のようなものだと考えてください。みなさんも，英語学習で発音が分からない場合，綴りから辞書の見出し語を索引し，隣に書いてある発音を調べるということを経験されたと思います。読みを支える認知システムは語彙であり，意味システムは読みを助け得るだろうが必須ではないとブレイズリーらは仮定します。このため，意味課題成績だけが乖離して下がる少数例が，この認知モデルで説明されるのです。このように，語彙という概念が必須であると仮定するという理論は，脳内に辞書の見出し語のようなものが一単語ずつ独立して保存されていると仮定しているともいえます。

しかし，ディルキナーら（Dilkina et al., 2008）は，少数例に基づいて語彙というメカニズムを認知理論に組み込まずとも，少数例はあくまで**個人差**（individual difference）の範囲内とみなすことを提唱しました。つまり，意味と読みには相関があるという理論（図12-3中央右）は正しいのですが，稀にそれを示さない個人がいるだけということです。実験心理学研究でも，AとBの間に有意な相関が検出されても，必ずしもその相関の様相から外れた値を示す被験者が1人いるということに驚かないでしょう。そのような被験者を個人差の範囲内としてみなせるのかどうかを，相関に基づく統計分析は確率的に評価できます。この統計分析の考え方に同意して使用するなら，脳損傷患者に対しても同じように考えなければいけません。

ディルキナーらはさらに，単に個人差の問題であると期待して終わるのではなく，個人差の範囲内であることを計算機モデルで証明することを試みました。まず，彼女らは語彙システムを表現しないモデルに，読み課題や意味課題（絵の命名）等の訓練を行なわせました。その後，モデルの一部を損傷させる（計算結果を少し歪めます）ことにより，脳損傷患者を模すことを試みました。結果，モデルの意味課題成績の低下と読み課題成績の低下に相関が見出され，圧倒的多数の実在患者と同じパタンを示しました（図12-3中央左，モデル1）。次に，彼女らは，ブレイズリーらが報告した乖離を示す患者が秘書であったことに注目し，読み書きの経験が多いという個人経験を有していただろうと推測しました。そして，全く同じ構造をもつモデルを再度作り上げ，訓練させる際に，読み書きをたくさん経験させるようにしたのです。このような個人差変数を組み入れたモデルの一部を同じように損傷させると，意味成績が下がっても読み成績が保たれるという，乖離のパタンを呈することが実証されました（図12-3中央左，モデル2）。つまり，個人差変数を計算機モデルに表現することにより，単一症例によるパタンが特別ではなく，大多数と同じ構造を持つ（語彙システムを持たない）モデルから生まれ得ることを目に見える形で示したのです（**研究②**参照）。

ここから一般化し得ることがあります。みなさんの興味のある現象について，神経科学から少数の特別例が示唆され，その特別なパタンが認知理論に強力な影響を与えていたとしましょう。そうした場合に，少数例で特別な理論を出す必要はありません。また，単に個人差と期待し，目を逸らして終わるのでもなく，実際に個人差変数を積極的にモデルに表現することにより，少数例を多数例の中に位置付けて理解する代替仮説（多数例に基づく仮説）を提唱することが，計算機モデルを扱うことのできる研究者には可能なのです。既に，視知覚（visual perception）と視覚記憶（visual memory）の乖離を示した例すら，2つの行動を1つのシステムで説明する計算機モデルによってシミュレートされています（Cowell et al., 2010）。知覚や記憶といった，これまで当たり前に見られていた認知メカニズム間の区別ですら，考え直すときが来ているのかもしれません。また，神経科学で有名な，人工物（道具など）と

心理学研究の紹介②

　単語を読む，ということを可能にするモデル研究においても，解剖学的制約が含められ始めています。ウェルボルンら（Welbourne et al., 2011）の読みモデルも，本文で紹介したディルキナーらと同じく，意味システムを仮定しています。この中でウェルボルンらは，2つの解剖学的制約を加えています。1つは，研究①で紹介したプラウトらの研究と同じく，近い脳部位の神経は，互いに接続し合っている可能性が高いというものです。このため，視覚システム（後頭葉），音韻システム（聴覚野・運動野），意味システム（側頭葉前部）の間の結合確率は30%と，システム内の結合確率80%に比べて低く設定されました。このモデルは，研究①のプラウトらのものと同じく並列分散処理モデル（Parallel-distributed processing: PDP）というもので，それぞれのシステムの中に神経の働きを模したユニットと呼ばれるものがあります（図12-5中の丸）。これらは，互いに接続しあい，接続先のユニット（神経）を発火させたり（興奮性），発火しないようにさせたり（抑制性）します。ウェルボルンらは，システム間のユニットを接続する際に，30%のユニットだけ無作為に選んでまばらに接続することにより，実際の脳の結合制約を模しました。もう1つの制約として組み入れられた解剖学的事実は，離れた脳部位間の結合は普遍的にピラミッド細胞（pyramidal cell）というものを介し，興奮性の信号を送るというものです（Braitenberg & Schüz, 1991）。これを模すために，システム間の結合関係は，常に興奮性になるように制約されました。このような解剖学事実に基づく制約を組み入れた結果，それぞれのシステム（脳部位）は，それぞれの役割（意味処理・文字処理・音韻処理）に必要な知識を，より容易に獲得していくことが分かりました。この成功例は，「なぜ，脳がそのように進化したのか」を説明し得る可能性を持っています。つまり，離れた部位の神経線維結合をまばらにし，興奮性の信号を伝えるように脳というハードウェアが進化した理由は，そのようにしないと，ヒトとしての視覚，音韻，意味処理という機能（ソフトウェア）が各部位において獲得されにくいからではないのか，ということです（Welbourne et al., 2011）。

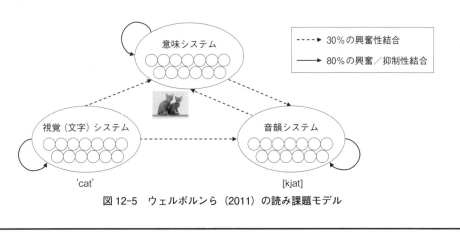

図12-5　ウェルボルンら（2011）の読み課題モデル

動物の理解は別の脳部位で処理されるという**カテゴリー特異性**（category-specificity）ですらも，単一メカニズムを有したモデルで再現されています（Chen & Rogers, 準備中）。

3. まとめと今後の展望

(1) より強い脳解剖制約を求めて

　これまで紹介したように，計算機モデルは，研究者が仮定する認知メカニズムをコンピューター上に表現し，実際の人間の心・行動が再現できるかどうかを検証します。そして，脳解剖モデルにおいて言

葉で説明されるに留まっていた認知メカニズムを，より直接的に実証/反証し，心と行動の溝を埋めていきます。本章では，異なる興味をお持ちの方々それぞれに応用できるよう，神経科学で一般的に理論武装に用いられるキーワードとデータパタンを挙げ，それに対する計算機モデルを紹介しました。このようなデータに対し，計算機モデルを扱うことのできる心理学者は理論的な貢献をすることができます。この目的のためにも，今後は，脳のどの部位の機能についてシミュレートしているかが，より自明になる計算機モデルが求められます[6]。

既に**注意（attention）**などの高次機能の分野では，この試みがオライリー（O'Reilly, 2006）のグループを嚆矢として始まっています。彼らはまず，神経科学研究をレビューし，注意という行動に関係していると思われる脳部位を取り上げます。次に，それらの脳部位が，**神経線維（neuron）**を通じて解剖学的にどのように接続し合っているか（処理経路）を調べます。つまり，脳のどの部位とどの部位の間に，そもそも情報連絡が行き交っているのかを調べます。これは，**神経線維結合画像（tractography）**という，ここ10年で特に信頼性が確立されてきた手法で明らかになります。そして，解剖情報（脳解剖モデル）が明らかになれば，その解剖情報をそのまま計算機モデルの構造へと変換し，解剖学的制約を受けた計算機モデルとして表現します。このモデルによって行動をシミュレートし，三位一体となって人間の行動を説明することが試みられます。言語分野でも，既に脳部位・脳処理経路を含めた解剖学的制約を組み入れることが始まっています（**研究③参照：研究①・②**にも解剖学的制約が組み込まれています）。このアプローチは，神経科学と計算科学をより直接的に橋渡しするものとして，心理学者に期待されている手法です。

(2) モデルが作る予測と実世界への応用

モデルによって認知メカニズムと行動との関連が実証されると，モデルは基礎研究・応用研究における予測を生み出すことができます（Seidenberg & Plaut, 2006）。そして，その予測を実際に検証することで，理論と実践の相互作用が進みます。特に，マックレランドら（McClelland et al., 1995）の計算機モデルは，海馬と新皮質の役割についての多くの基礎研究を生み出し，また，患者の言語リハビリを洗練させることにも貢献しました（Mayberry et al., 2011）。他にも，プラウト（Plaut, 1996）は，患者が「物事の理解（例えば鳥）」を再学習する際に，カテゴリーの中でも典型的な事例（鳥ではコマドリ[7]など）の学習から始めるより，非典型的な事例（例えばダチョウ）から始めるほうが，再学習の効果が他の鳥の理解にも**一般化（generalization）**され，効率的であることを計算機モデルで示しました。この直感に反した結果は臨床実践に先だって示され，その後，この手法が実際の患者の言語リハビリに役立つことが臨床実践で確認されました（Kiran & Thompson, 2003）。つまり，計算機モデルから実践活動が生まれたのです。紙幅の都合上，一部しか書けませんが，その他にも多くの計算機モデルが応用・臨床実践に役立っています。

(3) 心理学者として

これまで紹介してきた計算機モデルは，いずれも神経学者以外，つまり心理学者・認知科学者によって発展されてきたモデルです。脳科学は日進月歩の勢いで進んでいきますので，それを無視して研究をすることは心理学者にもできません。そのような中，計算機モデルは，脳科学技術を使う機会がなくと

---

[6] 認知メカニズムをブラックボックスにしても脳と行動を関連付ける神経科学研究に意義があるのと同様に，たとえ脳をブラックボックスにしても，認知メカニズムと行動を関連付ける計算機モデル研究も大変意義があります。

[7] 欧米では典型的な鳥で，ロビンと呼ばれています。日本のスズメのようなものとお考えください。

心理学研究の紹介③

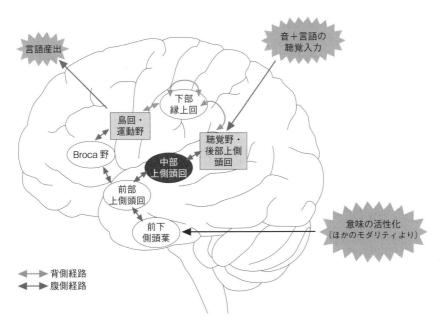

図 12-6　上野ら（2011）の聴覚言語の二重経路モデル

　本文の最後でも述べましたが，注意などの高次機能の分野では，脳の各部位がどのように接続しあっているかを神経線維結合画像で調べ，その接続関係をそのままモデル構造へと変換してシミュレートする試みが始まっています。言語分野でこれを行ない，聴覚言語の二重経路解剖モデルをコンピューター上に表現したのが上野ら（Ueno et al., 2011）です。聴覚言語は，脳内の2つの経路で処理されていることが神経科学研究より明らかになってきました。しかし，神経科学はそのような詳細な脳解剖モデルを描く一方，なぜ二重経路を用いるように脳が進化したのか，その機能的必然性については明らかにしませんでした。上野らは二重経路計算機モデルが確かに聴覚言語処理を学習できることを実証した後，「あえて単一経路のみを持つモデルを構築して」同じように学習させ，どのような変化が起きるかをコンピューター上でシミュレートしました。これは，宇宙科学でたとえるなら，ヒッグス粒子による働きをあえてメカニズムに組み込まなかった際に宇宙が成り立ち得るか，ということをコンピューター上でシミュレートすることと似ています。結果，**非単語の反復**（nonword repetition）という，実際の人間には可能な機能が全く獲得できないことがわかりました。さらなる分析の結果，「聞いた音の反復」という機能を学習する際に，常に聞いた音の意味を考えてから，それを反復していることが分かりました。このため，意味を持たない非単語の反復は不可能だったのです。単一経路モデルは，聴覚言語処理に必要な音韻処理・意味処理をどちらも単一経路で行なわなければいけません。その結果，音を反復するという音韻処理が意味処理に強く影響されてしまい，意味を無視できなくなってしまったのです。ここからも，進化に関する示唆が生まれます。なぜ脳が二重経路を持つように進化したのかというと，そうしないと，意味処理と音韻処理をある程度分離させることができなかったからではないかということです。

も，神経科学の知見を巻き込んで人の心の理解を深められる魅力的な手法の1つです。取りかかりにくいと思うかもしれませんが，まず第一歩は，興味のある心理現象の知識をつけることです。その上で，計算機モデルを使用している研究者と共同研究を始めることで，いつかは自分で計算機モデルを使えるようになります。「石を用いて家を作るように，事実に基づいて科学は作られる。しかし石の寄せ集めが家と同義でないように，事実を集めただけでは科学と同義ではない」とポアンカレ（Poincaré, 1905）が述べたように，神経科学の知見と心理学の知見が統合されて人の心が理解されるには，両者の溝を埋めるための認知メカニズムを実証する計算論的アプローチが欠かせないのです。

☞ 読書ガイド

Patterson, K., & Plaut, D. C. (2009). "Shallow draughts intoxicate the brain": Lessons from cognitive science for cognitive neuropsychology. *Topics in Cognitive Science*, **1**(1), 39-58.
　英語ですが，なぜ計算機モデルが必要なのかを熱く語ってくれます。

エルマン, J. L. 他（著）乾　敏郎・山下博志・今井むつみ（訳）(1998). 認知発達と生得性―心はどこから来るのか― 共立出版
　脳科学で生得性を仮定された認知メカニズムが，環境との相互作用で生まれ得ることを示した名著です。日本のみなさんにぜひ読んでもらいたいと，訳者らが奮闘された様子が如実に伝わる名訳です。

引用文献

Blazely, A. M., Coltheart, M., & Casey, B. J. (2005). Semantic impairment with and without surface dyslexia: Implications for models of reading. *Cognitive Neuropsychology*, **22**(6), 695-717.

Braitenberg, V., & Schüz, A. (1991). *Anatomy of the cortex*. Vol.18. Berlin: Springer-Verlag.

Chen, L., & Rogers, T. T. (準備中). Connectivity of an interactive semantic network explains emergent category specificity in sighted and blind individuals.

Cowell, R. A., Bussey, T. J., & Saksida, L. M. (2010). Functional dissociations within the ventral object processing pathway: Cognitive modules or a hierarchical continuum? *Journal of Cognitive Neuroscience*, **22**(11), 2460-2479.

Dilkina, K., McClelland, J. L., & Plaut, D. C. (2008). A single-system account of semantic and lexical deficits in five semantic dementia patients. *Cognitive Neuropsychology*, **25**(2), 136-164.

Frith, U. (2012). The 38th Sir Frederick Bartlett Lecture Why we need cognitive explanations of autism. *Quarterly Journal of Experimental Psychology*, **65**, 2073-2092.

Hasson, U., Levy, I., Behrmann, M., Hendler, T., & Malach, R. (2002). Eccentricity bias as an organizing principle for human high-order object areas. *Neuron*, **34**(3), 479-490.

Kanwisher, N. (2000). Domain specificity in face perception. *Nature Neuroscience*, **3**(8), 759-763.

Kiran, S., & Thompson, C. K. (2003). The role of semantic complexity in treatment of naming deficits: Training semantic categories in fluent aphasia by controlling exemplar typicality. *Journal of Speech Language and Hearing Research*, **46**(3), 608-622.

Marr, D. (1982). *Vision: A computational investigation into the human representation and processing of visual information*: W. H. Freeman and Company.

Mayberry, E. J., Sage, K., Ehsan, S., & Ralph, M. A. L. (2011). Relearning in semantic dementia reflects contributions from both medial temporal lobe episodic and degraded neocortical semantic systems: Evidence in support of the complementary learning systems theory. *Neuropsychologia*, **49**(13), 3591-3598.

McClelland, J. L., McNaughton, B. L., & Oreilly, R. C. (1995). Why there are complementary learning-systems in the hippocampus and neocortex-Insights from the successes and failures of connectionist models of learning and memory. *Psychological Review*, **102**(3), 419-457.

O'Reilly, R. C. (2006). Biologically based computational models of high-level cognition. *Science*, **314**(5796), 91-94.

Patterson, K., & Plaut, D. C. (2009). "Shallow draughts intoxicate the brain": Lessons from cognitive science for cognitive neuropsychology. *Topics in Cognitive Science*, **1**(1), 39-58.

Plaut, D. C. (1996). Relearning after damage in connectionist networks: Toward a theory of rehabilitation. *Brain and Language*, **52**(1), 25-82.

Plaut, D. C., & Behrmann, M. (2011). Complementary neural representations for faces and words: A computational exploration. *Cognitive Neuropsychology*, **28**(3-4), 251-275.

Poincaré, H. (1905). *Science and hypothesis. Marrickville*: Science Press.

Price, C. J. (2012). A review and synthesis of the first 20 years of PET and fMRI studies of heard speech, spoken language and reading. *Neuroimage*, **62**(2), 816-847.

Saur, D., Lange, R., Baumgaertner, A., Schraknepper, V., Willmes, K., Rijntjes, M., & Weiller, C. (2006). Dynamics of language reorganization after stroke. *Brain*, **129**, 1371-1384.

Seidenberg, M. S., & Plaut, D. C. (2006). Progres in understanding word reading: Data fitting versus theory building. In S. Andrews (Ed.), *From inkmarks to ideas: Current issues in lexical processing*. Hove, UK: Psychology Press.

Shallice, T. (1988). *From neuropsychology to mental structure*. New York: Cambridge University Press.

Ueno, T., Saito, S., Rogers, T., T., & Lambon Ralph, M. A. (2011). Lichtheim 2: Synthesising aphasia and the neural basis of language in a neurocomputational model of the dual dorsal-ventral language pathways. *Neuron*, **72**(2), 385-396.

Walsh, V., & Cowey, A. (2000). Transcranial magnetic stimulation and cognitive neuroscience. *Nature Reviews Neuroscience*, **1**(1), 73-79.

Welbourne, S. R., Woollams, A. M., Crisp, J., & Lambon Ralph, M. A. (2011). The role of plasticity-related functional reorganization in the explanation of central dyslexias. *Cognitive neuropsychology*, **28**(2), 65-108.

Woollams, A. M., Lambon Ralph, M. A., Plaut, D. C., & Patterson, K. (2007). SD-squared: On the association between semantic dementia and surface dyslexia. *Psychological Review*, **114**(2), 316-339.

事項索引

あ

欺き　89
アスペルガー障害　95
あなたに違いない効果　7
アナログ研究　13
アバター　101
アルゴリズム　77
安定バイアス　47
暗黙の前提（隠れた前提）　73
意思決定　127
一般化　156
イマージョン（没入）アプローチ　79
意味　152
イメージ膨張　5
インフュージョン（導入）アプローチ　79
ウェイソンの選択課題　61, 120
裏切り者　122
エピソード記憶　1, 99
演繹的推論　70
横断的研究　89
オッドボール課題　37

か

解釈的行為動詞　109
外集団　25, 111
介入研究　101
海馬　13, 35
　　――傍回　151
乖離　154
学習曲線　46
学習スケジュール　48
学習段階　99
学習判断　45
　　――の過剰確信効果　46
学習方略　52
確証　71
　　――バイアス　74
覚醒　32
確認強迫　12
　　――傾向　12
確率推論　74
仮説空間　62
課題遂行役　63
課題要求　66
カテゴリー化　138
カテゴリー特異性　155
感覚記憶　17

関係性維持機能　136
感情価　31
感情制御動機　42
感情によるバイアス化競合モデル　40
感情予測　54
関連性理論　125
記憶痕跡　3
記憶方略　100
記述的行為動詞　109
期待　112
　　――背反（違反）法　86
機能磁気共鳴画像法（fMRI）　13
機能的イメージング技術　148
帰納的推論　70
義務論的条件文　126
記銘（符号化）　2, 32
嗅周皮質　13
共感　102
　　――性　102
凶器注目効果　24, 36
教示行為　89
供述分析　23
共同注意　85
協同的抑制　60
強迫性障害　12
協力　122
偶発記憶課題　99
口コミ　112
グループによる想起　60
警察および刑事証拠法　26
計算機モデル　150
経頭蓋磁気刺激法　149
楔前部　14
原因推論　75
限局した損傷　148
言語陰蔽効果　26
言語カテゴリー・モデル　109
言語期待バイアス　112
言語コミュニケーション　109
言語集団間バイアス　111
言語相対性仮説　26
検索　33
　　――方略の妨害　60
検察官面前調書（検面）　22
語彙　154
高機能自閉症　96
高コンテクスト　135

向社会的行動　91
高次リテラシー　77
更新　88
構造的イメージング技術　148
広範囲にわたる損傷　148
広汎性発達障害（PDD）　95
公判調書　22
誤帰属　54
互恵的利他主義　122
心・行動　147
　　――と脳との溝　149
心の状態　84, 97
心の理論　84, 142
個人差　9, 154
誤信念課題　85
固定　32
混合アプローチ　79

さ
サヴァン症候群　96
錯誤相関　76
差別　109
三段論法　119
参与観察　62
CBCA（criteria-based content analysis）　23
ジェネラル（汎用）アプローチ　79
視覚認識　151
自己意識　99
思考　119
自己概念　99
自己参照効果　99
自己調整学習　52
自人種バイアス　25
システム変数　19
自然淘汰による進化　121
実験空間　62
実行機能　87
実務規範　26
自伝的記憶　99
自動運動現象　133
自発の移民　142
自発的特性推論　107
シフティング　88
自閉症　95
自閉スペクトラム症／自閉症スペクトラム障害　95
司法警察員面前調書（員面）　22
社会化　142
社会経済的地位　142
社会契約仮説　123
社会的スキル　101
囚人のジレンマ・ゲーム　123
縦断的研究　89
集中学習　48

周辺情報　36
主観的期待効用　126
熟慮的態度　71
主題内容効果　121
馴化・脱馴化法　86
条件文　120
省察的　69
状態動詞　109
情動的覚醒説　24
情報源（ソース）　1
情報伝達機能　136
情報リテラシー　116
省略三段論法　73
ショーアップ　20
処理水準効果　98
処理容易性　47
進化心理学　121
神経科学　147
神経心理学　148
神経線維　156
　　――結合画像　156
心的外傷後ストレス障害（PTSD）　42
信念バイアス　73
推定変数　19
推論　70, 119, 138
スキーマ　7, 127
ステレオタイプ　108
ストループ課題　88
ストループ効果　137
ストレス　33
スペクトラム　96
スリーパー効果　9
精神疾患の診断・統計マニュアル（DSM）　95
性別バイアス　25
世界知識　103
接触仮説　25
説明活動　63
選好注視法　86
線と枠課題　139
想起（検索）　2, 50
相互協調的自己観　135
相互独立的自己観　135
創発　62
　　――的特性　153
ソーシャルストーリー　101
ソース記憶　2
ソースモニタリング　1
外集団　111
素朴心理学　84
素朴生物学　84
素朴物理学　84
素朴理論　84

た

ダーウィン的アルゴリズム　122
対象の永続性　86
対人認知　107
多重貯蔵モデル　17
他人種効果　25
ただ乗り　59
短期記憶　17
知覚的推論課題　140
TIPS（Transfer Inappropriate Processing Shift：転移不適切処理シフト）説　26
知能指数　96
チャンスレベル　13
注意　39, 138, 156
長期記憶　17
定型発達者　96
定言的三段論法　70
手がかり再生　107
テスト効果　49
転移　79
伝達目標　113
統合失調症　10
洞察　61
道徳判断　90
特定不能の広汎性発達障害　96
特別支援教育　102
トレードオフ　37
ドロップ方式　53

な

内集団　25, 111
馴染み仮説　123
二重乖離　151, 152
認識論的信念　71
認知的柔軟性　88
認知メカニズム　147
年齢バイアス　25
脳解剖モデル　148
脳科学　13
脳機能画像イメージング　97
脳内基盤　147
脳の可塑性　148
望ましい負荷　50
ノルアドレナリン　38

は

バイアス　128
発達障害　95
発話思考法　63
般化　101
反証　71
反応時間　107
左下前頭回　14
左中前頭回　14
非単語の反復　157
皮肉　96
批判的思考　69, 116
　——志向性　71
　——態度　71
皮膚電位反応　34
比喩　97
ヒューリスティック　76
評価懸念　59
表出ルール　91
ピラミッド細胞　155
フォールスアラーム　11
不適合性　25
　——説　25
ブレインストーミング　58
プローブ　107
プロセス・ロス　59
ブロッキング　59
プロトコル分析　63
プロプラノロール　32
文化神経科学　144
文化心理学　134
文化的産物　143
文化的自己観　135
文化内の分散　142
分散学習　48
分散推論　61
分析的　136
並列分散処理モデル　155
偏見　109
変数　19
扁桃体　34
包括的　136
紡錘状回　14, 151
保持（貯蔵）　2
ポジティブテスト方略　62
ポジティブバイアス　42

ま

マグショット　20
名義集団　58
メタ記憶　45
　——アンケート　50
メタな知識　63
メタ認知　7, 45, 63, 72
　——的コントロール　63
　——的モニタリング　63
メタ分析　24, 85
メンタルシミュレーション　6
妄想　10
　——傾向　10
目撃証言　18

目標志向的　72
モジュール　151
モニター役　63
物語　97

や
要因　19
抑制　88
4枚カード問題　120

ら
ラインナップ　20
楽天的な学習者　52
リアリティモニタリング　5

利他行動　122
Rmember-Know 手続き　100
流暢性　47
領域一般な主張　125
領域固有的　151
領域特殊な主張　126
利用可能性バイアス　74
理論的枠組み　14
連合（非解離）　152
練習による過小確信効果　46

わ
ワーキングメモリ　76, 88

人名索引

A
Abel, T. M.   *138, 140*
Adolphs, R.   *35*
Ahn, W.   *125, 126*
赤木和重   *89*
Anastasi, J. S.   *25*
Arentsen, T. J.   *42*
アリストテレス   *119*
Aron, A. P.   *54*
浅井智久   *13*
Åsberg, J.   *103*
Atkinson, R. C.   *17*

B
Baillargeon, R.   *86, 87, 89*
Baron-Cohen, S.   *96, 97, 101, 102*
Barron, S.   *102*
Bayen, U.   *8*
Behrman, B.   *22*
Behrman, M.   *150-153*
別府 哲   *103*
Bernstein, M. J.   *25*
Bjork, R. A.   *47-50, 52, 53*
Blazely, A. M.   *152, 154*
Bowler, D. M.   *99, 100*
Braitenberg, V.   *155*
Brigham, J. C.   *25*
Brown, J. D.   *52*
Brown, W. M.   *128*
Buchner, A.   *123*
Butler, D. L.   *52*

C
Cabeza, R.   *35*
Calvo, M. G.   *39, 41*
Carlson, S. M.   *88, 89*
Carnagi, A.   *110*
Carroll, J. M.   *31*
Carstensen, L. L.   *42*
Castel, A. D.   *47, 54*
Charles, S. T.   *42*
Chen, L.   *155*
Cheng, P. W.   *127*
Chiroro, P.   *25*
Chiu, L. H.   *141*
Chomsky, N.   *151*
Claridge, G.   *13*

C (cont.)
Clark, A. E.   *113*
Clarke, V.   *52*
Cosmides, L.   *122, 124-128*
Cowell, R. A.   *154*
Cowey, A.   *149*
Cox, J. R.   *121*
Craik, F. I. M.   *98*

D
Davey, S.   *22*
Davis-Unger, A. C.   *89*
Darwin, C.   *121*
de Quervain, D. J.   *33*
Diehl, M.   *59, 60*
Diemand-Yauman, C.   *53*
Dilkina, K.   *152, 154, 155*
Dobson, M.   *5*
Dodson, C. S.   *4*
Douglas, K.   *113, 115*
Duffy, S.   *142, 143*
Dunbar, K.   *61-63*
Dunlosky, J.   *45, 52, 55*
Dunn, E. W.   *54*
Dutton, D. G.   *54*

E
Engstler-Schooler, T. Y.   *26*
Ennis, R. H.   *70, 71*

F
Fiddick, L.   *127*
Fiedler, K.   *109, 110, 113*
Fodor, J. A.   *151*
Freytag, P.   *113*
Frith, U.   *90, 96, 147*
Frost, R. O.   *12*
藤木大介   *78*
藤澤伸介   *53*
Fujita, K.   *129*
Furlong, P. R.   *78*
Futoran, G. C.   *64*

G
Gardiner, J. M.   *100*
Garry, M.   *5*
Geil, M.   *61*
Gerstadt, C. L.   *88*

Gigerenzer, G.　*127*
Gilbert, D. T.　*54*
Gonsalves, B.　*13*
Gonzalez, R.　*57*
郷式　徹　*95*
Gouveia, S. O.　*52*
Grandin, T.　*102*
Graham, L. M.　*125, 126*
Grey, C.　*102*
Grice, H. P.　*113*
Griggs, R. A.　*120*
Gross, S. R.　*18, 24*

H
Hall, E. T.　*135, 136*
浜田寿美男　*23*
Hamann, S.　*34*
Hamlin, J. K.　*91*
Happé, F. G. E.　*97, 98*
原　聰　*26*
服巻智子　*102*
Hasegawa, T.　*128*
Hasson, U.　*153*
Hayashi, H.（林　創）　*79, 91, 92*
Heath, C.　*57*
Henkel, L. A.　*6*
Hinsz, V. B.　*58*
Hiraishi, K.（平石　界）　*124, 125, 127, 128*
平山るみ　*71-73, 76, 78, 79*
廣岡秀一　*71*
Hodgson, R. J.　*12*
Hoffman, D.　*96*
Holyoak, K. J.　*127*
本間道子　*58*
Hovland, C. I.　*9*
Howlin, P.　*101*
Hsu, F. L. K.　*138, 140*
Hug, K.　*127*
Hurlemann, R.　*37, 38*

I
池上知子　*108*
Imada, T.　*143*
稲垣佳代子　*84*
Ingersoll, R.　*101*
伊勢田哲治　*71*
Ishii, K.（石井敬子）　*135, 137, 140, 143*
石坂好樹　*97*
厳島行雄　*19, 21, 28*
伊澤太郎　*65*

J
Ji, L.　*140, 143*

Johnson, J. E.　*75*
Johnson, M. K.　*1-3, 5, 7, 13, 14*

K
Kahneman, D.　*74*
Kanwisher, N.　*151*
Karasawa, M.（唐沢　穣）　*110-113*
Kardash, C. M.　*76*
Karpicke, J. D.　*49, 50, 52*
Kashima, Y.　*113, 116*
Kassam, K. S.　*51*
Kassin, S. M.　*19, 20, 22, 24*
Kensinger, E. A.　*36-39*
Kiran, S.　*156*
Kitagami, S.（北神慎司）　*7, 26-28*
Kitayama, S.（北山　忍）　*134, 135, 139, 142*
清河幸子　*63-65*
Kochanska, G.　*88, 91*
Koehnken, G.　*23*
Kohlbeck, P. A.　*12*
小島道生　*103*
Komeda, H.（米田英嗣）　*99, 102*
Koriat, A.　*46*
Kornell, N.　*47-49, 52, 53*
Koyama, K.　*85*
子安増生　*70, 89, 96*
Kramer, T.　*24*
Kraus, M. W.　*142*
Kusumi, T.（楠見　孝）　*7, 13, 69-73, 76-79*
Kuwabara, S.　*143*

L
LaBar, K. S.　*34*
Lamoreaux, M.　*143*
Landau, J. D.　*6*
Laughlin, P. R.　*64*
Lee, K.　*89*
Lichtheim, L.　*148*
Lind, S. E.　*99*
Loftus, E. F.　*22, 24, 27, 29*
Loftus, G. R.　*27*
Lombardo, M. V.　*99*
Lord, C. G.　*74, 75*

M
Maass, A.　*111, 112*
Manktelow, K. I.　*126*
Markham, R.　*5*
Markus, H. R.　*135*
Marr, D.　*151*
丸野俊一　*63, 72*
Mason, R. A.　*97*
Masuda, T.　*138, 139, 143*

Mather, M.　*40, 42*
松島恵介　*23*
Mayberry, E. J.　*156*
McCabe, J.　*50*
McClelland, J. L.　*156*
McKoon, G.　*107*
McNally, R. J.　*12*
Mealey, L.　*123*
Mehl, B.　*123*
Meissner, C. A.　*25*
Metcalfe, J.　*45, 52, 55*
道田泰司　*71, 79*
Miller, J.　*96, 101*
Mintz, J.　*101*
Mitchell, K. J.　*13*
Miwa, K.（三輪和久）　*62*
三宅 晶　*88*
Miyake, N.　*63*
宮本博章　*75*
水野 薫　*96*
Moore, C.　*128*
森 直久　*23*
森口佑介　*87*
Morling, B.　*143*
Moses, L. J.　*88*
Moshman, D.　*61*
元吉忠寛　*80*
Mullen, B.　*58, 60*
Müller, U.　*89*
村山 航　*46, 52*

N

Naito, M.　*85, 91*
仲 真紀子　*29*
Nielson, K. A.　*42*
Nisbett, R. E.　*136, 138, 139*
西林克彦　*53*
丹羽 清　*63*
野島久雄　*61*
野村亮太　*72*
Norbury, C. F.　*97*
Norenzayan, A.　*140, 141*
Nowicka, A.　*42*
Nummenmaa, L.　*39, 41*

O

Oda, R.　*123, 128*
小川絢子　*89*
大橋靖史　*23*
Okada, T.　*63, 64*
沖林洋平　*78, 80*
Onishi, K. H.　*86, 87*
O'Reilly, R. C.　*156*

Osborn, A. F.　*58*
Over, D. E.　*126*
Ozonoff, S.　*96, 101*

P

Palmer, J. C.　*22*
Patterson, K.　*147-149*
Peters, E. R.　*10*
Pickel, K. L.　*25*
Pinker, S.　*93, 151*
Plaut, D. C.　*147-153, 155, 156*
Poincaré, H.　*158*
Premack, D.　*84, 97*
Price, C. J.　*148*

R

Rachman, S. J.　*12*
Ratcliff, R.　*107*
Rhodes, M. G.　*25, 47, 54*
Roediger, H. L.　*49*
Rogers, T. T.　*155*
Roozendaal, B.　*32*
Russell, J. A.　*31*

S

齊藤 智　*88*
Sakaki, M.（榊 美知子）　*40*
阪谷 徹　*61*
Sanavio, E.　*12*
Sandberg, A. D.　*103*
Sangrigoli, S.　*25*
三宮真智子　*55, 63*
Saur, D.　*148*
Schellekens, G. A. C.　*112*
Scholes, R. J.　*76*
Schooler, J. W.　*26*
Schunk, D. H.　*52*
Schüz, A.　*155*
Scollon, R.　*136*
Scollon, S. W.　*136*
Sebastian, C. L.　*83, 84*
Seidenberg, M. S.　*150, 156*
Seki, Y.　*91*
Semin, G. R.　*109, 110, 113*
瀬野由衣　*89*
Shaffer, M.　*18, 24*
Shallice, T.　*148, 150, 151, 153*
Shaw, M. E.　*64*
Sherif, M.　*133, 134*
Shiffrin, R. M.　*17*
Shippy, T. A.　*64*
Shows, D. L.　*12*
Siegal, M.　*89*

Simon, H. A.　*63, 64*
Sladden, B.　*25*
Sodian, B.　*89, 90*
Southgate, V.　*86*
Sperber, D.　*113, 125*
Srull, T. K.　*108*
Stanovich, K. E.　*76, 77*
Steblay, N. M.　*24*
Steller, M.　*23*
Strange, B. A.　*37, 38*
Stroebe, W.　*59, 60*
Suga, S.（菅　さやか）　*110-113*
Sugimori, E.（杉森絵里子）　*4, 7, 10-14*
杉山登志郎　*96*
Sugiyama, L.　*124*
Sungkhasettee, V. W.　*48*
Sutherland, M.　*40*
Sutton, R. M.　*113, 115*

T

高木光太郎　*23*
Takagishi, H.　*91*
高野陽太郎　*128*
武田明典　*79*
Takimoto, A.　*129*
Talwar, V.　*89*
田中優子　*69, 72-74*
Tanaka, J. W.　*102*
Tanno, Y.（丹野義彦）　*4, 10-12*
Tauber, S. K.　*52*
Taylor, D. W.　*59*
Taylor, S. E.　*52*
Thiede, K. W.　*52*
Thompson, C. K.　*156*
Thompson, R. G.　*60*
Toichi, M.　*99*
冨田真紀　*96*
Tooby, J.　*122, 127*
Toplak, M. E.　*76*
Trivers, R. J.　*122*
辻井正次　*96*
Tulving, E.　*1, 2, 98, 100*
Tversky, A.　*74*

U

植田一博　*63, 65*
上市秀雄　*77*

Ueno, T.（上野泰治）　*157*
Uleman, J. S.　*107, 108*
Uskul, A. K.　*142*

V

van, Stegeren, A. H.　*38*
Velentine, T.　*25*

W

Wainer, A. L.　*101*
若山　昇　*79*
Walsh, V.　*149*
Wang, A. T.　*97*
Waring, J. D.　*38*
Wason, P.　*120*
Wechsler, D.　*96*
Weiss, W.　*9*
Welbourne, S. R.　*155*
Wellman, H. M.　*85*
Wells, G. L.　*19, 24*
Wenneker, C. P. J.　*113*
Werniske, C.　*148*
West, R. F.　*76*
Wheelwright, S.　*102*
White, S. W.　*101*
Wigboldus, D. H.　*108, 109, 113-115*
Wilbert, T. D.　*54*
Wilson, D.　*113, 125*
Winne, P. H.　*52*
Winter, L.　*108*
Woodruff, G.　*84, 97*
Woodward, A. L.　*86*
Woollams, A. M.　*152*
Wright, D. B.　*23, 25*
Wyer, R. S. Jr.　*108*

Y

山田剛史　*79*
Yamagishi, T.　*123*
吉田寿夫　*52*
Yue, C. L.　*47*
Yuill, N.　*93*
湯川良三　*45*

Z

Zechmeister, E. B.　*75*
Zimmerman, B. J.　*52*

【執筆者一覧】（執筆順，＊は編者）

杉森絵里子（すぎもり　えりこ）
早稲田大学高等研究所研究員
担当：第1章

北神慎司（きたがみ　しんじ）＊
名古屋大学大学院環境学研究科准教授
担当：第2章

榊　美知子（さかき　みちこ）
University of Reading, Senior Research Fellow
担当：第3章

村山　航（むらやま　こう）
University of Reading, Lecturer
担当：第4章

清河幸子（きよかわ　さちこ）
名古屋大学大学院教育発達科学研究科准教授
担当：第5章

平山るみ（ひらやま　るみ）
大阪音楽大学准教授
担当：第6章

林　創（はやし　はじむ）＊
神戸大学大学院人間発達環境学研究科准教授
担当：第7章

米田英嗣（こめだ　ひでつぐ）
京都大学白眉センター特定准教授
担当：第8章

菅　さやか（すが　さやか）
愛知学院大学教養部講師
担当：第9章

平石　界（ひらいし　かい）
安田女子大学心理学部准教授
担当：第10章

石井敬子（いしい　けいこ）
神戸大学大学院人文学研究科准教授
担当：第11章

上野泰治（うえの　たいじ）
名古屋大学大学院環境学研究科　日本学術振興会特別研究員SPD
担当：第12章

【編者紹介】

北神慎司（きたがみ しんじ）
名古屋大学大学院環境学研究科 准教授
2002 年 京都大学大学院教育学研究科 博士後期課程 単位取得退学，博士（教育学）
主著に，『現代の認知心理学 第 2 巻 記憶と日常』（共著，北大路書房），『教育の方法―心理学を活かした指導のポイント』（共著，樹村房），『画像の記憶における言語的符号化の影響』（単著，風間書房）など。

林 創（はやし はじむ）
神戸大学大学院人間発達環境学研究科 准教授
2003 年 京都大学大学院教育学研究科 博士後期課程 修了，博士（教育学）
主著に，『他者とかかわる心の発達心理学―子どもの社会性はどのように育つか』（編著，金子書房），『大学生のためのリサーチリテラシー入門―研究のための 8 つの力』（共著，ミネルヴァ書房），『再帰的事象の認識とその発達に関する心理学的研究』（単著，風間書房）など。

心のしくみを考える
認知心理学研究の深化と広がり

2015 年 3 月 30 日　初版第 1 刷発行　　　定価はカヴァーに表示してあります

編　者　　北神慎司
　　　　　林　　創
発行者　　中西健夫
発行所　　株式会社ナカニシヤ出版
〒606-8161　京都市左京区一乗寺木ノ本町 15 番地
　　　　　　Telephone　075-723-0111
　　　　　　Facsimile　075-723-0095
　　　Website　http://www.nakanishiya.co.jp/
　　　E-mail　iihon-ippai@nakanishiya.co.jp
　　　　　　郵便振替　01030-0-13128

装幀＝北神慎司＋白沢　正／印刷・製本＝ファインワークス
Printed in Japan.
Copyright © 2015 by S. Kitagami & H. Hayashi
ISBN978-4-7795-0953-7
◯本書のコピー，スキャン，デジタル化等の無断複製は著作権法上での例外を除き禁じられています。本書を代行業者等の第三者に依頼してスキャンやデジタル化することはたとえ個人や家庭内の利用であっても著作権法上認められておりません。